Rieder / Therstappen
—
„Opferstatt meiner Hände"

Albrecht Rieder
Jorg Therstappen

„Opferstatt meiner Hände"

Die Paris-Gedichte Paul Celans

Königshausen & Neumann

Bibliografische Information der Deutschen Nationalbibliothek

Die Deutsche Nationalbibliothek verzeichnet diese Publikation in der Deutschen
Nationalbibliografie; detaillierte bibliografische Daten sind im Internet
über http://dnb.d-nb.de abrufbar.

© Verlag Königshausen & Neumann GmbH, Würzburg 2017
Gedruckt auf säurefreiem, alterungsbeständigem Papier
Umschlag: skh-softics / coverart
Bindung: docupoint GmbH, Magdeburg
Alle Rechte vorbehalten
Dieses Werk, einschließlich aller seiner Teile, ist urheberrechtlich geschützt.
Jede Verwertung außerhalb der engen Grenzen des Urheberrechtsgesetzes ist
ohne Zustimmung des Verlages unzulässig und strafbar. Das gilt insbesondere
für Vervielfältigungen, Übersetzungen, Mikroverfilmungen und die Einspeicherung
und Verarbeitung in elektronischen Systemen.
Printed in Germany
ISBN 978-3-8260-6092-2
www.koenigshausen-neumann.de
www.libri.de
www.buchhandel.de
www.buchkatalog.de

Inhaltsverzeichnis

Albrecht Rieder/Jorg Therstappen
Einleitung 7

Jorg Therstappen
Erinnerung an Frankreich 15

Jorg Therstappen
Auf Reisen 23

Jorg Therstappen
Auf hoher See 33

Jorg Therstappen
Hier 43

Jorg Therstappen
Schuttkahn 51

Jorg Therstappen
Köln, Am Hof 57

Jorg Therstappen
Oben geräuschlos 67

Jorg Therstappen
Zwölf Jahre 75

Jorg Therstappen
La Contrescarpe...83

Albrecht Rieder
Wir werden 95

Jorg Therstappen
Und mit dem Buch aus Tarussa 101

Jorg Therstappen
Das Projekt einer „Pariser Elegie" 111

Albrecht Rieder
Klopfzeichen, Kopfleuchten 119

Albrecht Rieder
(Er hatte in der Stadt Paris 127

Albrecht Rieder
Schwimmhäute 135

Albrecht Rieder
Anredsam 145

Albrecht Rieder
Eingejännert 153

Albrecht Rieder
Dein Blondschatten 161

Albrecht Rieder
24 Rue Tournefort 169

Jorg Therstappen
Aus dem Moorboden 177

Albrecht Rieder
Gewiddert 185

Albrecht Rieder
Paris, Kleinstseite 191

Albrecht Rieder
Dein Heim 197

Schlussresümee 203

Abkürzungen, Sigel 209

Literaturverzeichnis 212

EINLEITUNG

Dostojewskijs St. Petersburg, Kafkas Prag, Svevos Triest, Chars L'Île sur Sorgue, Pessoas Lissabon, Borges' Buenes Aires, um nur einige zu nennen; – immer dann, wenn bestimmte Städte im Bewusstsein der Leser mit dem Namen eines Autors verbunden sind, so haben diese nicht nur eine biographische, sondern auch eine werkimmanente, für das Verständnis der Texte wichtige Bedeutung. Sie sind nicht nur Orte, sondern sie haben auch im Werk ihren Ort, sie kommen in ihnen explizit vor. Ihre Verschriftlichung stellt nicht selten einen Zugang zu einem Werkkontext dar, der sie einbezieht und doch über sie hinausgeht.

Der Name Paul Celans wird nun auf Anhieb nicht mit Paris verbunden, sondern eher mit Czernowitz und der Bukowina, einer Landschaft, die einmal beispielhaft für die vielsprachige Kultur und Toleranz des habsburgischen Österreich war und die der Vernichtung der jüdischen Kultur in Europa durch die Deutschen zum Opfer gefallen ist. Beinahe alle seine Gedichte hat er, abgesehen vom Frühwerk, in Paris geschrieben, und diese Stadt hat in seinem Schaffen ihre deutlichen Spuren hinterlassen. Celan kam am 13. Juli 1948 nach einer Odyssee von Czernowitz über Bukarest und Wien als Staatenloser nach Paris, der Stadt, die er als Lebens- und Schreibort ausersehen hatte. Vom Tag seiner Ankunft bis zu seinem Tod in der Seine im April 1970 lebte er insgesamt 22 Jahre in der französischen Metropole, und so verwundert es nicht, dass sein Dichterleben in Paris und die Stadt selbst zum Gegenstand seiner Dichtung geworden sind, zu einem Thema, das in allen Schaffensperioden wiederkehrt. Die Stadt Paris wird, angefangen vom frühen *Mohn und Gedächtnis*-Band bis hin zu den posthum erschienenen *Schneepart*-Gedichten immer wieder explizit genannt und zum Gegenstand poetologischer Reflexionen gemacht. Auch in einigen zu Celans Lebzeiten ungedruckt gebliebenen Gedichten wird der Schreibort des Dichters thematisiert.

Folgende Gedichte werden in dieser Reihenfolge Gegenstand unserer Untersuchung: „Erinnerung an Frankreich"; „Auf Reisen"; „Auf hoher See"; „Hier"; „Schuttkahn"; „Köln am Hof"; „Oben geräuschlos"; „Zwölf Jahre"; „La Contrescarpe", „Wir werden"; „Und mit dem Buch aus Tarussa"; „Das Projekt einer Pariser Elegie"; „Klopfzeichen, Kopfleuchten"; „(Er hatte in der Stadt Paris ...)"; „Schwimmhäute"; „Anredsam"; „Eingejännert"; „Dein Blondschatten"; „24 Rue Tournefort; „Aus dem Moorboden"; „Gewiddert"; „Paris, Kleinstseite"; „Dein Heim".

Ziel war es, eine umfassende und repräsentative, wenn auch nicht vollständige[1] Auswahl von Celan-Texten zu treffen, anhand derer die Bezugnahme auf Paris in einem poetologischen Rahmen gezeigt werden konnte, der über den Pariser Lebensalltag hinaus das Schreiben in Paris zum Gegenstand hat, das *„Aufsteigen"* („Aus dem Moorboden"), das *„Kurs nehmen"* („Auf Hoher See"), das *„Tschilpen"* („(Er hatte in der Stadt Paris ...") oder *„Schweben"* („Anredsam"), alles Synonyme für das Schreiben.

Erster Ansatzpunkt bei der Sichtung der Gedichte war die namentliche Nennung der Stadt Paris (etwa in „Auf Reisen"), ihres Flusses und ihrer Brücken (z.B. im „Buch aus Tarussa"), ihrer Gebäude, Straßen und Plätze (z.B. in „24, Rue Tournefort" und „La Contrescarpe"). Celan weist den mit der Stadt Paris verbundenen Angaben einen „Ort" in seinen Gedichten zu, macht Aspekte der Stadt selbst zum Thema. Deswegen standen diese Gedichte an erster Stelle der Auswahl. Darüber hinaus zeigte sich in weiteren Gedichten ein *impliziter* Paris-Bezug, d.h. die Stadt als Lebens- und Schreibort war auch ohne ausdrückliche Nennung präsent (etwa in „Köln am Hof" oder „Hier"). Ergänzend wurde die „Pariser Elegie" in der chronologischen Folge der Gedichte thematisiert, ein Gedichtzyklus, den Celan während der Arbeit an der „Niemandsrose" eine Zeit lang geplant und dann wieder verworfen hat, von dem aber Konvolute und Fragmente überliefert sind.

Die Auswahl ermöglichte einen Durchgang durch die unterschiedlichen Schaffensperioden des Dichters, ausgehend von der Zeit unmittelbar vor Ankunft in Paris („Auf Reisen") bis hin zu den späten *Schneepart*-Gedichten („Eingejännert"). Zwischen dem Leben Celans in Paris und seinen Paris-Gedichten gilt es zu unterscheiden, wenn auch nicht ganz zu trennen. Paris, so die These, steht in erster Linie in Beziehung zu seinem Schreiben, ist Ermöglichung dieses Schreibens und erst danach auch Lebensort, trotz der familiären Bindung über Frau und Kind. Celan kannte Paris schon von früheren Aufenthalten[2] und hatte bereits in Czernowitz eine starke Affinität zur französischen Kultur. Nach dem Tod seiner Familie wollte er nicht weiter im Osten bleiben und auch nicht, trotz der Beibehaltung seiner *Mutter*sprache als Sprache seiner Gedichte, in einem deutschsprachigen Lebenskontext. Paris hatte eine lange Tradition deutsch-jüdischer Exilanten, von Heine und Börne bis Benjamin und

---

[1] Um eine annähernde Vollständigkeit erreichen zu können, hätten auch die Übersetzungen Celans und ihre Querbezüge zu seinen eigenen Gedichten untersucht werden müssen; dies aber wäre Gegenstand einer eigenen Studie und konnte im Kontext unseres werkchronologischen Vorgehens nicht geleistet werden.

[2] Ob die Worte „Dein Haus in Paris" aus dem noch in Wien entstandenen Gedicht „Auf Reisen" eine konkrete Erinnerung zum Gegenstand haben oder eine Projektion auf ein erhofftes Bleiben sind, lässt sich nicht mehr klären; vgl. die Auslegung des Gedichtes im vorliegenden Band.

Roth, weswegen es, biographisch betrachtet, nicht verwundert, dass Paris zum Lebensort gewählt wird. Celan spricht zudem von der „Opferstatt seiner Hände"[3]; mit seinen schreibenden Händen bringt er ein Opfer dar, in Paris, der Opferstatt. Was dies heißt, weshalb Paris die Stadt war, in der Celan glaubte, diesen ungewöhnlichen und umfassenden Anspruch erfüllen zu können, ist Gegenstand dieser Arbeit.[4]

Bevor nun die Paris-Gedichte selbst gedeutet werden, soll zunächst auf einige ausgewählte parisbezogene Äußerungen des Dichters im anderen Kontext als dem seiner Gedichte sowie auf Zeugnisse von Dritten eingegangen werden, die Celan in der französischen Hauptstadt erlebt haben. Auch bei der Auslegung der Gedichte fanden entsprechende Angaben und Hintergründe mitunter Berücksichtigung: Die Interpretationen bemühen sich stets um einen werk- und textimmanenten Zugang, ziehen aber biographische Informationen mit heran, wenn sie für das Verständnis eines Gedichtes und seiner poetologischen Aussagen nötig sind.

In den ersten Pariser Jahren Paul Celans war sein Verhältnis zu seinem neuen Lebensort noch von deutlicher Faszination[5] geprägt, trotz der

---

[3] GW I, S. 45. Vgl. die Deutung des Gedichtes, „Auf Reisen" im vorliegenden Band. Die Hände sind bei Paul Celan im gesamten Werkkontext eine zentrale Metapher für das Schreiben.

[4] Christine Ivanovic spricht in ihrem Aufsatz „Auch du hättest ein Recht auf Paris". Die Stadt und der Ort des Gedichts bei Paul Celan, in: Arcadia 32, 1997, S. 65–96, in diesem Kontext richtig von „Paris als Erfüllungsort" (S. 83). Eigentümlich ist der „Heimat"-Diskurs, den sie hieran anknüpft: „der geheime Auftrag" solle „Heimat stiften" und „Paris soll Heimat nur als Opferstatt werden" (ebd.), der keinen Anknüpfungspunkt in den Texten des Dichters hat. Der als Titel ihres Aufsatzes zitierte Vers aus „Dein Blondschatten" (vgl. die Auslegung in der vorliegenden Studie) bezieht sich übrigens nicht auf Celan selber, sondern auf Daniel Cohn-Bendit im Pariser Mai 1968.
Vgl. auch Markus May: Topographien – Kulturräume in: Markus May/Peter Goßens/Jürgen Lehmann (Hg.): Celan Handbuch. Leben – Werk – Wirkung, Stuttgart, Weimar 2008. Im Kapitel „VI. Kontexte und Diskurse" unter „1.4 Paris", S. 233f., gibt Markus May einen kurzen Überblick über die Paris-Gedichte Celans und sein Leben in Paris. Abgesehen davon, dass nur ein Teil der Paris-Gedichte zitiert werden (und mit dem schwerwiegenden Schreibfehler „Opferstadt" statt „Opferstatt", S. 234, aus dem Gedicht „Auf Reisen"), werden die dort genannten Gedichte in diesem Band gedeutet.

[5] Rino Sanders beschreibt 1950 ein Treffen mit dem Studenten Celan, bei dem er in seinem Studentenzimmer vor einem kleinen Kreis seine Gedichte vorlas. „Und Celan las. Las Gedichte. Vom ersten Augenblick an trat alles in eine andere Farbe, wunderlich, ungewiß, unwirklich. ... Dieser Mann konnte Freund sein, und in nächtelangen Gesprächen, nächtelangen Wanderungen durch sein geliebtes Paris wurde er unser Freund. Es konnte keinen besseren Führer durch die Stadt geben. Wir gingen, gingen, und dann und wann, stehen bleibend, unterbrach er unser Reden, unser Schweigen: ,in diesem Haus da oben ist Verlaine gestorben.' ,In diesem Hotel hat Rilke den Malte geschrieben.' ,Hier hat Baudelaire gewohnt.'" In: Rino Sanders:

anfänglichen Einsamkeit und den schwierigen Ausgangsbedingungen. An den Schweizer Kritiker und Intellektuellen Max Rychner schreibt er im Oktober 1948 „... dass ich sehr einsam bin. Mitten in dieser wunderbaren Stadt."⁶ Und an Ingeborg Bachmann: „Ich habe lange ringen müssen, bis Paris mich aufnahm", und: „... wie schön Paris ist: ich werde froh sein, dabei zu sein, wenn Du es merkst."⁷ In einem Interview des Süddeutschen Rundfunks, das am 15. Juni 1954 gesendet wurde, äußerte der Dichter sich über seinen Weg in die französische Hauptstadt: „Nach Kriegsende kam ich – nach einigen Irrfahrten – nach Wien. Ich blieb nicht lange: ich fand nicht, was ich zu finden gehofft hatte. Im Sommer 1948 ging ich nach Paris. Ich hatte immer am Rande gelebt – der Mittelpunkt zog mich umso stärker an. Hier in Paris, lebe ich nun seit fünf Jahren, als Sprachlehrer und – soweit sich die Gelegenheit dazu bietet – als Übersetzer."⁸ Sechs Jahre nach der Ankunft war Paris immer noch „der Mittelpunkt". Wien als Übergangsstation zählt also mit zum „Rande", wo er nicht „fand ... was (er) zu finden gehofft hatte". Den inneren Mittelpunkt findet der Dichter in Paris: im Augenblick des Schreibens hat er diesen Mittelpunkt, er ist dort, wo er schreiben kann. Und er macht dieses Schreiben selbst in der Nennung der Stadt, die ihm das Auffinden des Mittelpunkts gewährt hat, immer wieder zum Thema. „Als ich in der ersten Januarwoche", so schrieb Celan am 4. Februar 1953 an seinen Lektor bei der DVA, „mit meiner Frau (...) aus Südfrankreich zurückkehrte und das Buch [„Mohn und Gedächtnis"] vorfand, schlug meine Freude in ihrer Unbändigkeit einen seltsamen Weg ein: sie führte mich um dieses Buch herum, das ich nicht aufzuschlagen wagte, so unwirklich schön lag es da, in einer Mitte, die ich nicht um ihren Sinn zu befragen wagte, weil sie in eine Richtung zu weisen schien, wo Fragen laut wurden, zu deren Beantwortung das Bisherige nicht ausreicht, weil sie mich die Fernen eines Raumes erblicken ließ, der sich über meine Angst hinwegwölbte ..."⁹ „In der Mitte" liegt das Geschaffene und das Zu-Schaffende, und von der Mitte aus wird auf eine Richtung verwiesen, die dieses Schaffen, also das Schreiben, zu seinem Gegenstand macht. Gegenstand ist ein ferner Raum, der die Angst des

---

Erinnerung an Paul Celan. In: Werner Hamacher, Winfried Menninghaus (Hg.): Paul Celan, Frankfurt a.M. 1988, S. 311f.

6   Zitiert nach Helmut Böttiger: Orte Paul Celans, Wien 1996, S. 116.
7   Ingeborg Bachmann – Paul Celan: Herzzeit. Briefwechsel. Mit den Briefwechseln zwischen Paul Celan und Max Frisch sowie zwischen Ingeborg Bachmann und Gisèle Celan-Lestrange. Hg. v. Bertrand Badiou, Hans Höher, Andrea Stoll u. Barbara Wiedemann, Frankfurt a.M. 2008. S. 18. (= PC/IB)
8   Paul Celan: „Mikrolithen sinds, Steinchen". Die Prosa aus dem Nachlaß. Kritische Ausgabe. Hg. und kommentiert v. Barbara Wiedemann u. Bertrand Badiou, Frankfurt a.M. 2005. S. 815. (= PN)
9   Zitiert in: Joachim Sing, Nachwort zur 15. Auflage von „Mohn und Gedächtnis", Stuttgart, München 2000, S. 83f.

Überlebenden überwölbt. Die Mitte, Paris, ist der Boden unter den Füßen, der Schreibort, von dem aus Fahrt aufgenommen wird hin zu dieser Ferne, wie etwa in den Gedichten „Schuttkahn" oder „Anredsam".

1952 heiratete Paul Celan Gisèle de Lestrange, die er ein Jahr zuvor kennen gelernt hatte und mit der er zwei gemeinsame Kinder hatte, François, der 1953 gleich nach der Geburt verstarb, und Eric, 1955 geboren.[10] Seine Werke erscheinen, wenn man den 1948 erschienenen und wieder zurückgezogenen Band „Der Sand aus den Urnen" nicht hinzurechnet, ab 1952. Der eben genannte 1952 publizierte Band „Mohn und Gedächtnis" enthält neben älteren Gedichten auch bereits erste Paris-Gedichte, sowohl in Paris entstandene, als auch Paris im Kontext des Schreibens thematisierende. Die folgende, 1955 erschienene Gedichtsammlung „Von Schwelle zu Schwelle" ist dann ganz in Paris geschrieben worden. Dass Paris nicht einfach ein unbelasteter Lebens- und Arbeitsort bleiben konnte, hängt mit äußeren Umständen zusammen, die Celan nur in geringem Maße beeinflussen konnte.[11] Claire Goll, die Witwe des 1950 verstorbenen Dichters Yvan Goll, die Paul Celan Ende 1949 kennengelernt hatte, neidete Celan seinen zunehmenden Erfolg und setze Plagiatsvorwürfe in Umlauf, die sich 1960 zu einer offenen Verleumdungskampagne steigerten. Sie hatte eine Abhängigkeit Celans vom Spätwerk ihres Mannes konstatiert. Tatsächlich aber hatte sich Yvan Goll bei der Abfassung seines späten Gedichtbandes „Traumkraut" von den Celanschen Werken inspirieren lassen, die 1948 erstmals im Druck erschienen waren. Celan war aufgrund der haltlosen Vorwürfe verzweifelt und gehetzt, und seine Gesundheit wurde zunehmend in Mitleidenschaft gezogen. Er fühlte sich von deutschen Kritikern aus antisemitischen Gründen verfolgt und entwickelte eine hoch sensible Aufmerksamkeit für neue Anzeichen von Antisemitismus, derer es etliche gab. Gleichzeitig aber zeigten sich Anzeichen einer Paranoia, die auch sein Verhältnis zu Paris belastete. Franz Wurm berichtet in seiner „Erinnerung" an Celan von folgender Begebenheit[12]: „René Char[13] hat mir erzählt, er sei einmal in den ersten Morgenstunden von ihm [Celan] angerufen worden: er möge bitte kommen, in einem Hauseingang gegenüber

---

[10] Alle biographischen Angaben sind der von Betrand Badiou erstellten Lebenschronik im Band II des 2000 Ehebriefwechsels von Paul Celan und Gisèle Celan-Lestrange entnommen. Paul Celan – Gisèle-Lestrange: Correspondance (1951–1970) Avec un choix de lettres de Paul Celan à son fils Eric, édité et commenté par Bertrand Badiou avec le concours d'Eric Celan, Paris 2001, S. 455–605. (= PC/GCL-frz.)

[11] Zur sog. „Goll-Affäre" siehe Barbara Wiedemann: Paul Celan – Die Goll-Affäre. Dokumente zu einer >Infamie<, Frankfurt a.M. 2000. S. 820ff. (= GA)

[12] Paul Celan – Franz Wurm: Briefwechsel, Hg. von Barbara Wiedemann in Verbindung mit Franz Wurm, Frankfurt a.M. 1995, S. 247. (= PC/FW)

[13] Celan war mit dem großen französischen Dichter und Widerstandskämpfer René Char, dessen Werke er auch übersetzte, seit Anfang der 50er Jahre bekannt.

stünden zwei Kerle, die schauten immer wieder zu seinem Fenster herauf ... Char habe ein Taxi bestellt, übers Pyjama den Regenmantel angezogen und sei hingefahren und habe – Hüne, der er war (...) ihre Ausweise verlangt und notiert und sei später, da auch ihm die beiden bedenklich vorgekommen waren, Auskünften nachgegangen. Sie lauteten auf zwei ehemalige Lager-Schergen." Vielleicht ist diese Anekdote zu „schön", um sich genauso zugetragen zu haben. Die Angstzustände, der sich immer enger ziehende Kreis jedoch, das Misstrauen auch gegen loyale Wegbegleiter, dies überschattete zunehmend das Alltagsleben des Dichters. Sein Werk aber setzte er in beeindruckender Weise fort: 1963 erscheint die „Niemandsrose", in der er sich das Gelingen seines Schreibens selber zuspricht (in „Zwölf Jahre") und sogar die Kraft aufbringt, im Werk (anders als im täglichen Leben) die Anschuldigungen gegen ihn zu ironisieren: „Eine Gauner- und Ganovenweise / gesungen zu Paris (...) / von Paul Celan / aus Czernowitz (...)"; er „bäumt sich" (...) „gegen / *die Pest.*"[14] Celan „singt" in Paris, aber er stammt nicht „aus" dieser Stadt, in der er bei Entstehung der „Ganovenweise" schon seit 13 Jahren lebte.

Seit Mitte der 60er Jahre dehnen sich die Klinikaufenthalte aus. Es folgt eine Trennung von der Familie, die beiden letzten Wohnungen, in der 24, Rue Tournefort ab 1967 und in der 6, Avenue Emile Zola ab 1969, wenige Monate vor seinem Tod, bewohnt er alleine. In den Briefwechseln finden sich nun zu Paris harte und bittere Äußerungen, er schreibt: „Paris drückt mich nieder und höhlt mich aus."[15] Und an Franz Wurm im Januar 1968: „Paris ist mir eine Last – die ich nicht abschütteln darf, ich weiß (...)"[16] Er „darf" sie nicht abschütteln, weil hier immer noch der Mittelpunkt seines Schreibens ist. Und von der „Last" wird schon im La Contrescarpe-Gedicht aus der „Niemandsrose" gesprochen, in einer charakteristischen Ambivalenz zwischen der „Last des Schreibens" und der „Last", die er den „Herzbuckelweg" heraufschleppt, der Last seines Lebens in der französischen Metropole.

Und damit kommt zuletzt noch ein weiterer Aspekt in den Blick. Das Paris Paul Celans, das in den Gedichten seinen Ausdruck findet, ist überschau- und auffindbar, kann zugeordnet werden. Die Rue Moufftard mit der Place de la Contrescarpe, die Rue d'Ulm mit der ENS, an der Celan in den 60er Jahren als Lektor gearbeitet hat, die Adressen seiner Wohnungen, zumal die Rue Tournefort, all dies sind reale Orte, die mitunter bis in die topographischen Eigenheiten hinein beschrieben werden und so die Grenzen zwischen poetologischer Reflexion und biographischem Erleben verschwimmen lassen. Obwohl das Schaffen, das Schrei-

---

[14] GW I, S. 229f. „Die Pest" kursiv im Original.
[15] Paul Celan – Ilana Shmueli: Briefwechsel. Hg. v. Ilana Shmueli u. Thomas Sparr, Frankfurt a.M. 2004. S. 16. (= PC/IS)
[16] PC/FW, S. 124.

ben, das Zeugnis-Geben „die Mitte" von Celans Leben bis zu seinem Tod bleibt, werden die realen Orte in Paris nicht einfach negiert, so als sei das Gedicht der einzige Ort, in dem Celan seinen Auftrag erfüllt. Paris bleibt die Stadt, der sich in den Jahren verändernde Ort, von dem aus und in dem Gedichte geschrieben werden.

Die Paris-Gedichte Paul Celans werden im vorliegenden Band zum ersten Mal gesammelt und im Kontext dargestellt und ausgelegt. Der Kommentar folgt chronologisch den Entstehungsdaten der Gedichte, wobei die Gedichte aus dem Zeitraum von *Mohn und Gedächtnis* bis zum *Niemandsrose*-Band mit Ausnahme des Gedichtes „Wir werden" von Jorg Therstappen ausgelegt wurden, jene aus dem Zeitraum von *Atemwende* bis *Schneepart* und den spätesten Gedichten von Albrecht Rieder, wiederum mit einer Ausnahme, dem Gedicht „Aus dem Moorboden". Das Buch ist so angelegt, dass auch unabhängig vom Gesamtkontext einzelne Gedichtauslegungen für sich gelesen werden können. Dies macht gewisse Wiederholungen, etwa bei biographischen Angaben zum Entstehungshintergrund, unvermeidlich. Durch Querverweise zu anderen Kapiteln wurden sie aber so gering wie möglich gehalten.

Alle Gedichte-Exegesen sind im engen persönlichen Austausch entstanden und werden von beiden Autoren verantwortet.

Ein besonderer Dank gilt Frau Barbara Dieter und Herrn Albert Gnädinger für die sorgfältige kritische Gegenlektüre des Geschriebenen und die konstruktiven Diskussionen sowie Herrn Alain Suran für die Pariser Photographien, die den Band begleiten.

ERINNERUNG AN FRANKREICH

ERINNERUNG AN FRANKREICH

Du denk mit mir: der Himmel von Paris, die große Herbstzeitlose ...
Wir kauften Herzen bei den Blumenmädchen:
Sie waren blau und blühten auf im Wasser.
Es fing zu regnen an in unsrer Stube,
und unser Nachbar kam, Monsieur Le Songe, ein hager Männlein.
Wir spielten Karten, ich verlor die Augensterne;
du liehst dein Haar mir, ich verlors, er schlug uns nieder.
Er trat zur Tür hinaus, der Regen folgt' ihm.
Wir waren tot und konnten atmen.

Das Gedicht „Erinnerung an Frankreich", entstanden 1946 oder 1947 in Bukarest[17], erschien zuerst 1948 in Celans später aus dem Handel zurückgezogenem Band „Der Sand aus den Urnen" und wurde 1952 in „Mohn und Gedächtnis" aufgenommen; dort steht es im ersten Zyklus des Bandes. Zwei frühere Fassungen des Gedichtes sind überliefert, Änderungen beschränken sich aber im Wesentlichen auf die Satzzeichen.[18] Eine anfängliche Widmung an Edgar Jené wurde nach 1948 wieder getilgt. „Erinnerung an Frankreich" besteht, neben der in Majuskeln gesetzten Überschrift, aus Sätzen, die über neun reimlose Verse verteilt sind. Nach einer Anrufung (V1a) und einer Erinnerung (V1b–3), folgt eine surreal anmutende Traumsequenz (V4–8) und schließlich ein resümierender Schlussvers (V9).

Die Erinnerung setzt im ersten Vers nach den Worten „Du denk mit mir" ein; ein Doppelpunkt verweist auf das Folgende; „der Himmel von Paris, die große Herbstzeitlose ..." Die Aufforderung „denk mit mir" im ersten Vers ist die einzige Stelle des Gedichtes, die im Präsens steht. Ob die „Herbstzeitlose" eine Beschreibung des tatsächlichen Himmels „über" der Stadt Paris oder den „Himmel" als Zustand des Glücks („Himmel von Paris") bezeichnet, ist zunächst nicht ganz deutlich.[19] Da das Gedicht *vor*

---

[17] GW I, S. 28. Zur Entstehungszeit vgl. KG, S. 602.
[18] Vgl. TCA, Mohn und Gedächtnis, S. 38f.
[19] Die Bezeichnung „le ciel de Paris" (und davon vielleicht abgeleitet das „von") ist ein beliebtes Bild in der französischen Populärkultur. Es gibt ein Lied Edith Piafs mit diesem Titel, ebenso wie einen Schwarz-weiß-Film von Julien Duvivier; beides jedoch einige Jahre nach Celans Gedicht entstanden.

Celans eigentlicher Umsiedlung nach Paris geschrieben wurde, bezeichnet es rückblickend wohl zunächst die Jahre des Frankreichaufenthaltes zu Studienzwecken in den Jahren 1938 und 1939, während derer der Dichter in Tours lebte, aber auch Paris bereiste.[20] Die Herbstzeitlose ist eine giftige Lilienart, doch wird im vorliegenden Fall weniger von der botanischen als von der reinen Wortbedeutung auszugehen sein.[21] „Herbstzeitlos" heißt, rein wörtlich verstanden: „ohne Alter", also vorübergehend, vergänglich.[22] Was in Paris als „Himmel" wahrgenommen wurde, hat sich als vergänglich erwiesen.

Ab Vers zwei setzt durchgehend das Präteritum ein. Die „Erinnerung an Frankreich" beginnt also in Anknüpfung an die präsentische „Du denk mit mir"-Aufforderung und wird bis zum letzten Vers beibehalten. Der zweite und dritte Vers erinnern an eine Liebe: „Wir kauften Herzen bei den Blumenmädchen: / sie waren blau und blühten auf im Wasser." Die blaue Farbe und das Aufblühen gemahnen zunächst an die blau-lilane Farbe der Herbstzeitlosen, die im ersten Vers genannt wurde. Ebenfalls kann „der Himmel" mitassoziiert werden. Auffällig ist allerdings, dass bei den Blumenmädchen Herzen und keine Blumen gekauft wurden, Herzen, die im Wasser aufblühten. Geschnittene Blumen beginnen langsam zu welken, wenn sie in einer Vase im Zimmer aufgestellt werden. Das Sich-Öffnen der Blüten, das als ein „Aufblühen" beschrieben werden kann, geht dem Dahinwelken unmittelbar voraus. Das Motiv des Ephemeren, das mit der Bezeichnung „große Herbstzeitlose" bereits angeklungen war, klingt hier also noch einmal nach. Die Herzen blühen auf, sobald sie ins Wasser gestellt werden. Das Wasser ist mithin Voraussetzung für ihr kurzes Weiterbestehen. Das „Aufblühen" ist zugleich auch eine Form des Sichtbar-Werdens. Blaue Herzen treten in das Erinnerungsbild und an dieser Stelle gleitet die Erinnerung in eine surreal anmutende Szene über.

Das Motiv des Wassers leitet eine Bildfolge ein, in der die titelgebende „Erinnerung" gleichsam zerfließt.[23] Die nun erzählten Begebenheiten folgen einer Traumlogik, sie enthalten Geschehnisse, die in einem

---

[20] Vgl. KG, a.a.O.
[21] Im Kurzkommentar zur Tübinger Celanausgabe wird die französische Bezeichnung „colchique" auf die Region „Kolchis" am Schwarzen Meer bezogen und von dort auf die Argonautensage verwiesen (vgl. TCA, Mohn und Gedächtnis, S. 39), was nicht naheliegend erscheint, trotz einer Entsprechung im Gedicht „Und mit dem Buch aus Tarussa"; siehe das entsprechende Kapitel in diesem Band.
[22] Möglich ist auch eine zweite Lesart von „herbstzeitlos" als „ewig jung", also zeitlos und so ohne Alter.
[23] B. Wiedemann weist in ihrer kommentierten Gesamtausgabe der Gedichte darauf hin, dass Celan während seiner Paris-Aufenthalte 1938/1939 in Kontakt mit dem literarischen Surrealismus gekommen ist; vgl. KG, S. 602. Bachmann bezeichnet Celan als „surrealistischen Lyriker"; vgl. PC/IB, S. 251.

abseitigen Verhältnis zur Wirklichkeit stehen und doch Erlebtes aufgreifen und reflektieren.

In der Stube, „unserer Stube", also dem Ort, in dem im dritten Vers die Herzen ins Wasser gestellt wurden, „fing es zu regnen an". Die Erinnerung an Frankreich durchquert einen Vorhang von Regen, sie liegt jenseits dieses Vorhangs, ist kein unbeschwertes Erinnern. Es lassen sich, wie unten noch weiter auszuführen ist, im Gedicht drei Zeit-Ebenen unterscheiden, von denen zwei in der Vergangenheit und eine in der Gegenwart liegen. In diesem Kontext beginnt die ERINNERUNG AN FRANKREICH mit einem „Nachher", eingeführt durch das Präsens des ersten Satzes: „Du denk mit mir" (wir denken *jetzt* an etwas früher Gewesenes, d.h. wir befinden uns im Verhältnis zu den zu erinnernden Dingen in einem „Danach"); dann ein „Davor", die Wahrnehmung des eingangs genannten Himmels, die Herzen der Blumenmädchen als eine im Vergleich zum dann folgenden Geschehen noch frühere Vergangenheit, die unterbrochen wurde; und schließlich ein (ebenfalls im Vergangenen liegendes „Während", durch das surreale Bild des Stubenregens eingeleitet und von den anderen beiden Bereichen inhaltlich und durch die Länge der Erzählung unterschieden).

In dieser Ebene trat ein „Nachbar" auf, passend zum Titel des Gedichtes französisch benannt, als „Monsieur Le Songe". In der französischen Literatur existiert dieser Name auch an anderer Stelle, ist aber jeweils *nach* diesem frühen Celan-Gedicht entstanden.[24] Bekannt sind etwa die „Monsieur Songe"-Bücher des schweizerischen Schriftstellers Robert Pinget.[25] An der vorliegenden Stelle des Erinnerungs-Gedichtes verweist der Name noch einmal auf die Traumsituation, ohne dass damit hinsichtlich des Wirklichkeitscharakters des Geschilderten ein Hinweis gegeben würde. Monsieur Songe wird nicht nur als „Nachbar", sondern gleich danach auch als „hager Männlein" charakterisiert. Auch die Traumszene, in die es regnet, enthält, wie schon der Gedichtanfang, Elemente einer Liebesgeschichte; dort sind es die Herzen der Pariser-Blumenmädchen, hier die „Augensterne", ein Kosewort zur Bezeichnung eines geliebten Menschen. „Du liehst Dein Haar mir" heißt: ich durfte es berühren, eine Geste, die einen intimen Vorgang beschreibt. All dies in Gegenwart des Nachbars, Herrn Traum, der aber bloß hager ist. Was aufs Spiel gesetzt wird, geht schnell verloren. Auf den Traum folgt die Ernüchterung: „er schlug uns nieder". So verstanden, beschreibt die Erinnerung an Frankreich ein vergängliches Liebesglück: Du denk mit mir, was möglich

---

[24] Außerdem existiert eine Einzelausgabe eines Essays aus Celans Wiener Zeit, „Edgar Jené und der Traum vom Traume", zuerst 1948 erschienen, jetzt in GW III, S. 155ff.
[25] Die französischen Ausgaben dieses Hauptwerks Pingets erschienen bei Minuit, die deutschen Übersetzungen im Berliner Wagenbach-Verlag.

gewesen wäre, „im Himmel von Paris". Wir hatten geträumt, aber was wir uns damals erhofften, ging verloren.

„Wir waren tot und konnten atmen" müsste dann so verstanden werden: „wir" als zwei Liebende, die den Nachbarn, Monsieur Songe, zu uns geladen hatten, uns gab es nicht mehr, wir sind aus dem Traum in unserer Stube, in dem wir um unser Glück Karten spielten, nicht gemeinsam aufgewacht. Aber wir „konnten atmen". Das Verlorene wurde zur Erinnerung, es ging ohne den Traum, der uns niederschlug, an dem wir scheiterten, weiter.

Eine zweite, stärker an die spätere Celan-Motivik (und an den Kontext des Mohn-und-Gedächtnis-Gesamtensembles) anknüpfende Lesart ergibt sich, wenn vorausgesetzt wird, dass das genannte „Während" auch „während des Krieges" bezeichnen soll. „Der Himmel von Paris" lag dann vor dem Krieg, das „Du denk mit mir" danach. Der Nachbar bezeichnet dann die „Nachbarschaft des Todes", in der die Juden während der Shoa leben mussten, das „hager Männlein" eben den Knochenmann.

Führen wir diesen Gedanken weiter. Mit dieser Figur wurde, wie es im folgenden Vers heißt, ein Kartenspiel begonnen. Monsieur Le Songe bezieht mit dem Artikel vor dem Zunamen die Adels- oder Ehrentitelform „Le" ein, es handelt sich also um einen „besonderen" Herrn, der sich hier zum Spiel einfindet. Dieser Name kontrastiert eigentümlich mit der Bezeichnung „ein hager Männlein". Das Motiv des Spiels mit dem als hagere, knochige Gestalt personifizierten Tode ist uralt und reicht bis in die Zeit der großen Pest zurück. In den Sagen, die diesen Topos aufgreifen, ist ein solches Spiel nicht immer vergeblich, der Tod kann überlistet werden.[26] Auch im vorliegenden Gedicht wird der Tod, der, wie noch zu zeigen ist, einen hohen Tribut verlangt, am Ende scheinbar „überlistet", wenn auch in deutlich resignativer Form: „Wir waren tot und konnten atmen."

Die folgenden Verse 6 und 7 gehören eng zusammen. Celan konstruiert ein personales Wechselspiel nach folgendem Schema: Wir – ich ... / du – ich ... er. Der Zusammenhang legt nahe, das „du" aus Vers sieben von dem des ersten Verses zu unterscheiden. „Wir spielten Karten, ich verlor die Augensterne; / du liehst dein Haar mir, ich verlors, er schlug uns nieder." Das „Wir" greift das Pronomen „unsere" aus dem vierten Vers auf: in *unserer* Stube regnet es, zu *uns* kam der Nachbar, *wir* spielten Karten mit ihm. Wichtig ist nun, dass nicht einfach nur diese mehreren im „wir" benannten Personen verloren, sondern in ausdrücklicher Betonung ein Einzelner: „ich verlor", und zwar zweifach bzw. in doppelter Weise. Zunächst ist vom Verlust der „Augensterne" die Rede. Als „Augenstern"

---

[26] Siehe den Eintrag „Der Tod als Person" im Handwörterbuch des deutschen Aberglaubens, Bd. 8, 3. Aufl. 2000, Sp. 976f.

wird eine geliebte Person bezeichnet.²⁷ *Alle*, also ein Kollektiv, haben sich an diesem Spiel mit dem „Nachbarn" beteiligt, aber *einer* hat verloren. Die Aufmerksamkeit lässt plötzlich das Kollektiv aus dem Blick und konzentriert sich auf den Einzelnen und sein Empfinden. Der folgende Vers präzisiert diesen Verlust²⁸: „du liehst dein Haar mir, ich verlors".

Das „Haar", in der ersten Lesart oben als Zeichen für Intimität gedeutet, wird in verschiedenen Gedichten Celans auch mit der Begegnung mit dem Tod assoziiert.²⁹ Wer kann jemandem, wenn wir bei dieser Todesmetaphorik weiterdenken, sein Haar „leihen"? Es sind die Eltern, hier wohl die Mutter, die ihrem Sohn ihr Haar „geliehen", also weitervererbt hat.³⁰ Es war buchstäblich ein Spiel mit dem Tod, dass Celan als der Zurückbleibende, der seine Augensterne und insbesondere seine Mutter, diejenige, die ihm ihr Haar geliehen hat, verlor. Der Vers resümiert das Geschehen: „... er schlug uns nieder", d.h. die Familie, die etwas erleben musste, was sich gewöhnlicher Wirklichkeitserfahrung entzieht und völlig irrational zu sein scheint, diese Familie war zerstört. Die Irrationalität wird in besonderer Weise durch den scheinbaren Widerspruch betont, dass ein „hager Männlein" alle niederschlagen kann: dieses Männlein ist derjenige, der die Macht dazu besitzt.

Der „Regenvorhang", der zwischen den Rückerinnernden aus dem ersten Vers und das Frankreich der Studienjahre getreten ist, wird in den letzten beiden Versen, die den Ausklang des Gedichtes geben, wieder durchschritten. „Er trat zur Tür hinaus, der Regen folgt' ihm. / Wir waren

---

27   Vgl. das Lied „Puppchen, hab' Dich zum Fressen gern", das bereits in frühster Tonaufnahme von 1912 vorliegt (komponiert von Jean Gilbert) und belegt, dass der Begriff „Augenstern" im hier vorgeschlagen Sinn gebräuchlich war. Theo Buck deutet die Augensterne als „Fähigkeit visueller Wahrnehmung", die hier verloren gehe, weswegen der „Blick sich ganz nach innen richten" müsste. Dass Celan an dieser Stelle aber eine Art Damaskuserlebnis schildern möchte, ist als Deutung ganz abwegig.
28   Dass Celan nach „Augensterne" ein Semikolon und kein Komma gesetzt hat, zeigt, dass es sich bei den beiden durch das „ich verlor" bezeichneten Niederlagen nicht um verschiedene Spiele handeln kann, sondern um ein einziges Spiel: Vers 7 präzisiert somit den bereits in Vers 6 bezeichneten Verlust.
29   So etwa in „Sie kämmt ihr Haar wie mans den Toten kämmt", vgl. GW I., S. 72.
30   Dein Haar, das Haar, woher das eigene gekommen ist, hat der Sprechende dieser Verse verloren. Mit diesem autobiographischen Hinweis wird das oben genannte „Während" näher bezeichnet. Bekannt ist, wie die Deportation der Eltern Celans im Juni 1942 vor sich gegangen ist. Celans Freundin Ruth Lackner hatte im Fabrikgebäude eines kleinen rumänischen Unternehmers die Möglichkeit gefunden, sich während der meist an Wochenenden stattfindenden Deportationen zu verstecken. Celan versuchte vergeblich, seine Eltern dazu zu bewegen, ebenfalls in diesem Versteck Unterschlupf zu finden; als er es schließlich alleine aufsuchte, wurden seine Eltern in seiner Abwesenheit deportiert. Vgl. die Darstellung bei Wolfgang Emmerich: Paul Celan, Reinbek 1999, S. 43f.

tot und konnten atmen." Der Nachbar verlässt die „Stube" wieder, und der „Regen", der das grausame Geschehen umhüllt hat, gibt die Sicht wieder frei. Die Gruppe Menschen, die zuvor mit „wir" genannt war, die Karten gespielt hat mit dem „hager Männlein", war tot nach dessen Verschwinden. Das Paradoxon „tot sein und atmen können" betont die Zugehörigkeit des Sprechenden „Ich" zu dieser Gruppe. „Wir" als Gemeinschaft waren tot, haben das Spiel verloren. Das „Atmen-Können" kann, wenn wir uns auf die vorangehende Deutung beziehen, zweierlei bedeuten: entweder in dem Sinne, dass das „Wir" keinen geschützten Raum besitzt, dass das „Atmen-Können" als ein „Verschnaufen" und Ruhe-Finden lediglich im Tod möglich ist. Oder, und dies wäre die zweite Möglichkeit, es bezeichnet die Situation der Überlebenden: Sie haben die Nachbarschaft des Todes, die Begegnung mit ihm überstanden, aber doch alles verloren: Es ist ein Weiterleben im Zeichen des Todes, und die Zugehörigkeit gilt jenen, die tot sind; das Atmen-Können selbst aber bezeichnet das (Weiter-)Leben.

Der Tod, oder genauer: die Ermordung seiner Mutter zieht sich als thematischer roter Faden durch etliche Gedichte Celans.[31]

Im Kontext des hier besprochenen Gedichtes kommt dieser Verlust als etwas in den Blick, dass ein unbeschwertes Erinnern an glückliche Jahre *vor* der Shoa („der Himmel von Paris") wie eine Regenwand durchzieht. Reflektieren wir noch einmal beide Lesarten. Selbst wenn „Erinnerung an Frankreich" als reines Liebesgedicht gelesen wird, ist der letzte Vers „Wir waren tot" in diesem Zusammenhang bemerkenswert und bringt einen anderen Ton in das Liebesgeschehen. Nicht zu vergessen ist weiterhin, dass bei der Entstehung der „Erinnerung an Frankreich" die „Todesfuge" mit ihrer Haarmetaphorik bereits vorlag. „Du liehst mir Dein Haar" verliert daher etwas von seiner intimen Unvoreingenommenheit. Die Erinnerungen an die französischen Studienjahre sind auch im „La Contrescarpe"-Gedicht präsent, und auch dort wird über das Schicksal der Juden während des Krieges reflektiert.

Paris ist in Celans „Erinnerung an Frankreich" noch nicht zum Schreib- und damit Opferort geworden wie im Gedicht „Auf Reisen".[32] Als „Idee", als ein geistiger Ort ist es aber rückblickend präsent. Paris war der Ort des von André Breton begründeten und insbesondere in den 20er und 30er Jahren mit zahlreichen wichtigen französischen Dichtern zu

---

[31] So zeigt etwa der italienische Celan-Übersetzer Giuseppe Bevilacqua in seinem Buch „Auf der Suche nach dem Atemkristall", München 2004, dass sich der ganze erste Zyklus des Atemwende-Bandes um die Ermordung der Mutter dreht. Bezüge zu dieser biographischen Katastrophe lassen sich in allen Gedichtbänden Celans aufzeigen; selbstverständlich ist das Schicksal der Mutter also auch in vielen seiner Paris-Gedichte präsent.

[32] Vgl. die Deutung dieses Gedichtes im vorliegenden Band.

großer Bedeutung gebrachten Surrealismus. In seiner „Erinnerung an Frankreich" trägt Celan dem Rechnung, er bedient sich der Motivik surrealer Ästhetik; die Inhalte aber sind von der mittlerweile erlittenen Verfolgung und der Begegnung mit massenhaftem Tod geprägt. Aus diesem Grund könnte das vom Titel her eigentlich Frankreich und vom ersten Vers her sogar Paris gewidmete Gedicht mit den Worten „wir waren tot" enden.

Wie eingangs schon erwähnt, hat Celan das vorliegende Gedicht um 1946 geschrieben. Von Bukarest führte sein Weg zunächst nach Wien[33]; sein endgültiger Lebens- und Schreibort aber sollte ab 1948 Paris werden. In den zwei Jahren zwischen der „Erinnerung an Frankreich" und „Auf Reisen" ist die Entscheidung für die französische Metropole gefallen und wird in den späteren Paris-Gedichten immer wieder reflektiert. Dass die „Aneignung" der Stadt Paris sich in einem stetigen Prozess vollzog und ein Wechselwirken zwischen Lebensort und Schreibpraxis bestand, wird in der Entwicklung, die der Dichter während des Schreibens des „Mohn und Gedächtnis"-Bandes gemacht hat, dessen Gedichte bis in die Zeit des Krieges zurückreichen, besonders deutlich. An diese Überlegung knüpft das folgende, dem „Auf Reisen"-Gedicht gewidmete Kapitel an.

---

[33] Ausgezeichnet dokumentiert in dem Band von Peter Goßens und Marcus G. Patka (Hg.): Displaced. Paul Celan in Wien 1947–1948, Frankfurt a.M. 2001.

AUF REISEN

AUF REISEN

Es ist eine Stunde, die macht dir den Staub zum Gefolge,
dein Haus in Paris zur Opferstatt deiner Hände,
dein schwarzes Aug zum schwärzesten Auge.

Es ist ein Gehöft, da hält ein Gespann für dein Herz.
Dein Haar möchte wehen, wenn du fährst – das ist ihm verboten.
Die bleiben und winken, wissen es nicht.

„AUF REISEN"[34] ist für den Dichter und für das Verständnis seines Werkes von beispielhafter poetologischer Bedeutung. Entstanden 1948, *vor seiner Abreise von Wien nach Paris*[35], wurde es sowohl in den später zurückgezogenen Gedichtband „Der Sand aus den Urnen"[36] als auch in die Sammlung „Mohn und Gedächtnis" aufgenommen. In beiden Ausgaben steht das Gedicht unmittelbar neben der „Todesfuge", in „Sand aus den Urnen" geht es ihr voraus[37], in „Mohn und Gedächtnis" folgt es auf Celans berühmtestes Gedicht und leitet den Gedicht-Zyklus „Gegenlicht" ein.[38] Jahre nach der Entstehung wird es im Niemandsrose-Band im Gedicht „ZWÖLF JAHRE" von Paul Celan als Selbstzitat wieder aufgegriffen.[39]

Das Gedicht AUF REISEN besteht aus zwei Strophen mit je drei unterschiedlich langen reimlosen Versen. Beide Strophen setzen mit der

---

[34] GW I, S. 45.
[35] Über den Entstehungsort gibt es widersprüchliche Angaben: Auf eine Postkarte an Margul-Sperber wird das Gedicht mit „Innsbruck, den 28. Juni 1948" datiert, Celan hat sich aber an anderer Stelle als Entstehungsort (und -zeit) „Wien 1948" notiert, vgl. TCA, Mohn und Gedächtnis, S. 63.
[36] Vgl. GW III, S. 60. Zur Problematik des vom Autor zurückgezogenen Bandes „Der Sand aus den Urnen" siehe insbesondere den Aufsatz Joachim Sengs „Und ist die Poesie mein Schicksal ..." Paul Celans Gedichtband „Der Sand aus den Urnen", in: Peter Goßens/Marcus G. Patka (Hg.), a.a.O., S. 99–108.
[37] Als Abschluss des Zyklus „Mohn und Gedächtnis", der dem Gedichtband von 1952 dann den Gesamttitel gab.
[38] Vgl. zur Anordnung auch den Anhang zu TCA, Mohn und Gedächtnis, S. 138ff. Neben Berührungspunkten in der Bildsprache „schwarze Milch" / „schwarzes Aug"; „Dein Haar möchte wehen"/ „dein goldenes Haar"; „dein aschenes Haar" gibt es auch inhaltliche Bezüge, auf die weiter unten noch einzugehen sein wird.
[39] Vgl. die Deutung von „ZWÖLF JAHRE" im vorliegenden Band.

unbestimmten Form „es ist" ein. Die früheren Fassungen weisen im Vergleich zu der in „Mohn und Gedächtnis" abgedruckten Endfassung nur geringfügige Änderungen – etwa in der Interpunktion – auf.[40]

Der in Majuskeln gesetzte Titel nimmt einmal Bezug auf die geläufige Redewendung des „Auf-Reisen-Gehens", bei der gemeinhin die Pluralform verwendet wird, selbst wenn es sich nur um eine einzelne Reise handelt, andererseits kann ein konkreter Bezug zum Inhalt des Gedichtes durch die Verwendung der Mehrzahl durchaus beabsichtigt sein. In diesem Fall wäre von mehreren Reisen die Rede. Festzustellen ist weiterhin, dass der gewählte Titel „AUF REISEN" sowohl Ausdruck eines Zustandes (dies belegt das folgende eher statisch zu verstehende „Es ist" im ersten Vers) als auch einer Bewegung und damit Veränderung ist. Der Titel benennt das Thema des Gedichtes: ob es sich aber um eine Reise im herkömmlichen Sinne handelt oder aber um einen Vorgang, der gar keiner physischen Ortsveränderung bedarf, bleibt zu überlegen. Auffallend ist, dass den Reiseelementen im Gedicht (das „haltende Gespann", das „wehende Haar", das Winken der Zurückbleibenden) gegenteilige, „feste" Elemente („Haus", „Gehöft") gegenübergestellt sind. Zu beachten ist hier auch, dass die erste Strophe des Gedichtes drei Veränderungen thematisiert: das „Gefolge des Staubes", die Wandlung des Hauses in eine Opferstatt und die Steigerung des Adjektives „schwarz" zum „schwärzesten Aug". Alle Veränderungen können als innere Vorgänge gedeutet werden.

Der Zustand des „Auf Reisen"-Seins drückt gemeinhin Abwesenheit und Veränderung aus: Jemand ist „auf Reisen", er befindet sich andernorts. Diese Sichtweise wird in der zweiten Strophe mit der Erwähnung derer, die „bleiben und winken", aufgegriffen. Da Paul Celan das Gedicht *vor* seiner Abreise aus Wien geschrieben hat, könnte, biographisch betrachtet, die Nennung des Hauses in Paris ein Ziel der Reise angeben, die zweite Strophe mit den Bleibenden und dem in einem „Gehöft" haltenden „Gespann" einen Ausgangspunkt, ein Aufbrechen. Allerdings hat Celan *vor* seiner Abreise noch kein „Haus" in Paris besessen, und die Annahme eines bestimmten früheren Hauses, an das er sich, auf einen früheren Parisaufenthalt Bezug nehmend, zurückerinnern könnte, bleibt spekulativ.[41]

Eine andere Lesart ergibt sich aus einem möglichen inhaltlichen Bezug von „Haus" im zweiten und „Gehöft" im vierten Vers: Dein Haus in Paris ist ein Gehöft. Celan kann für die Zeit nach seiner Ankunft in Paris auf ein Zimmer oder eine kleine Wohnung hoffen, unpräzise von

---

[40] Vgl. die Fassungen in TCA, Mohn und Gedächtnis, S. 62f.
[41] In einer Frühfassung enthielt das Gedicht eine Widmung an Erich Fried, den im englischen Exil lebenden jüdischen Dichter, was dem Titel die Heimatlosigkeit als weitere Bedeutungsdimension hinzufügt und sich zudem auch auf Celan selbst beziehen lässt. Vgl. TCA, Mohn und Gedächtnis, a.a.O.

„seinem Haus" sprechen, keinesfalls aber von einem „Gehöft", das als Begriff zunächst eine Ansammlung mehrerer Gebäude bezeichnet. Es wird in ländlichen Regionen verwendet und lässt sich nicht ohne weiteres zur Stadt Paris in Bezug bringen. In diesem Fall, wenn Haus und Gehöft gleichzusetzen wären, könnte mit Sicherheit angenommen werden, dass Celan kein bestimmtes Gebäude meint, sondern Haus/Gehöft als Chiffre für etwas anderes steht, das sich aus dem zentralen Wort der „Opferstatt" ergibt. Hierauf wird später noch ein genaues Augenmerk zu legen sein.

„Es ist eine Stunde", so setzt die erste Strophe ein, die syntaktisch aus einem einzigen, in drei Verse unterteilten Satz besteht. „Es ist" könnte allgemein im Sinne von „es gibt" verstanden werden, ohne nähere temporale oder örtliche Bestimmung. Da aber der Titel, wie oben gezeigt, als Zustandsbeschreibung verstanden werden kann: „jetzt auf Reisen", so wäre das „es ist" besser und schlüssiger als Feststellung dieses Zustandes zu verstehen, präsentisch, etwa im Sinne von „*jetzt* ist eine Stunde". Trifft diese Deutung zu, so setzt das Gedicht also mit einer Selbstvergewisserung ein: Diese Stunde, die du jetzt erlebst, ist der Augenblick einer Bewusstwerdung, was nun geschieht, mag von entscheidender Bedeutung sein. Das „Auf-Reisen-befindlich-Sein" könnte aber auch durch die beiden mit „es ist" anlautenden Verse allgemein im Sinne einer Definition bestimmt werden; in diesem Fall wäre nicht die gegenwärtige Stunde gemeint, sondern eine bestimmte, nämlich die, auf welche die Bezeichnung des Titels zutrifft: „Auf Reisen" zu sein „*ist* eine Stunde", „*ist* ein Gehöft".

Beginnen wir zunächst mit dem präsentischen Verständnis des „es ist". „Es ist eine Stunde, die macht dir den Staub zum Gefolge"; was in dieser Stunde bewusst wird, weist über diesen Augenblick der Gegenwart hinaus. Der Staub steht zunächst für das Vergangene: Es ist die Zeit, die Staub über die Dinge fallen lässt. Darüber hinaus wird „Staub" ähnlich wie „Sand" als Metapher für Asche gebraucht[42] und damit im Kontext der celanschen Gedichte als Anklang an die in der Shoa ermordeten Menschen. Der, dem der Staub zum Gefolge wird, ist der Überlebende, er ist jener, der Zeugnis geben kann und geben muss.[43] Die Reise, die angetreten wird, ist also kein Zurücklassen, sondern eher ein Erfüllen, ein Schritt hin zur eigenen Bestimmung, begleitet vom „Gefolge des Staubes".

In den drei Versen der ersten Strophe werden insgesamt drei Bestimmungen der besonderen Stunde gegeben, mit deren Nennung das Gedicht einsetzt. Der zweite Vers blickt auf das bevorstehende: das („dein") Haus in Paris. Die durchgehend verwendete zweite Person Singular der

---

[42] So etwa im Niemandsrose-Gedicht „PSALM" in: GW I, S. 225.
[43] Vgl. hierzu die berühmten Schlußverse „Niemand / zeugt für den / Zeugen" aus „ASCHENGLORIE" (GW II, S. 72), das bereits im Titel das Thema auch des hier besprochenen Gedichtes aufgreift.

Anrede wird als Selbstzuspruch des Dichters zu lesen sein. Das Haus wird zur „Opferstatt deiner Hände".[44] Die Hände des Dichters also, die Hände, die als „Werkzeuge" die Entstehung des Gedichtes ermöglichen, sind für Celan von geradezu mythischer Bedeutung. Bekannt ist seine Äußerung aus einem Brief an Hans Bender: „Handwerk – das ist Sache der Hände. Und diese Hände gehören wiederum nur *einem*[45] Menschen, d.h. einem einmaligen und sterblichen Seelenwesen, das mit seiner Stimme und seiner Stummheit den Weg sucht. Nur wahre Hände schreiben wahre Gedichte. Ich sehe keinen prinzipiellen Unterschied zwischen Händedruck und Gedicht."[46] In den „wahren Händen" liegt das Ethos des Dichters, und das Wort „Opfer" bringt hier eine nochmalige Steigerung. Was er darbringt („opfert"), ist mehr als ein „Werk" oder ein Beitrag zur Kunst. Der Dichter, der als Zeuge spricht, stellt sich in den Dienst einer Sache, die ihn selber übersteigt. Darum schaffen seine Hände nicht einfach etwas, das sich Selbstzweck wäre, sondern sie bringen ein Opfer, sie handeln *für* etwas, sie erfüllen eine Pflicht. Das Wort „Opfer" bezeichnet einen sakralen Vorgang. Das Gedicht spricht also von einer „heiligen Pflicht". Und damit kommt auch der Ort in den Blick, an dem eine solche Opferhandlung geleistet werden kann. Eine „Opferstatt", wie es im Gedicht heißt, ist ein dem Profanen enthobener Raum. Dieser Raum ist, um den Erfordernissen des Kultes entsprechen zu können, sorgfältig gewählt. Celan wählt von der Zwischenstation Wien aus seinen Schreibort als Dichter. Paris wird im zweiten Vers des „AUF REISEN"-Gedichtes explizit genannt, und, indem diese Stunde, mit deren Nennung die erste Strophe einsetzt, Paris bzw. den Wohnort des Dichters in dieser Stadt erst zur Opferstatt *macht*, d.h. werden lässt, zeigt sich eine dem genannten dichterischen Ethos angemessene Bestimmung: Hier ist es möglich, hier kann die Aufgabe erfüllt werden, hier ist der Ort bezeichnet, an dem es geschehen wird.[47]

Wie eingangs schon erwähnt, bietet sich nun aber noch eine zweite Lesart an. Der erste Vers muss nicht zwangsläufig als Stunde des Aufbruchs zur Übersiedlung nach Paris gelesen werden. Die beiden „Es ist"-

---

[44] Bezeichnend ist, dass Celan in der ersten Fassung des Gedichtes zunächst „Opferstatt meiner Hände" geschrieben und die erste Person des Pronomens dann getilgt und in ein „deiner" verändert hat. Siehe TCA, Mohn und Gedächtnis, S. 62.
[45] Kursiv im Original.
[46] GW III, S. 177. Der „Händedruck" spielt auch im Briefwechsel Celans mit seinem Dichterfreund André du Bouchet eine wichtige Rolle.
[47] Hans-Jost Frey weist darauf hin, dass das Haus in Paris letztlich erst im Selbstzitat im „ZWÖLF JAHRE"-Gedicht tatsächlich zur Opferstatt geworden ist, und „zur / Opferstatt deiner Hände" gibt dem Haus des Dichters „nach der Weise eines Gasthausschildes" einen Namen. S. Hans-Jost Frey: Zwischentextlichkeit von Celans Gedicht (sic!) Zwölf Jahre und Auf Reisen, in: Werner Hamacher/Winfried Menninghaus (Hg), a.a.O., S. 148.

Wendungen zu Beginn beider Strophen können auch als definitorische Bestimmung des „Auf-Reisen"-Seins verstanden werden. Wenn also das „Auf Reisen" *eine Stunde* und *ein Gehöft* genannt wird, dann ist mit der zweiten Bestimmung, „Gehöft", eine herkömmliche Reise ausgeschlossen. Der Schlüssel zum Verständnis ergibt sich in diesem Fall wiederum aus der „Opferstatt meiner Hände" im zweiten Vers. Wenn das Opfer der Hände das Gedicht ist, dann bezeichnet das „Auf Reisen" rein poetologisch verstanden den Entstehungsprozess dieses Gedichtes. Die Stunde des Auf-Reisen-Seins kann also als eine Stunde der Inspiration verstanden werden, das „Gehöft", auf das unten noch eingegangen wird, als Raum des Gedichtes, in dem eine innere Reise vollzogen wurde, mit dem „Staub" als „Gefolge".

Weshalb aber gerade Paris? An Ingeborg Bachmann schreibt Celan zwei Jahre nach seiner Ankunft in der Stadt: „Siehst Du, ich habe lange ringen müssen, bis Paris mich richtig aufnahm und mich zu den Seinen zählte. Du wirst nicht so allein sein wie ich, nicht so vereinsamt und ausgestoßen, wie ich es war."[48] Trotz dieser Anfangsschwierigkeiten, trotz des Umstandes, dass Celan in Wien – für viele Intellektuelle aus ehemaligen Gebieten der habsburgischen Doppelmonarchie das geistige und künstlerische Zentrum schlechthin – Bekanntschaften geschlossen und Publikationsmöglichkeiten[49] gefunden hatte und in Paris eine Existenz erst neu aufzubauen war, kam für ihn nur diese Stadt in Frage. Paris bot auch einen Anknüpfungspunkt an die Zeit und das Erleben vor der Shoa.[50] Bereits vor dem Krieg (1938/39) hatte er sich nach Frankreich aufgemacht, war von Czernowitz aus auf dem Weg zu seinem Studienort Tours nach Paris gekommen und hatte die Stadt kennengelernt.[51] Seine intensive Beschäftigung mit der französischen Literatur und seine lebenslangen Übersetzungen aus dem Französischen geben darüber hinaus Zeugnis vom Ausmaß seiner Vorliebe für die Kultur Frankreichs. Da durch den Krieg und die deutschen Verbrechen das Umfeld seiner Heimat in der Bukowina zerstört war, ist es verständlich, dass der Dichter sich als Lebensort in der „Fremde" jene Stadt ausgesucht hat, zu deren Kultur er sich am meisten hingezogen fühlte und die zugleich eine gewisse Kontinuität trotz aller Zerstörung und Entwurzelung verkörperte.[52]

---

[48] In: PC/IB, S. 18.
[49] 1948 erschienen „Edgar Jené. Der Traum vom Traume" und „Der Sand aus den Urnen".
[50] Vgl. auch den Kommentar zu „La Contrescarpe" im vorliegenden Band.
[51] Vgl. Israel Chalfen: Paul Celan. Eine Biographie seiner Jugend, Frankfurt a.M. 1983, S. 78ff.
[52] Vgl. in diesem Sinne auch B. Wiedemann, Der Blick von Paris nach Osten, in: Peter Goßens/Marcus G. Patka (Hg.), a.a.O., S. 140.

Die unbestimmte Form „es ist", mit der die beiden Strophen einsetzen, bezeichnet einen besonderen Moment: Der Dichter erkennt seinen „Auftrag", etwas geschieht, das sein Leben verändert, das, wie es im dritten Vers weiter heißt, sein (sofern das „du" einen Selbstzuspruch darstellt, was hier immerhin sehr nahe liegt) „schwarzes Aug zum schwärzesten Auge" macht.

Das „Auge" ist, ebenso wie das „Haar" in der zweiten Strophe, ein von Celan in unterschiedlichen Werkperioden immer wieder aufgegriffenes Bild.[53] Wurde schon von der „Zeugenschaft" des Dichters gesprochen, die insbesondere in Paul Celans poetologischen Texten von besonderer Bedeutung ist, so ist das durch die Nennung des „Auges" angezeigte Sehen hier durch das Adjektiv „schwarz" mit Schrecklichem verbunden. Das Auge dessen, der das Furchtbare zu Gesicht bekam, ist verdunkelt. Das schwarze Auge wird doppelt genannt, wird mit der Verwendung des Superlatives zum „schwärzesten" Auge. Was kann das *gesehene*, das Auge verdüstert habende Grauen noch steigern? Dieselbe „Stunde", die „den Staub" zum Gefolge werden lässt, bewirkt diese Steigerung, der Moment oder Zustand also, der dem Dichter den Ausblick auf die zu bringenden Opfer erlaubt. Das Schwärzer-Werden hat also mit dieser Aufgabe zu tun, mit dem, was mit der Aufgabe verbunden ist. Den Staub zum Gefolge: Die Toten, Ermordeten sind also nicht nur als Schrecken der Vergangenheit im Bewusstsein, sondern als Gegenwart, als Thema des Dichtens in ständiger Zuwendung, als Opferhandlung. Der dies als seine Bestimmung sieht, hat das schwärzeste Auge.[54]

Dem an zweiter Stelle genannten „Aug" wird ein Dativ-"e" beigegeben; es erzwingt beim Sprechen des Gedichtes als Ablaut eine Pause, was die beiden Strophen zusätzlich zur zwischen sie eingeschobenen Leerzeile voneinander abhebt. Die zweite Strophe setzt wie die erste ein. Ob die Stropheneinteilung und das Neueinsetzen auf eine von der ersten Strophe zu unterscheidende Aussage verweist oder eine Weiterführung derselben darstellt, ist zunächst nicht ganz klar und muss sich aus dem Inhalt ergeben. Anders als die ersten drei Verse, die durch Kommata am Zeilenumbruch getrennt sind und den Eindruck einer Aufzählung geben, bestehen

---

[53] August von Platens Gedicht „Schwarzes Auge, böser falscher Dieb" fällt als mögliche Vorlage für ein literarisches Zitat weg, die dortige Liebesklage bietet keinen Anknüpfungspunkt an das „Auf Reisen"-Gedicht. Vgl. August Graf von Platen, Werke in zwei Bänden. Bd. 1: Lyrik. München 1982, S. 215f.

[54] Eine weitere Möglichkeit, das „schwarze Auge" zu verstehen, wäre der Gedanke an ein „verloschenes" Auge, das schwarz ist, weil es keine Farbe mehr hat, also tot ist. Dann wäre an dieser Stelle, in Anknüpfung an den „Staub" des ersten Verses, an einen konkreten Toten gedacht, dessen Auge zum „schwärzesten" wird, wenn der Dichter sich ihm zuwendet und seinen Tod thematisiert. Näher liegt allerdings die Deutung des „du" als Selbstzuspruch des Dichters, da sie sich auch in der zweiten Strophe weiterführen lässt.

die letzten drei Verse jeweils aus einzelnen, abgeschlossenen Sätzen mit für sich stehender Aussage.

„Es ist ein Gehöft, da hält ein Gespann für Dein Herz." Celan hat den Begriff „Gehöft" im Titel des ersten Zyklus der späten, posthum veröffentlichten Gedichtsammlung „Zeitgehöft" verwendet.[55] „Zeitgehöft", das auch in der Pluralform vorkommt[56], meint wohl das Gedicht selber bzw. den Moment seiner Entstehung.[57] Dass „AUF REISEN" in späteren Werkstadien von Celan zum Selbstzitat genutzt wurde, zeigt seine besondere Bedeutung; ein Rückgriff auf dieses Gedicht während der Entstehungszeit der „Zeitgehöft"-Sammlung oder zumindest eine bewusste Wiederverwendung des früher schon eingesetzten Begriffes „Gehöft" kann also im Sinne der Werkkontinuität durchaus angenommen werden. Die im späten Zyklus naheliegende Lesart könnte also auch im frühen Gedicht den Hintergrund für die Verwendung dieses Begriffes durch den Dichter gegeben haben und später wieder aufgegriffen worden sein. In diesem Sinne wäre in der zweiten Strophe also von einem Gedicht die Rede, näher liegend vom Gedicht AUF REISEN selber.

Im Gedicht „hält ein Gespann für Dein Herz". Das Herz wird das Gehöft verlassen, es begibt sich auf die Reise. Von welcher Art diese ist, erklärt der nächste Vers mit einem bedrückenden Bild: „Dein Haar möchte wehn, wenn du fährst – das ist ihm verboten." Selbst in Bezug auf das Haar ist ein Verbot ausgesprochen – die Reise wird nicht zum Vergnügen angetreten. Im Hinblick auf das bevorstehende zu bringende Opfer „darf" das Haar nicht wehen, der Vorgang ist von Schwere gekennzeichnet. Und: Die Reise wird alleine angetreten, das zu erbringende Werk, das nicht nur Verpflichtung, sondern auch eine schwere Last darstellt, kann mit niemandem geteilt werden. „Die bleiben und winken, wissen es nicht." Das, was das Leben des Dichters in der Gegenwart ausmacht, steht in seltsamem Missverhältnis zu dem, was in seinen Versen zum Ausdruck kommt. Die „eine Stunde", von der die Rede ist, entfernt ihn aus seiner Gegenwart, entzieht ihn ihr, verdunkelt seinen Blick, lässt ihn Opfer verrichten, wo nicht selbst zum Opfer werden („macht ... //dein schwarzes Aug zum schwärzesten Aug"). Was in ihm vorgeht, welche Verantwortung auf seinen Schultern lastet, können die, welche sein gegenwärtiges Leben

---

[55] Vgl. GW III, S. 65ff. Ob Celan der ganzen Sammlung tatsächlich den Titel „Zeitgehöft" gegeben hätte, ist fraglich. Er wurde vom Herausgeber der ersten Edition von 1976 gewählt.
[56] Im Gedicht „Erst wenn ich dich", vgl. a.a.O., S. 76.
[57] In Anlehnung an den Husserlschen Begriff vom „Zeithof des Bewusstseins" als Zustand der Verlangsamung im Entstehen eines Werkes; vgl. KG, S. 866 sowie die Auslegung des „Schwimmhäute"-Gedichts („Ihr Zeithof ein Tümpel") im vorliegenden Band. Die von Buck gegebene Deutung Gehöft als „anheimelnde Kollektivform von ‚Hof'" für „das Haus in Paris" als „in sich ruhenden Ort" ist ganz abwegig, vgl. Theo Buck: Celan und Frankreich, Aachen 2002, S. 33.

prägen, nicht verstehen: Sie bleiben zurück und winken, als wäre die Reise eine gewöhnliche, als hätte der Auftrag des Dichters nicht alles verändert.

Das Wort „Gespann für dein Herz" kann in diesem Zusammenhang zwiefältig verstanden werden: zum einen im Sinne einer Kutsche, eines Pferdegespanns, mit dem die Reise angetreten wird. Zum anderen als etwas, welches das Herz „einspannt", und das Herz selbst ist es, das die Richtung der Reise vorgibt. Die Schreibtätigkeit zum „Opfer" werden zu lassen, ist also eine „Herzensangelegenheit" des Dichters, gleichzeitig aber auch eine belastende Pflicht, zum einen wegen des Gegenstandes des Schreibens, zum anderen wegen der Verantwortung, sich den „Staub zum Gefolge" zu nehmen, also für die zu sprechen, die selbst nicht mehr sprechen können.

Eine weitere mögliche Lesart der zweiten Strophe des Gedichtes ergibt sich aus dem Umstand, dass es zu jenen „Mohn und Gedächtnis"-Texten gehört, die Celan im Dezember 1957 in Ingeborg Bachmanns Exemplar des Gedichtbandes als für sie geschrieben bzw. ihr gewidmet vermerkt hat.[58] Könnte also mit dem „Gespann für dein Herz" eine Anspielung auf seine damalige Liebesbeziehung zu Bachmann gegeben sein, die nicht von Dauer gewesen ist? In diesem Fall müsste die Metapher „Gehöft" entweder für Wien stehen, weil Celan bei der Entstehung des Gedichtes im Begriff war, von dieser Stadt aus aufzubrechen. „Die bleiben und winken" wären dann diejenigen, die nicht wissen, dass ihm dieser Aufbruch schwer fällt. Diese Lesart ist sehr wahrscheinlich. Oder aber das „Gehöft" würde sich bereits auf das „Haus in Paris" beziehen, von dem aus das Herz zurück zur Geliebten nach Wien reist. Das Haar darf nicht wehen, weil in Paris die schwere Aufgabe des Zeugnis-Gebens auf ihn wartet.[59] „Die bleiben und winken" wird in diesem Zusammenhang aber ganz unverständlich, abgesehen davon, dass das „reisende Herz" als Bild in diesem sehr konventionellen Sinne verwendet nicht zur Wort- und Metaphernwahl der Celanschen Schreibweise passt.

Das Gedicht ist Ingeborg Bachmann gewidmet, da es von den Bedingungen und dem Anspruch des schreibenden Dichters handelt. Celan, der eine einsame Tätigkeit beschreibt, konnte für sein Gedicht dennoch auf Verständnis bei seiner ebenfalls schreibenden Freundin zählen.[60]

Paul Celans Gedicht „AUF REISEN" thematisiert an einem Wendepunkt seines Lebens das Schreiben. Er befindet sich im Aufbruch zu dem für ihn möglichen „Schreibort" Paris, der zugleich eine Verbindung zu seiner Zeit vor der Shoa erlaubt. Sein Schreiben hat den „Staub zum Gefolge", wendet sich also den Ermordeten zu, dem Geschehen, dem sie

---

[58] Jeweils mit dem Vermerk „f.D." = „für Dich", vgl. PC/IB, S. 73.
[59] Diese Deutung gibt etwa Th. Buck, vgl. a.a.O.
[60] Das Gedicht spielt übrigens im Briefwechsel zwischen beiden Dichtern, abgesehen von der genannten Widmung, keine Rolle.

ausgesetzt waren. Der Anblick macht sein „Aug zum schwärzesten Auge". Die Reise, die er antritt, geht nicht nur „vorwärts", nach Paris, wo ein Haus „Opferstatt" seiner schreibenden Hände wird, sondern auch in die Vergangenheit, zu denen, an die sein Herz gebunden ist. Die Reise, also die Entstehung seines Gedichtes als einem „Gehöft", ist voller Bedrückung, sein Haar darf nicht wehen auf der Fahrt dorthin. Was diese Fahrt bedeutet, das Schreiben, das er zum sakralen Akt macht, bleibt für die, welche in seiner „Gegenwart" bleiben, unverständlich, sie „wissen es nicht". Celan beschreibt bewusst die Ambivalenz zwischen dem Ort, an dem etwas entsteht, und der Bewegung der Inspiration und der Zuwendung zu Vergangenem.

„AUF REISEN" kann daher als paradigmatisch für viele spätere Celan-Texte gelten, die sich ebenfalls mit dem Schreiben nach der und über die Shoa beschäftigen, mit einem Thema also, welches das Werk des Dichters von seinen frühen Texten an durchzieht und das mit einem Anspruch verbunden ist, dem er nicht nur „seine Hände", sondern letztlich sich selber, d.h. sein Leben als Schreibender in seiner Lebensstadt Paris zum Opfer gebracht hat.

AUF HOHER SEE

AUF HOHER SEE

Paris, das Schifflein, liegt im Glas vor Anker:
so halt ich mit dir Tafel, trink dir zu.
Ich trink so lang, bis dir mein Herz erdunkelt,
so lange, bis Paris auf seiner Träne schwimmt,
so lange, bis es Kurs nimmt auf den fernen Schleier,
der uns die Welt verhüllt, wo jedes Du ein Ast ist,
an dem ich hänge als ein Blatt, das schweigt und schwebt.

Das Gedicht „AUF HOHER SEE"[61] gehört zu den frühen in Paris geschriebenen Celan-Gedichten und ist in den Jahren 1949/50 entstanden.[62] Es steht im dritten Teil der Sammlung „Mohn und Gedächtnis", vom Dichter mit „Gegenlicht" betitelt. Neben dieser endgültigen Fassung ist es noch in einer früheren unter dem Titel „RAUCHTOPAS" überliefert.[63]

Formal ist zunächst zu bemerken, dass „AUF HOHER SEE" aus einer einzigen Strophe mit sieben Versen besteht, für die Celan jeweils fünf- bzw. sechshebige Jamben ohne Endreim gewählt hat. Der Titel ist, wie bei Celan üblich, in Majuskeln gesetzt, was ihn einerseits vom Gedicht selbst deutlich abhebt, andererseits eine bestimmte Lesart für den Inhalt der folgenden Verse vorgibt.

Vom Beginn des Gedichtes, ja von der Überschrift an wird mit Paradoxa gearbeitet. So wird dem Bild von der „hohen See" gleich im ersten Vers das „Schifflein" zugesellt. Dieses aber ist nicht, wie der Titel nahelegt, in gewaltigen Wellen verloren, sondern es liegt vor Anker. Die Ankündigung in Majuskeln und damit die mit der „hohen See" verknüpften Assoziationen laufen so zunächst ins Leere, die entstandene Spannung wird erst im weiteren Verlauf des Gedichtes aufgelöst.

„Paris, das Schifflein", mit diesem Worten beginnt der erste Vers, und dieses Bild erschließt sich leicht, wenn das Stadtwappen von Paris ver-

---

[61] GW I, S. 54.
[62] TCA, Mohn und Gedächtnis, S. 80f.
[63] Da „RAUCHTOPAS" gegenüber „AUF HOHER SEE" mitunter deutliche Abweichungen aufweist, soll zunächst die vom Dichter autorisierte Endfassung deutlicher untersucht und das Verhältnis beider Fassungen zueinander erst im Anschluss daran thematisiert werden.

gegenwärtig wird: Es zeigt ein Schiff, verbunden mit der Devise: „*fluctuat nec mergitur*". Dieser Wahlspruch lässt sich ebenfalls mit dem Titel „AUF HOHER SEE" zusammendenken. Betrachtet man die Île de la Cité mit der Kathedrale Notre Dame aus der Luftperspektive – ein beliebtes Motiv auf zahllosen Postkarten aus der französischen Metropole – so kommt zu dem Wappenspruch noch der räumlich-geografische Eindruck eines großen Schiffes auf der Seine hinzu.

Dieses Schifflein liegt „vor Anker", fest vertäut an einer Stelle, so wie die Seine-Inseln aus der Luftperspektive durch die Brücken am linken und rechten Seine-Ufer befestigt scheinen.[64] Die Verankerung bietet die Voraussetzung für den mit „so" eingeleiteten Bildwechsel des zweiten Verses. Das „so" wird in den folgenden Versen zu einem dreifachen „so lange" gesteigert: das Schifflein ist – im Augenblick – verankert, so kann ich Tafel halten, dir zutrinken usw., die Verankerung bzw. das Anker-Liegen erlaubt es mir, mich dem zu widmen.

Paris, so heißt es nun im zweiten Teil dieses ersten Verses, liegt „im Glas" vor Anker. Dieses „Glas" lässt sich auf unterschiedliche Weise deuten: Gemeint sein könnte ein Trinkglas, in dem sich am Seine-Ufer tatsächlich die Île de la Cité widerspiegelt.[65] Von einem „Vor-Anker-Liegen" könnte bei dieser Lesart allerdings kaum gesprochen werden, denn was ist flüchtiger und beweglicher als ein in einem Weinglas gespiegeltes Bild. Celan wird also etwas anderes im Sinn gehabt haben. Denkbar wäre das schneidende, verletzende Glas, die Scherbe, die auf das späterhin im Gedicht angesprochene Leid, das „Erdunkeln" und die „Träne" verweisen könnte.[66]

Die wahrscheinlichste Deutung des Bildes ist wohl, im genannten Glas ein „Stundenglas" zu sehen. Eine „Verankerung" im Stundenglas, d.h. der Sanduhr, ergibt sich zunächst aus dem fortlaufenden, dreimal gesteigerten „so lange", welches das Vergehen der Zeit in besonderer Weise hervorhebt. An der ablaufenden Lebenszeit hat das Schifflein seinen Anteil, und von dem langsamen Verrinnen löst es sich, indem es Kurs nimmt „auf

---

[64] Otto Pöggeler: Der Stein hinterm Aug. Studien zu Celans Gedichten, München 2000, S. 41. Pöggeler belässt das Bild vom „Verankert-Sein" neben dem Hinweis auf „das Schifflein als Spielzeug" bei dieser einen Bedeutung.

[65] So etwa Pöggeler a.a.O.; Sars im Nachwort zur Edition von Celans Briefen an Diet Kloos-Barendregt, S. 22; auch Th. Buck, a.a.O., S. 39. Er stellt sich auch einen Wandschmuck in einem Lokal mit dem Pariser Stadtwappen hinter Glas vor, wofür der Text des Gedichtes allerdings keinerlei Anhaltspunkt liefert.

[66] Vgl. hierzu auch die Bedeutung von Glas im Gedicht „Hier" aus „Von Schwelle zu Schwelle":
„Er warf mir sein Glas an die Stirn
und kam,
als ein Jahr herum war,
die Narbe zu küssen." (GW I, S. 113).

den fernen Schleier", seinen „Zeithof"[67] mit Kurs auf das Dunkle hin somit verlässt.

„So halt ich mit dir Tafel", „so", nachdem die Zeit gleichsam angehalten, das Schifflein vor Anker gelegt wurde, so wird mit einem Menschen, einem „du" Tafel gehalten, ihm wird zugetrunken, jemandem, zu dem, wie der folgende Vers zeigt, ein Vertrauen gefasst werden kann. Dieses „du" bzw. „dir" ist anders als jenes „Du" aus dem vorletzten Vers klein geschrieben und von diesem daher zu unterscheiden. Es ließe sich, neben einer allgemeinen Lesart, nach der Veröffentlichung der Briefe Paul Celans an Diet Kloos-Barendregt[68], auch mit eben jener niederländischen Sängerin bestimmen, die während des Krieges u.a. durch die Ermordung ihres Ehemannes Jan Kloos Opfer des Nazi-Terrors wurde und aktiv im Widerstand gegen die deutschen Besatzer war.[69] Ihr hat er die schon erwähnte früher entstandene Fassung „Rauchtopas" als Beilage eines Briefes im Oktober 1949 zugesandt, mit begleitenden Worten, die den Charakter einer Widmung haben.[70] Nun hat Paul Celan in der von ihm autorisierten und in „Mohn und Gedächtnis" publizierten Fassung des Gedichtes die autobiographischen Züge – insbesondere schon durch die Änderung des Titels – wieder getilgt. Die Bestimmung des „du" wollen wir daher an dieser Stelle zunächst offenlassen und erst weiter unten beim Vergleich beider Fassungen miteinander thematisieren.

Der zweite Vers endet mit den Worten „trink dir zu", der dritte beginnt mit „Ich trink so lang". Die Doppelung des Wortes „trinken" erinnert den Celan-Leser sogleich an die berühmten Zeilen der „Todesfuge": „wir trinken dich morgens und mittags und abends / wir trinken und trinken."[71] Damit wäre, wenn dieser Anklang absichtlich gesetzt sein sollte, der Bereich des Leides und genauer die grauenhaften Erfahrungen während des Nazi-Terrors angeschnitten. Zu dieser Deutung passt die zweite Hälfte des Verses: „bis dir mein Herz erdunkelt", d.h. bis sich dir die Dunkelheit und das Leid, das „ich" im Herzen trage, ganz erschließen: ins Dunkle übergehen, im Dunkel mitteilbar werden. In der „Rauchtopas"-Fassung konnte sich dieses „Erdunkeln" deutlich auf die beidersei-

---

[67] Vgl. das Gedicht „Schwimmhäute" (GW II, S. 297). Der Begriff „Zeithof" bzw. „Zeitgehöft" spielt im Spätwerk Celans eine große Rolle; er ist immer Träger einer poetologischen Aussage, bezieht sich auf den „Raum des Gedichtes". Vgl. hierzu die Deutung von „Schwimmhäute" und „Anredsam" im vorliegenden Band.
[68] Paul Celan: „Du mußt versuchen, auch den Schweigenden zu hören", Briefe an Diet Kloos-Barendregt, Handschrift – Edition – Kommentar, (Hg. Paul Sars), Frankfurt a.M. 2002. (= DKB Paul Celan)
[69] A.a.O., S. 14ff.
[70] A.a.O., S. 75. Celan schreibt: „Weißt Du, daß in einem Gedicht jedes Wort einen ganzen Brief aufwiegt? Zähl die Worte: ebensoviele Briefe mußt Du mir jetzt schreiben!"
[71] GW I, 41; vgl. auch DKB Paul Celan, S. 122.

tige Erfahrung der deutschen Verbrechen beziehen, bei Diet Kloos-Barendregt auf die Ermordung ihres Mannes, bei Paul Celan auf die Ermordung seiner Eltern und auf eigene Lagererfahrungen. Auch ohne eine genaue Festlegung bei der Bestimmung der angesprochenen Person wird der Bezug auf die während des Krieges erfahrenen Schrecken in dem „Erdunkeln des Herzens" beibehalten.

So lange dauert die Gemeinschaft, das „Tafel-Halten" an, so weit geht die Vergegenwärtigung, oder besser: das Gegenwärtig-Sein des vergangenen Leids, dass „Paris auf seiner Träne" schwimmt. Das „sein" bezieht sich auf das „Herz" im vorangegangenen Vers. Ein auch denkbarer Bezug dieses Pronomens auf „Paris" selbst, d.h. ein Verständnis der Stadt als ein von Leiderfahrungen getragener Ort, der gewissermaßen von seinem eigenen Schmerz überwältigt wird, wäre grammatikalisch auch möglich, inhaltlich aber weniger wahrscheinlich; der Gesamtkontext spricht eher dagegen. Die beschauliche Szene des Anfangs („Tafel halten", „zutrinken"), die ja auch innerhalb des Gedichtes nur von kurzer Dauer ist, sie „verschwimmt", verliert an Wirklichkeit, tritt schließlich angesichts der nun einsetzenden Bewegung („Kurs nehmen") zurück. Die Träne des Herzens kann als die Trauer des Überlebenden verstanden werden, der sich den Toten und dem vergangenen Schrecken zuwendet. Es geschieht durch das Erdunkeln des Herzens im Gespräch mit einem anderen.[72]

Das „so lange" aus dem vierten und fünften Vers erfährt nun eine weitere Steigerung: Das verankerte Schiff setzt sich in Bewegung, löst sich also von seinem Ort, an dem es verankert war, und nimmt Kurs „auf den fernen Schleier", den einen, „der uns die Welt verhüllt". An dieser Stelle wollen wir uns zunächst wieder den Titel des Gedichtes vergegenwärtigen: „AUF HOHER SEE". Das Schifflein, vom Leid in Bewegung gesetzt, ist auf hoher See verloren: Angedeutet wird so die Größe und Unermeßlichkeit jenes fernen Schleiers, der nun ins Spiel kommt, so gewaltig, dass er „die Welt verhüllt".

Das Bild des Schleiers wird von Paul Celan in dem nach „AUF HOHER SEE" entstandenen Gedicht „Fernen"[73] in ähnlicher Weise verwendet. Dort heißt es:

„(...)
laß uns auch solches beginnen:
gemeinsam
laß uns atmen den Schleier,
der uns voreinander verbirgt,
wenn der Abend sich anschickt zu messen,

---

[72] Auch die Zuwendung zu einem „bestimmten Toten" könnte aus der Entstehung dieser Träne gelesen werden („trink Dir zu").
[73] „Von Schwelle zu Schwelle", GW I, S. 95.

wie weit es noch ist
von jeder Gestalt, die er annimmt,
zu jeder Gestalt,
die er uns beiden geliehen."

„Auch solches" ist jenes, das im Einander-zugewandt-Sein der Liebenden keinen Platz hat, das stören könnte. Da es aber doch gegenwärtig ist, wirkt es wie ein Schleier, der die beiden voreinander verbirgt. Dieser soll geatmet, bewegt, gelüftet, die schwere Erfahrung, das Leid soll zum Thema werden, umso mehr, als die Gestalt der Liebenden/Überlebenden vom Tode nur geliehen ist. Der Schleier steht hier demnach für die Shoa, der die Davongekommenen, die diese Erfahrung mittragen, von allen anderen trennt.

Im vorliegenden Gedicht wird mit bestimmten Artikeln von „dem" fernen Schleier gesprochen, der „die" Welt verhüllt.[74] Zwei Lesarten bieten sich nun an: Zum einen könnte das Wort von der „Welt" die alltägliche Welt bezeichnen, das Leben in Paris, das durch den Schleier verhängt und wegen der schweren Erfahrungen des zurückliegenden Krieges und Völkermordes nicht wirklich ist. Durch die Betonung des Kurs-Nehmens, des Nicht-mehr-verankert-Seins und der Ferne legt sich aber doch eine zweite Lesart nahe: Die verhüllte Welt wäre die untergegangene, die verlorene Welt, die durch die Shoa zerstört wurde. Auf sie hin wird auf der „hohen See" des Leides Kurs genommen, sie liegt vom Standpunkt des Schiffleins Paris aus in der Ferne; die Pariser Ausgangssituation, die den ursprünglichen Anlass des Gedichtes gegeben hat, tritt gleichzeitig zurück.

In der verhüllten und verlorenen Welt der Ferne ist „jedes Du ein Ast", an dem das Ich – wir wollen annehmen, dass es das Ich des Dichters selbst ist – als ein Blatt hängt. Das „Du", nunmehr groß geschrieben, ist von jenem, dem zu Beginn des Gedichtes zugetrunken wurde, also zu unterscheiden. „Wo jedes Du ein Ast ist": ein Teil des Baumes, der auf Celans Ursprünge verweist, auf die verlorene Heimat und Familie, die ermordeten Eltern, vielleicht auch auf sein Judentum. Das Bild vom Baum als Ursprung kehrt in anderen Celan-Gedichten wieder, so zunächst im berühmten Anfangsgedicht der Atemwende „Du darfst mich getrost mit Schnee bewirten"[75], dort „schrie" das „jüngste Blatt" des „Maulbeerbaumes". Es ist das Blatt des Gedichtes, das Zeugnis gibt vom Tod (dem „Mit-Schnee-Bewirten"). Und zugleich ist es auch der Überlebende selber, der sein Entsetzen zum Ausdruck bringt.

---

[74] Zur früheren „RAUCHTOPAS"-Fassung, in der vom „Schleier Klarheit" die Rede ist, siehe unten.
[75] GW II, S. 11. Vgl. zum Bild des Baumes die ausgezeichnete Deutung bei G. Bevilacqua, a.a.O., S. 68f.

Im Nachlassgedicht „Wieviele"[76] heißt es:

„(...)
Dein Stamm, der eine,
bäumt sich noch immer."

Dieses Gedicht spricht vom Unwissen der Vielen und dem Kampf gegen eine neue antisemitische Bedrohung.[77] Der sich bäumende Stamm zeigt die Zugehörigkeit zum in steter Bedrängnis befindlichen Judentum an. Kehren wir nun zum AUF HOHER SEE-Gedicht zurück: „der uns die Welt verhüllt, wo jedes Du ein Ast ist," – Celan verwendet das Präsens: Hinter dem die Welt verhüllenden Schleier ist der Ast, d.h. der Ursprung, mithin Gegenwart. Dies bedeutet, dass das Schiff auf hoher See in die Vergangenheit fährt und dass die verlorene Welt hinter dem Schleier wieder gegenwärtig wird. Sie nimmt den Trauernden für die Dauer dieser Leidensfahrt wieder auf.

An dem Ast des „Du" hängt das „ich" des Gedichtes „als ein Blatt, das schweigt und schwebt." Vergegenwärtigen wir uns erneut das „Du darfst mich getrost ..."-Gedicht[78]: Dort „schreit" das Blatt, dort steht der „Schnee", der Tod, unmittelbar bevor. Hier aber, hinter dem fernen Schleier, in der verlorenen Welt, „schweigt" das Blatt, „schwebt", ist noch unbeschwert von dem kommenden Leid, durch welches das Schifflein Paris, von ganz anderem Orte aus, Kurs genommen hat.

Das Schweigen des Blattes – einerseits Abkömmling des Astes, andererseits Werk des schreibenden Dichters – kann gleichwohl auch als Pendant zu dem „schreienden Blatt" gesehen werden. Diese Lesart lässt sich in Anlehnung an ein früheres Gedicht „Umsonst malst Du Herzen ans Fenster"[79] vertreten. Dort ist das Blatt das „im Baum" gehisste „Banner" des „Herzogs der Stille", der „Halme der Schwermut" verteilt. Herzog der Stille ist der Tod, und jenes Blatt „schwebt ihm voraus". Das schweigende Blatt könnte also auch hier, in der untergegangenen Welt hinter dem Schleier, auf den Tod verweisen.

Theoretisch, und dies wäre eine weitere Lesart, könnten das Ablegen des Schiffleins und der „ferne Schleier" auch im Hinblick auf eine Zukunft als Überwindung des Leides verstanden werden.[80] Diese „positive" oder hoffnungsvolle Deutung wird aber durch die Änderung von „Schleier Klarheit" in der ursprünglichen Version in den „fernen Schleier" unwahr-

---

[76] NG, S. 204.
[77] Vgl. die Auslegung des Gedichtes in diesem Band.
[78] GW II, S. 11.
[79] GW I, S. 13.
[80] Entsprechend Sars im Nachwort der Briefe in DKB Paul Celan und auch Th. Buck, a.a.O., S. 40.

scheinlicher. Celan hat die Beschwörung des Leides, das „Erdunkeln" ja als etwas Gegenwärtiges geschildert, das den Weg zum fernen Schleier hin erst möglich macht. Die Aussage würde lauten: Leide jetzt heftig mit mir, damit wir eines Tages gemeinsam nicht mehr leiden müssen. Dies würde also die Möglichkeit eines Aus- oder Zu-Ende-Leidens beinhalten, was im Zusammenhang mit der Biographie des Dichters und unter Berücksichtigung seines übrigen Werkes ausgeschlossen werden kann. Behielte man diese Zukunftsdeutung bei, wäre das schweigende Blatt entweder der Ort der Begegnung mit den Lesern, die das Zeugnis der schon Geschriebenen ernstnehmen und ihrerseits reagieren und in den Dialog treten (deswegen würde das Blatt nunmehr schweigen, nachdem der Dichter sich im Gedicht geäußert hat); oder es ging um die utopische Annahme einer Welt, in der das Blatt schweigen, leer bleiben könnte, da kein Zeugnis mehr zu geben und der Schleier des Leids überwunden wäre.

Da sich das Zeugnis-Geben für die Toten und das Gegenwärtig-Werden des erlebten Leides als ein roter Faden und als poetisches Grundanliegen durch das gesamte Werk des Dichters zieht, wird der Deutung der Welt hinter dem Schleier als der vergangenen der Vorzug gegeben und die Lesart der Welt-hinter-dem-Schleier als einer leidfreien Zukunft als wenig wahrscheinlich zurückgestellt.

Werfen wir nun, im Anschluss an diese Lektüre der Endfassung „AUF HOHER SEE", einen Blick auf die „Rauchtopas"-Version, die sich an einigen wichtigen Stellen vom vorliegenden Gedicht unterscheidet:

RAUCHTOPAS

Paris, das Schifflein, liegt im Glas vor Anker:
So halt ich mit dir Tafel, trink dir zu.
Ich trink so lang, bis dir mein Herz erdunkelt,
so lange, bis Paris auf seiner Träne schwimmt,
so lange, bis es Kurs nimmt auf den Schleier Klarheit,
der uns die Welt verhüllt, wo jedes Du ein Ast ist,
an dem ich hänge als ein Blatt, nie als ein Mensch.

Zunächst der Titel. Ein „Rauchtopas" war der Stein in einem Ring, den die Niederländerin Diet Kloos-Barendregt als Geschenk ihres von den Deutschen gefolterten und ermordeten Mannes Jan Kloos erhalten hatte. Sie, die Celan im Jahre 1949 im Rahmen einer Paris-Reise kennengelernt hatte, trug ihn als Zeichen der Erinnerung.[81] Mit diesem direkten Bezug

---

[81] Vgl. KG, S. 613.

ist zumindest in der vorliegenden frühen Fassung, das „du" des zweiten und dritten Verses recht eindeutig mit ihr zu identifizieren. In der endgültigen Fassung aber könnte ebenso, unserer oben gegebenen Deutung folgend, die direkte Ansprache und damit die Vergegenwärtigung eines oder einer vermissten Toten gemeint sein, die schließlich, durch die Heraufbeschwörung des Leids, die Grenzen des „fernen Schleiers" überwinden und die verschwundene Welt wiedererstehen, zur Gegenwart werden lässt. Durch die Wahl des neuen Titels hat Celan der Wirkung des Gedichtes ganz bewusst eine andere Richtung gegeben.

Kehren wir zu „Rauchtopas" und seinem ursprünglichen Kontext zurück. Der nächste Unterschied zur Mohn-und-Gedächtnis-Fassung liegt in dem „Schleier Klarheit" anstelle des „fernen Schleiers", auf den das Schifflein Kurs nimmt. Der „Schleier Klarheit" ist als das entdeckte Einverständnis, die leidvolle Gemeinsamkeit zwischen den beiden, die hier einander zutrinken, zu verstehen. Ein Schleier, welcher die Welt um sie her, in der das Schifflein eben noch vor Anker lag, ausschließt, jene Welt, die nichts von ihrem durch die Schrecken des Nationalsozialismus erzeugten Leides weiß.[82] Hier hängt das „ich" – weiterer Unterschied zwischen den Fassungen – als „ein Blatt, nie als ein Mensch". In der entdeckten Gemeinsamkeit, „die die Welt verhüllt", fühlt er sich dem Menschen, dem er sich anvertraute, zugehörig wie das Blatt zum Ast. Die Vereinzelung des Menschen ist in diesem Augenblick ohne Wirklichkeit.[83]

Was hat sich nun auf dem Weg der Überarbeitung von „Rauchtopas" hin zu „AUF HOHER SEE" in der Aussage des Gedichtes verändert? Paul Celan tilgt den persönlichen Bezug zu Diet Kloos-Barendregt aus dem Gedicht: Der Augenblick der tieferen Begegnung im gemeinsam wiederempfundenen Leid, das die Welt ausschließt, wird aufgegeben zugunsten einer Rückwendung auf das durch die Shoa Verlorene, das hinter dem Genozid, dem fernen Vorhang, gegenwärtig ist. Der Ort, an dem das Gedicht seinen Ausgang nimmt, das Schifflein Paris, setzt sich in Bewegung auf die Vergangenheit hin, deren Grenze sich schon in der Gegenwart als tiefes Leid „erdunkelt". Das Bild des Schiffleins „auf hoher See" ist Ausdruck des damit verbundenen Ausmaßes: Ein Schifflein ist auf hoher See ausgesetzt und eigentlich hilflos und verloren. Die untergegangene Welt, die im Präsens beschrieben, die über die Erinnerung hinaus ganz Wirklichkeit ist, bewahrt die Ursprünge, die Herkunft, den Ast, an dem der Dichter, der seine eigentliche Berufung erst als Zeuge für die Getöteten finden wird, als ein Blatt schwebt und schweigt. Das Blatt

---

[82] Vgl. hierzu wieder das Gedicht „Wieviele" (NG, S. 204): „Wieviele / die's nicht wissen ..."
[83] O. Pöggeler, a.a.O., S. 41 deutet das Blatt anders, nämlich poetologisch: „Der Dichter versteht sich so sehr von den Blättern seiner Gedichte her, dass er ... überhaupt kein voller Mensch mit eigenem Schicksal mehr ist."

schweigt, ist also noch unbeschrieben. Das die alte Welt Zerstörende, in den Gedichten Bezeugte, steht noch bevor.

Paris, die „Opferstatt" der Hände des schreibenden Dichters, wie es im „Auf Reisen"-Gedicht programmatisch heißt[84], ist in diesen Versen also Ort der Trauer und des Leids, aber auch, wie noch in manchen weiteren Gedichten, Ausgangspunkt und Vehikel hin zu einem Lebendig-Werden des Verlorenen, das den Anfang des Weges Paul Celans als Dichter und Zeugen markiert.

---

[84] GW I, S. 45.

HIER

HIER

Hier – das meint hier, wo die Kirschblüte schwärzer sein will als dort.
Hier – das meint diese Hand, die ihr hilft, es zu sein.
Hier – das meint jenes Schiff, auf dem ich den Sandstrom heraufkam:
Vertäut
liegt es im Schlaf, den du streutest.

Hier – das meint einen Mann, den ich kenne:
seine Schläfe ist weiß,
wie die Glut, die er löschte.
Er warf mir sein Glas an die Stirn
und kam,
als ein Jahr herum war,
die Narbe zu küssen.
Er sprach den Fluch und den Segen
und sprach nicht wieder seither.

Hier – das meint diese Stadt,
die von dir und der Wolke regiert wird,
von ihren Abenden her.

Das Gedicht „HIER" steht im zweiten Zyklus des Bandes „Von Schwelle zu Schwelle", zwischen „MIT WECHSELNDEM SCHLÜSSEL" und „STILLEBEN". Seine Entstehung fällt in das Jahr 1953.[85] Barbara Wiedemann hat darauf hingewiesen, dass sich das Gedicht nach Auskunft von Beda Allemann „ursprünglich u.a. auf den Atombombenabwurf auf Hiroshima" beziehe.[86] Trotzdem wird es hier den Paris-Gedichten zugerechnet,

---

[85] GW I, S. 113. Celan hat später die Ortsangabe „Rue des Écoles" hinzugefügt. In dieser Straße im 5. Pariser Arrondissement wohnte er bis zum Juli 1953 (vgl. KG, S. 632). Diese den Entstehungsort betreffende Notiz hat Celan sieben Jahre nach der eigentlichen Entstehung des Gedichtes datiert: „notiert am 15.5.60"; (vgl. TCA, „Von Schwelle zu Schwelle", S. 66.).

[86] Vgl. B. Wiedemann, a.a.O.: Auf die Hiroshima-Lesart gebe auch die phonetische Qualität des Titels „Hier ..." einen Hinweis. Das „ursprünglich u.a." von Barbara Wiedemann deutet bereits an, dass sich die Deutung des Gedichtes nicht in dieser einen Spur erschöpfen kann. Bei der Deutung wird im Folgenden aber natürlich auch auf die Hiroshima-Lesart eingegangen.

was nicht nur aufgrund des Entstehungsortes, sondern durchaus auch wegen zahlreicher Indizien im Text selbst zu begründen ist. Diese Zuordnung wird sich aus den im Folgenden ausgeführten Erklärungen erschließen.

„HIER" ist dreistrophig aufgebaut, und jede Strophe hebt mit der Anapher: „Hier – das meint ..." an. Die Strophen haben unterschiedliche Länge, die erste besteht aus fünf, die zweite aus neun, die dritte aus drei Versen. In den ersten Entwürfen zu diesem Gedicht war noch keine Stropheneinteilung vorgesehen.[87]

Die Wortfolge „Hier – das meint ...", die das Gedicht strukturiert, wird in der ersten Strophe zunächst dreimal aufgegriffen, so dass die ersten drei Verse einerseits den Eindruck einer informierenden Aufzählung erwecken, andererseits das Gedicht gleichsam dreimal neu einsetzen lassen, wobei der im dritten Vers beginnende Satz bis zum Ende der ersten Strophe weitergeführt wird.

„Hier – das meint hier, wo die Kirschblüte schwärzer sein will als dort."

Der erste Vers bietet ein gleich ins Auge fallendes Paradoxon – die Kirschblüte, die den Frühling in hellen weißen und rosanen Farben verkündet, wird als „schwärzer sein wollend" umschrieben. Nicht als schwarz *seiend*, sondern als *sein wollend* ist die Blüte umschrieben. Das bedeutet, sie will *in den Augen des Betrachters* schwarz sein, oder anders formuliert, der Betrachter hat für die Schönheit der weißen Blüten keinen Blick, er sieht sie schwarz, sie gemahnen ihn an anderes. Die Ortsangaben „hier" und „dort" geben einen ersten Fingerzeig, worum es sich handeln könnte. Wenn nach den Angaben Celans gegenüber Beda Allemann im Gedicht auch auf Hiroshima Bezug genommen wird, so lässt das Wort „Kirschblüte" zuerst an das japanische Kirschblütenfest denken und damit an eines der wichtigsten Symbole der japanischen Kultur.[88] Wenn die Kirschblüte „dort" schwarz sein will, so liegt es nahe, dies als Anspielung auf die größte Katastrophe der japanischen Geschichte zu lesen, auf die beiden Atombombenabwürfe auf Hiroshima und Nagasaki 1945. „Diese Stadt, / die von dir und der Wolke regiert wird," die am Ende des Gedichtes zur weiteren Bestimmung des „Hier" genannt wird, stützt diese Lesart. Nun bietet der Vers aber eindeutig eine Doppelung dieser die Kirschblüten

---

[87] Vgl. TCA, „Von Schwelle zu Schwelle", S. 66. Das Gedicht weist zwischen dem ersten Entwurf und der Endfassung starke Bearbeitungsspuren auf; z.T. enthalten die Ergänzungen Anklänge an andere Gedichte des Autors, was im vorliegenden Fall ein poetologisches Element im Bedeutungsspektrum dieser Verse unterstreicht.

[88] Das japanische Sakura-Fest feiert die Kirschblüte als Beginn des warmen Teils des Jahres. Symbolisch steht sie sowohl für zerbrechliche Schönheit, als auch für Aufbruch und Vergänglichkeit.

schwarz und schwärzer sehenden Erfahrung, und zwar in Form eines durch den Komparativ ausgedrückten Vergleiches. *Hier* will sie *schwärzer sein* als *dort*. Wir haben von einer subjektiven Sichtweise gesprochen, einer Empfindung, die das „Schwarz-Sein" der Blüten evoziert. Die Blütenpracht schwarz zu sehen, sie nicht als Zeichen des Aufbruchs und des Neuanfangs zu werten, ist Ausdruck der Verzweiflung, eine Folge von Verlust und Leiden (nicht einmal die welkende Blüte nimmt eine schwarze Farbe an). So lässt sich der „Vergleich" nun auf zwei Weisen lesen. Zunächst kann es heißen: Was dort geschehen ist, erfüllt uns auch hier mit Hoffnungslosigkeit, macht, dass auch wir die Kirschblüte schwarz sehen, sogar noch schwärzer als dort, denn hier steht Unheil womöglich erst noch bevor.[89] In diesem Fall wäre der Vergleich auf die Bewertung desselben Geschehens bezogen und Ausdruck der unterschiedlichen Weise, in der dies geschieht. Naheliegender ist eine zweite Lesart, die sich auch aus den folgenden Versen des Gedichtes besser stützen lässt: *Hier* will die Kirschblüte schwärzer sein als *dort*, hieße demnach, dass das hier Erlebte das Unglück noch übertrifft, dass beide Unglücke sich zwar in Bezug zueinander-, aber nicht gleichsetzen lassen. Das Relativierende des Gedankens einer Universalität des Leidens wird auf diese Weise in Frage gestellt: Leid lässt sich nicht relativieren.

Mit dem zweiten und dem dritten Vers erschließt sich sodann genauer, was der Dichter meint, wenn er von der „Kirschblüte" spricht, die „hier" schwärzer sein will. „Hier – das meint diese Hand, die ihr hilft, es zu sein": „diese Hand" läßt den Leser sogleich an das „AUF REISEN"-Gedicht aus Mohn und Gedächtnis denken[90], in dem es heißt:

Es ist eine Stunde, die macht dir den Staub zum Gefolge,
dein Haus in Paris zur Opferstatt deiner Hände,
(...)

Hier findet sich wieder die Reflexion über die *Hand* des Dichters; der Prozess des Schreibens wird mithin als Dienst an den Toten, als „Opfer" des Überlebenden gesehen. „Diese Hand" hilft der Kirschblüte, schwärzer zu sein, heißt, dass die Blüte es im Gedicht selber wird bzw. dass sie selbst, „die schwärzere Kirschblüte", das Gedicht ist. Der nächste Vers geht noch ausdrücklicher auf die Situation des Dichters, den Ort seines Schreibens ein: „Hier – das meint jenes Schiff, auf dem ich den Sandstrom hinaufkam". Das „Schiff" als Bild für die Stadt Paris verwendet Celan auch an anderer Stelle, so im Gedicht „Auf hoher See".[91] Der „Sandstrom"

---

[89] Politisch betrachtet ließe sich dies auch auf die geschichtliche Situation des Kalten Krieges beziehen.
[90] Vgl. die Auslegung des Gedichtes im vorliegenden Band.
[91] Vgl. die Auslegung des Gedichtes im vorliegenden Band.

gemahnt an einen anderen Celan-Begriff. Angefangen vom „Sand in den Urnen" über ein häufiges Wiederaufgreifen an anderer Stelle.[92] Gemeint ist die Asche, die von den Toten bleibt, die Flüchtigkeit, das Verschwinden, der in der Enge des Stundenglases versickernde Sand. Da aber von einem „Strom" die Rede ist, den ein „Ich" hinaufgekommen ist, wird das Überleben und schließliche Weiterleben in Paris mitthematisiert.

Es folgt eine Selbstansprache: Das Schiff liegt vertäut „im Schlaf, den Du streutest".[93] Das Streuen des Schlafes steht im Präteritum, „jenes Schiff" liegt dort immer noch vertäut, der einmal gestreute Schlaf dauert also an. Wer genau mit dem „Du" angesprochen wird, muss hier offen bleiben: Es könnte sich um ein konkretes „Du" handeln, jemand, der den Schlaf, also das Bleiben-Können, ermöglicht. Ein Verständnis als Selbstzuspruch im Sinne von: „Du hast Schlaf gestreut, um bleiben zu können", ist aber auch denkbar. Schlaf ist also ein Bild der Bewegungslosigkeit, des Bleiben-Wollens[94], aber auch des Traumes, der das Vergangene im Unbewussten vergegenwärtigt.[95]

Eine solche Vergegenwärtigung bietet die zweite Strophe, die von der ständigen Gegenwart, die das dreifache „Hier" der ersten Verse unterstreicht, in die Vergangenheit abschweift.

„Hier – das meint einen Mann, den ich kenne"; die Bezeichnung „ein Mann" lässt den Leser an das berühmteste Celan-Gedicht, die „Todesfuge", denken.[96] In der Todesfuge bringt „ein Mann" den Tod. Das Verb steht in der Präsensform, das „Ich", das hier spricht, kennt den Mann noch immer, auch wenn das im Folgenden Erzählte ein vergangenes Geschehen vergegenwärtigt. Von wem ist die Rede? In den drei überlieferten Frühfassungen des Gedichts ist von einem Weißhaarigen die Rede, dem das Ich des Gedichtes bislang zweimal begegnete.[97] In der Endfassung wird aus dem weißen Haar eine weiße Schläfe, und Celan präzisiert

---

[92] In variierender Begrifflichkeit von „Sand" und „Staub"; vgl. insbesondere den Vers: „Es ist eine Stunde, die macht Dir den Staub zum Gefolge" aus „AUF REISEN", a.a.O., S. 25.

[93] Wiederum eine auffällige Parallele zum „AUF HOHER SEE"-Gedicht: „Paris, das Schifflein, liegt im Glas vor Anker ...", vgl. GW I, S. 54.

[94] Siehe den Kommentarband PC/GCL-frz., S. 492. Celan bemühte sich im Juli des Jahres 1953 erneut um die Einbürgerung in Frankreich und um die Französisierung des Namens Antschel in Celan.

[95] „Man sagt im alten Wissen, dort [im Traum] sei die Realität, und alles, was wir im Bewußten, im Zeiträumlichen erleben, sei wie ein Spiegelbild dieser Realität. Wir seien, sagt man dort, wie die Spiegelung eines Baumes im Wasser des Flusses. Sogar der Fluss, das Fließen der Zeit, ist realer als unsere Existenz hie." Friedrich Weinreb, Kabbala im Traumleben der Menschen. München 1994, S. 24.

[96] „Ein Mann wohnt im Haus, der spielt mit den Schlangen", vgl. GW I, S. 39f.

[97] Vgl. TCA, „Von Schwelle zu Schwelle", S. 66f.

das Bild mit einer Erklärung: „... weiß / wie die Glut, die er löschte.": das Leben, das bei seinem Auftreten zu Ende geht.

Was erfahren wir genau über sein Auftreten? „Er warf mir sein Glas an die Stirn" lautet der vierte Vers dieser zweiten Strophe; das Glas mit einer dezidierten Todessymbolik ist das Stundenglas, Symbol für die verrinnende Zeit, die zu Ende gehende Lebensspanne. Sein Auftreten hinterließ eine Narbe: „Er warf mir sein Glas an die Stirn", ohne das Leben des Erzählenden selbst zu beenden; die Begegnung mit dem Tod war also indirekt. Das zweite Aufeinandertreffen folgte nach Jahresfrist: „... und er kam, / als ein Jahr herum war, / die Narbe zu küssen." Jener, der die Wunde verursacht hatte, küsst die verheilte Narbe, die als „Zeichen" gleichwohl geblieben ist. Diese Tat entspricht dem gesprochenen „Fluch und dem Segen": das Verschont-Werden vom Tode ist der Segen, weiterleben zu dürfen, und zugleich doch die Last, der „Fluch", es zu müssen, nachdem der Tod gewütet hat.

Die auffallende Zeitangabe in diesem Gedicht verleitet dazu, einen bestimmten biographischen Hintergrund zu vermuten. Celan hat diese Angabe nicht willkürlich gesetzt. Wenn der Mann, von dem die Rede ist, ähnlich wie im Todesfuge-Gedicht mit der Verfolgung und Ermordung der Juden im Zweiten Weltkrieg in Verbindung steht und überlegt wird, welche Bezüge es zu Celans persönlichem Schicksal in dieser Zeit geben könnte, so bietet sich folgende Deutung an: Im Juli 1941 fand das erste Massaker an Czernowitzer Juden statt.[98] Paul Celan kam auf diese Weise zum ersten Mal mit den Verbrechen an den Juden durch eigene Anschauung in Berührung. Ihm, der mit seiner Familie selbst betroffen war, hinterließ dies eine „Narbe" (durch das „Glas an der Stirn"). Ein knappes Jahr später, im Juni 1942, wurden seine Eltern deportiert.[99] Im Winter 1942/43 erreichte Celan die Nachricht von der Ermordung seiner Mutter. Dort „kam / als ein Jahr herum war," der Tod, „die Narbe zu küssen": Die Befürchtung, dass das Geschick so vieler verfolgter Juden auch seine eigenen Eltern ereilen könnte, hat sich bewahrheitet: Es ist ein Todeskuß, von dem hier die Rede ist.

Wichtig ist nun die Doppelung im folgenden Vers: „Er sprach den Fluch und den Segen / und sprach nicht wieder seither." Der Fluch *und* der Segen, beides wird gleichzeitig ausgesprochen, gehört mithin zusammen. „Er sprach nicht wieder seither": Seit damals, seit dem Verlust seiner Eltern, ist der Dichter in vergleichbarer Weise nicht mehr mit dem Tod in Berührung gekommen.[100]

---

[98] Vgl. PC/GCL-frz., S. 470.
[99] A.a.O., S. 471.
[100] Celan notierte „1953" als Entstehungsjahr für dieses Gedicht in sein Handexemplar, ohne weitere Präzisierung (vgl. KG, S. 632). Im Oktober dieses Jahres verloren Paul und Gisèle ihren ersten Sohn François. Wenn das „und sprach nicht wieder

Die dritte Strophe schließlich führt wieder in die Gegenwart zurück. „Hier – das meint diese Stadt": Celan, der zu Beginn des Gedichtes sorgfältig zwischen „hier" und „dort" unterschieden hat, meint mit „dieser Stadt" zunächst Paris. Die „Wolke", die im vorletzten Vers ebenfalls genannt wird, wird von „hier", d.h. von Paris aus wahrgenommen, dem Ort seines Schreibens. Schreiben und Weiterleben sind miteinander verbunden.

Die Stadt, die „von dir und der Wolke regiert wird, / von ihren Abenden her." „Regieren" meint keine Stadtregierung im herkömmlichen Sinn mit Bürgermeister, Verwaltung etc., das ergäbe im vorliegenden Kontext keinen Sinn. „Von dir und der Wolke regiert" bedeutet zunächst, dass die Stadt von beidem geprägt wird, oder, hergeleitet vom Bild der Wolke, *überschattet* wird. Bestimmend für den Dichter aber ist sein Schreiben: „die Stadt wird von dir regiert" heißt: Du hast sie dir überlebend angeeignet, nicht jedoch als Ort eines unbeschwerten Lebens, weil sie auch von der Wolke, von ihren Abenden her überschattet wird. *Die Abende der Wolke* bezeichnen ein Ende, einen Ausklang; „von ihren Abenden her" heißt: ausgehend vom Vergehen. Die Wolke trägt Leid, aber erscheint in diesem Gedicht auch als „vertäuter" Ort, als Ort, der nach der Reise auf dem „Sandstrom" eine Ankunft ermöglichte – und ein Bleiben.

Nehmen wir beide Aspekte zusammen, so wird diese Stadt von Vergangenem überschattet, von der Erinnerung an einen Mann mit weißen Schläfen, dem Tod, und einer Wolke, die auf ein Vergehen hinweist. Hier aber hilft „diese Hand", die Hand des Dichters, den Kirschblüten, „schwärzer" zu sein, also die Verdunklung durch das bittere Erleben in den Gedichten, den „Blüten", deutlich werden zu lassen. „Hier" ist dies möglich, hier, trotz aller „Regierung" durch das Vergangene, ist der Ort des Schreibens, den der Dichter gewählt und der ihn aufgenommen hat. In Erinnerung an fernes Leid – auch das von Hiroshima und der dortigen radioaktiven Wolke – vergegenwärtigt sich der Dichter die Bedingungen seines Schreibens in Paris.

Das Ende des Gedichtes in seiner ersten Fassung lässt dies noch deutlicher werden. Es lautet: „Hier – das meint diese Stadt ... / eine Spur läuft durch sie, / so fein, als käm sie von dort."[101] Dem „Hier" wird ein „dort" entgegengesetzt, und die Verbindung zwischen beiden ist zunächst konjunktivisch. In der Bearbeitung des Gedichtes erfolgt dann eine Verstärkung der Aussage: der Konjunktiv wird aufgehoben, der Mann mit den weißen Schläfen, den er zunächst „kannte", wird ins Präsens herangeholt, und die nach der ersten Strophe („schwärzer sein als dort") erneuerte Unterscheidung zwischen dem „Hier" und dem „Dort" wird aufgehoben: Was „dort" war, „regiert" jetzt, von den Abenden her, diese Stadt,

---

seither" im oben genannten Sinn zu verstehen ist, dann muss das Gedicht also vor diesem schweren Verlust entstanden sein.
[101] TCA, „Von Schwelle zu Schwelle", S. 66.

und ein/das „Du" regiert mit, indem es die zunächst genannte Spur aufnimmt, mit „dieser Hand", die „die Kirschblüte schwärzer sein" lässt.

Paris ist eine „regierte" Stadt, sie ist nicht unbelastet, kein Flucht-, sondern ein Schreibort. Dieser Schreibort wird vom Geschehen „regiert", von der „Wolke", und der auf dem Sandstrom Heraufgekommene regiert mit, indem er, „sein Schiff vertäut", Zeugnis gibt von der Wolke, in dem er die schwarzen Bilder versprachlicht. Dass von Paris aus Fahrt aufgenommen wird auf das vergangene Geschehen, auf das Erleben des Genozids während des Weltkrieges, dass die Pariser Gegenwart mit dem „Vorher" konfrontiert wird, ist Thema zahlreicher Parisgedichte, etwa „Auf hoher See", „Schuttkahn" und „La Contrescarpe", und nebeneinandergestellt wird die ganze Dramatik und Ambivalenz der Existenz Celans in dem von ihm gewählten Schreibort beispielhaft deutlich.

SCHUTTKAHN

SCHUTTKAHN

Wasserstunde, der Schuttkahn
fährt uns zu Abend, wir haben,
wie er, keine Eile, ein totes
Warum steht am Heck.

. . . .

Geleichtert. Die Lunge, die Qualle
bläht sich zur Glocke, ein brauner
Seelenfortsatz erreicht
das hellgeatmete Nein.

Nach den in der Einleitung formulierten Auswahlkriterien verwundert es zunächst, dass „SCHUTTKAHN" der Reihe der Paris-Gedichte zugeordnet ist. Ebenso wie bei den Gedichten „Köln, am Hof" und „Hier" bedarf diese Zuordnung einer kurzen Erklärung. Celan hatte Paris nicht nur „Opferstatt meiner Hände"[102] genannt und damit zum Ort seiner Wirksamkeit als Dichter erklärt, sondern er hatte hier seinen Lebensmittelpunkt gefunden mit aller Alltäglichkeit, die das Großstadtleben für ihre Bewohner beinhaltet. Hierzu gehört die Wahrnehmung der Seine, die in mehreren Celan-Gedichten präsent ist.[103] Dass bereits der Titel auf einen gewohnten Seine-Anblick anspielt, hat die Celan-Freundin Brigitta Eisenreich bestätigt.[104] Sie schreibt in ihrem Erinnerungsbuch: „Das Wort Schuttkahn war *meine* Bezeichnung für die großen flachen Kähne, die unter meinem Fenster auf der Seine ankerten, damit der tagsüber auf Lastwagen herbeigeschaffte Schutt darin verladen werden konnte ..."[105]; an anderer Stelle heißt es: „... das eindeutig auf die Seine bezogene Gedicht

---

[102] Vgl. das Kapitel über „Auf Reisen" sowie die Einleitung.
[103] Implizit ergibt sich die Gegenwart von Wasser und, in Paris, eben die des Flusses Seine schon aus der bei Celan immer wiederkehrenden Schiffahrtsmetaphorik.
[104] Brigitta Eisenreich: Celans Kreidestern. Ein Bericht. Mit Briefen und anderen unveröffentlichten Dokumenten. Unter Mitwirkung von Bertrand Badiou, Berlin 2010.
[105] Vgl. a.a.O., S. 57f.; die Hervorhebung durch den Kursivdruck stammt von der Autorin.

‚Schuttkahn'."[106] Da Brigitta Eisenreich den Entstehungsprozess einiger Gedichte der Sprachgitter-Zeit selbst mitverfolgen konnte, ist die Zuordnung von „Schuttkahn" zu den Paris-Gedichten aufgrund dieses Zeugnisses gerechtfertigt.

Das Gedicht „Schuttkahn"[107] beendet den dritten Gedicht-Zyklus aus Celans „Sprachgitter"-Band. Der Titel ist in Majuskeln geschrieben. Es besteht aus zwei vierzeiligen Strophen, die durch eine gepunktete Linie voneinander getrennt sind. Die Verse der beiden Strophen sind reimlos. Der Titel „Schuttkahn", so lässt sich gleich feststellen, greift ein Wort des ersten Verses auf, scheint aber nicht bzw. nur in übertragenem Sinne den Inhalt des Gedichtes wiederzugeben. Dessen erster Vers setzt mit einer verschlüsselten Zeitangabe ein: „Wasserstunde". Diese erinnert an den Begriff „Herzzeit" aus „Köln, Am Hof"[108] und beschreibt damit eine bestimmte Empfindung bzw. einen Zustand, aber keine präzise Uhrzeit.

Die Wasserstunde, mit Blick auf den Fluss geschrieben, ist zunächst der Augenblick, in dem etwas in Bewegung, ins Fließen gerät. Im vorliegenden Gedicht ist es eine Art „Ansage", die das in der ersten Strophe beschriebene Geschehen einleitet. „Die Wasserstunde" kann eine bestimmte Zeit des Tages sein, zu der sich der Sprechende des Gedichtes an den Fluss begibt, vielleicht an ihm entlangspaziert oder ihm von einem Fenster aus zusieht, ihn sich vergegenwärtigt. Sie beschreibt einen Moment, in dem beim Anblick des Wassers und der auf diesem vorüberfahrenden Schiffe die herkömmliche Wahrnehmung von Zeit verschwimmt und die Erinnerung in den Vordergrund tritt.

Die Bewegung, das Fahrt-Aufnehmen des Schiffes, das ebenfalls im „Auf Hoher See"-Gedicht thematisiert wird, hat hier bereits eingesetzt: „der Schuttkahn / fährt uns zu Abend ..." Das „zu Abend" gibt keine Richtung, sondern kündigt das Dunkel-Werden an, das in den letzten drei Gedichten des dritten „Sprachgitterzyklus" insgesamt präsent ist.[109] Der beschriebene Vorgang vollzieht sich langsam, der Schuttkahn gleitet gemächlich über das Wasser (die Seine), er hat keine Eile. Im hinteren Teil des Schiffes, im Heck, in dem sich das Steuer befindet, steht „ein totes Warum". In der frühsten Fassung des Gedichtes war der vierte Vers der ersten Strophe zunächst anders formuliert: „... ein totes / Warum schwimmt mit."[110] Es handelt sich also nicht um ein „Totenschiff"[111], es

---

[106] A.a.O., S. 72.
[107] GW I, S. 173.
[108] GW I, S. 177; vgl. das „Köln, Am Hof" gewidmete Kapitel im vorliegenden Band.
[109] Im Gedicht „Nacht" schon im Titel, und in „Matière de Bretagne" in der ersten Strophe: „Ginsterlicht, gelb ... //... es ist Abend ..."
[110] TCA, Sprachgitter, S. 50.
[111] So Klaus Manger in seiner Deutung des Gedichtes, vgl. Jürgen Lehmann (Hg.): Kommentar zu Paul Celans ‚Sprachgitter', Heidelberg 2005, S. 280.

hat eine Richtung, die Ladung, die es mit sich führt, wird in der zweiten Strophe gelöscht sein. Die Passagiere des Schuttkahns sind ein „Wir" und jenes bereits genannte „tote Warum". Dass der Schutt nicht mit Personen gleichzusetzen ist, liegt auf der Hand.[112] Auf den „Schutt" kommen wir gleich noch zu sprechen. Ein „totes Warum" ist zunächst eine Frage, auf die keine Antwort gegeben werden kann oder gegeben werden muss, als Gegenstück zu einem „lebendigen Warum", eine Bezeichnung, der eine besondere Dringlichkeit innewohnt. Die zweite Verständnismöglichkeit wäre eine Frage, die durch den Tod konstituiert wird: Jenes, was die Frage „Warum" entstehen lässt, ist nicht mehr am Leben. Aber das tote Warum *steht*, es ist tot und doch noch da – die Frage, für die es steht, quält weiterhin.[113]

Aus dem Gesamtzusammenhang des Schuttkahn-Gedichtes und dem Umstand heraus, dass die Toten und der Tod bei Celan Auslöser seiner Zeugenschaft als Gedichte-Schreibender sind, legt sich die zweite Deutungsmöglichkeit nahe. „Uns", „wir" wären in diesem Kontext die Überlebenden. Für sie gerät etwas in Bewegung; es ist die Wasserstunde, die das Bewusstsein Fahrt aufnehmen lässt: von der Wahrnehmung der Umgebung (den Schuttkähnen der Pariser Alltagswirklichkeit, welche die Seine hinabfahren) zum Auftreten der Erinnerung, zu Abend, wenn es dunkelt. Die Erinnerung ist eine Last. Die Schuttkähne, langgezogen, bewegen sich langsam fort. Ihre Ladefläche ist beinahe bis zum Wasser herabgedrückt, wenn sie mit Schuttbergen gefüllt sind. Man hat keine Eile, sich der Schwere der Erinnerungen zu stellen. Die Ursache für diese Fahrt, das „Warum", ist tot, und der Tod lässt die Erinnerung zur Last werden. Aber es steht am Heck des Schuttkahns, dort, wo sich das Steuer befindet; es bestimmt die Richtung der Fahrt.

Was an dieser Stelle beschrieben wird, greift also erneut den Vorgang auf, den Celan im schon genannten „Auf Reisen"-Gedicht antizipiert hat: Der Lebensort, Paris, wird zur „Opferstatt", weil es der Ausgangspunkt für die Reise zum Vergangenen ist, weil der „Schutt", das Leid, hier nicht nur gegenwärtig ist, sondern zur Sprache findet. Diesen Vorgang des Zur-Sprache-Kommens führt Celan im „Schuttkahn"-Gedicht nun weiter.

Zwischen den beiden Strophen ist eine Linie gezogen, die „Mittelachse des Bandes Sprachgitter"[114]. Die gestrichelte Linie als graphisches Element innerhalb eines Gedichtes findet sich auch an anderen Stellen des

---

[112] Diese Gleichsetzung wiederum bei Manger. Die Aussage wäre dann: „Wir, der Schutt, haben ebenso wie der Schuttkahn keine Eile", was der ersten Strophe eine absurde Wendung gäbe.
[113] Schließlich könnte sich das „Warum" auch auf die Feststellung beziehen, dass niemand Eile hat.
[114] Manger a.a.O., S. 281.

Celanschen Werkes, etwa bei „Zwölf Jahre"[115]. Im vorliegenden Gedicht hat Celan sie bereits seinem ersten Entwurf eingefügt.[116] Sie steht für einen mitzudenkenden Vorgang, der sich zwischen den Schilderungen der ersten und zweiten Strophe ereignet hat und sowohl Unterscheidung als auch Übergang zwischen diesen beiden gleich großen Teilen des Schuttkahn-Gedichtes bietet. Zugleich markiert die Linie auch ein Innehalten angesichts der Schwere, die die erste Strophe durch das in ihr gegebene Bild hervorgerufen hat.

Die zweite Strophe beginnt mit der Ellipse „Geleichtert". Die Vorsilbe „ge-" drückt, anders als bei „er-leichtert", eine Passivität aus, bezeichnet die Feststellung einer von außen gewirkten Handlung und ihres Ergebnisses. Zeigte die erste Strophe einen Kahn voller Schutt, ist diese Ladung nun nicht mehr in gleicher Weise gegenwärtig, eine „Leichterung" fand statt.[117] Im Anschluss an diese Feststellung beschreibt das Gedicht ein Ein- und ein Ausatmen: „Die Lunge, die Qualle / bläht sich zur Glocke …" und „das hellgeatmete Nein". Das Substantiv „Qualle" ist als Apposition zu „Lunge" zu lesen, die Kombination beider Begriffe kommt als „Lungenqualle" im Tierreich tatsächlich vor.[118] Die Qualle ist einerseits als Bild der sich blähenden Lunge zu verstehen, die Luft einatmet, andererseits eine Anknüpfung an das Wasserthema der ersten Strophe, das wir als ein In-Bewegung-Geraten und Sich-dem-Vergangen-Zuwenden gedeutet hatten. Eine aufgeblähte Qualle steigt auch nach oben, tritt in Erscheinung, wird schließlich zum Laut. Die Lunge bläht sich, ein Vorgang des Aufatmens, auftauchend. Sie bläht sich zur Glocke. Der Glockenton wird durch einen freischwingenden Klöppel erzeugt. Die Bezeichnung „brauner Seelenfortsatz" nimmt die Stelle dieses Klöppels ein. Er „erreicht das hellgeatmete Nein". Der Glockenton ist „hell" und steht damit im Gegensatz zur dunklen Abendstimmung der ersten Strophe. „Das" mit bestimmtem Artikel hervor gehobene „Nein" antwortet dem „toten Warum".

Schwierig ist die Bestimmung des Bildwortes „brauner Seelenfortsatz". Ein „Fortsatz" ist etwas, das nach außen hinausragt, das eigentliche

---

[115] GW I, S. 220.
[116] Die fehlende Linie im Vorabdruck dieses Gedichtes in der Wochenzeitung „Die Zeit" ist daher eher auf fehlende Sorgsamkeit der Redaktion als auf das bewusste Setzen einer Variante zurückzuführen. Vgl. KG, S. 657.
[117] Die gestrichelte Linie zwischen den beiden Strophen hat also auch eine Zeit-Funktion. Es ist die Zeit, während derer die Ladung vom Schiff gebracht wird. Der Vorgang selbst findet keine Darstellung: Das „Ergebnis" aber, „geleichtert", wird wieder Sprache im Gedicht.
[118] B. Wiedemann, a.a.O., gibt ein Zitat aus Brehms Tierleben Bd. 1, S. 51: „Einen anderen Quallentypus stellt die Lungenqualle (Rhizostomapulmo) dar, eine Bewohnerin des Mittelmeers. Ihre zartgelbe Glocke erreicht 60 bis 80 cm Durchmesser." Mit Henri Michaux teilte Celan ein Interesse für naturwissenschaftliche Abhandlungen, deren Begrifflichkeit Eingang in literarische Texte finden konnte.

Organ in seinen Außengrenzen überschreitet. Mit „braun" ist natürlich nicht die politische Farbgebung des Rechtradikalismus gemeint[119]; eine solche direkte Zuordnung findet sich nirgends in Celan-Gedichten. Der Dichter hat die Sprache und Wortwahl der Nationalsozialisten in allen die Shoa thematisierenden Gedichten immer vermieden. Das Adjektiv „braun" beschreibt summarisch die Farbe des Schuttes, auf vorbeifahrenden Kähnen, vom Ufer aus betrachtet. Die Seele der Überlebenden ist mit dem „Schutt" der Vergangenheit, ihrem Schrecken verbunden.[120] „Braun" ist aber auch die Farbe der Ladefläche, nachdem der Schutt abgeladen, die Ladung gelöscht wurde.[121] Die Seele, selbst unsichtbar, hat einen sichtbaren Fort-Satz. Zu diesem „Satz" wird der braune Schuttkahn, dessen Fahrt im Gedicht beschrieben wird.

Das „hellgeatmete Nein" ist das Vernehmbare, das aus der zur Glocke geblähten Lunge erklingt, und es meint das Gedicht. War das „tote Warum" Ausdruck scheinbarer Sinnlosigkeit, wird in seiner Verneinung eine Antwort gegeben, die eine Gegenrichtung beschreibt, ein Auftauchen, einen Glockenton. Von dem Ende der Strophe her wird das „Geleichtert" verständlicher: Der „Seelenfortsatz", ein „Schuttkahn", wurde „geleichtert" im Gedicht, im Zur-Sprache-Kommen. Die Sinnfrage, die Frage eines Weiterlebens, das sich niemals ändernde, „tote Warum" konnte so, und nur so, mit einem „hellgeatmeten Nein" (der Atem des Auftauchenden) beantwortet werden. Der Seelenfortsatz *erreicht* dieses Nein. Vielleicht ist dieses Erreichen wie ein Glockenschlag. „Dreimal durchatmet", heißt es im Gedicht „Zwölf Jahre"[122]; auch dort wird der „Atem" bzw. das „Atmen" in einen Kontext zum Schreiben, zum Werk des Dichters, gesetzt. Ein totes Warum? Nein – diese Frage verbietet sich, und das „Nein" ist hellgeatmet im Gedicht. Zum „Seelenfortsatz", zu dem also, was aus der Seele heraustritt, was sichtbar wird, kann sogar ein brauner Schuttkahn werden.

Nehmen wir abschließend das ganze Gedicht in den Blick. Brigitta Eisenreich wies darauf hin, dass das Bild des „Schuttkahns" aus Celans Pariser Alltag entnommen ist.[123] Die langsam am Abend mit Schutt schwer beladen vorüberziehenden Schiffe waren für Paul Celan ein Bild der sich auf die Schrecken der Vergangenheit zubewegenden Erinnerung. Sie waren also nicht einfach *nur* „Alltag" bzw. bieten ein Beispiel für das,

---

[119] So etwa Manger, a.a.O., S. 283.
[120] Vgl. hierzu das Gedicht „Der Gast" aus dem „Von Schwelle zu Schwelle"-Band: „... und wirfst deine Seele dorthin." GW I, S. 102.
[121] Die Ladefläche von Lastkähnen bestand in den Nachkriegsjahren aus Holzplanken, war also ebenfalls „braun".
[122] Siehe die Auslegung des Gedichtes im vorliegenden Band.
[123] Eisenreich, a.a.O., S. 57.

was *für ihn* immer hinter dem Alltag stand: das Fahrtaufnehmen auf das Vergangene hin und die Last, die damit vor Augen tritt.

Die „Leichterung" der Schwere dieser Last meint die Entstehung eines Gedichtes, das einem Auftauchen gleicht. Hiermit wird verständlich, weshalb es nicht „erleichtert" heißt: Erleichterung ist dem Zeugen versagt. Paris ist der Ort und Ausgangspunkt, an dem Celan solches Schreiben, solche Rückwendung möglich war. Sein Zeugnisgeben in den Gedichten steht gegen das Vergessen ebenso wie gegen die Versuchung, das Weiterleben als sinnlos zu betrachten; im Schuttkahn-Gedicht hat er diesen Anspruch formuliert.

KÖLN, AM HOF

KÖLN, AM HOF

Herzzeit, es stehn
die Geträumten für
die Mitternachtsziffer.

Einiges sprach in die Stille, einiges schwieg,
einiges ging seiner Wege.
Verbannt und Verloren
waren daheim.

Ihr Dome.

Ihr Dome ungesehn,
ihr Ströme unbelauscht,
ihr Uhren tief in uns.

Die Auslegung des Gedichtes „KÖLN, AM HOF" im Zusammenhang der Paris-Gedichte Paul Celans muss, wie es auch bei „HIER" aus dem Band „Von Schwelle zu Schwelle" der Fall war, mit einer Rechtfertigung beginnen: Der Titel scheint das Werk ausdrücklich einer anderen Stadt zuzuweisen, und in der Einleitung haben wir darauf hingewiesen, dass nur solche Gedichte ausgewählt wurden, die nicht nur, wie der Großteil der Celan-Gedichte seit „Mohn und Gedächtnis", in der französischen Metropole entstanden sind, sondern auch einen expliziten oder zumindest indirekten Paris-Bezug haben. Ungewöhnlich beim vorliegenden Gedicht ist zunächst der Umstand, dass Celan nicht nur, wie oft in seinen Manuskripten, den Entstehungstag angegeben hat, sondern auch den präzisen Entstehungsort und die Uhrzeit: „Paris, Quai Bourbon, Sonntag, den 20. Oktober 1957, halb drei Uhr nachmittags -"[124] Diese Angabe ist, wie wir weiter unten zeigen werden, für das Verständnis des Gedichtes von Bedeutung. Weiß man nun um den Entstehungsort von KÖLN, AM HOF, so ist mit der Pluralform „Ihr Dome", von Celan, anders als in der ursprünglichen Fassung des Gedichtes, in der Sprachgitter-Version als eigene Strophe bzw. als freistehender Einzelvers hervorgehoben, naheliegenderweise auch Notre-Dame-de-Paris gemeint. Diese Vermutung liegt

---

[124] Siehe die erste Fassung des Gedichtes, in: TCA, Sprachgitter, S. 54.

auch deswegen nahe, weil der genannte Quai de Bourbon in unmittelbarer Nähe der Pariser Kathedrale liegt. Weiterhin beschränkt sich der „Am Hof"-Bezug des Titels, der nicht nur als Ortsangabe zu verstehen ist, nicht allein auf Köln, wo der Dichter sich eine Woche vor Entstehung des Gedichtes gemeinsam mit Ingeborg Bachmann aufgehalten hat.[125] In einem Brief an den Übersetzer A. Hofmann weist der Dichter ausdrücklich darauf hin: „Denn hier muß hinzugelesen werden, dass es auch in anderen (Residenz-)Städten Plätze gibt, die so heißen ..."[126] Aus diesen Gründen, da bei Entstehung und inhaltlicher Ausführung der Lebensort mitreflektiert wurde und in den Versen des Werkes seine Spuren hinterlassen hat, kann KÖLN, AM HOF mit einigem Recht den Paris-Gedichten zugeordnet werden.

Im Gedichtband „Sprachgitter" eröffnet KÖLN, AM HOF den vierten Teil. Der Erstdruck, mit „Herzzeit" in Großbuchstaben, erfolgte zusammen mit sechs anderen Gedichten aus dem dritten und vierten Teil von „Sprachgitter" in der Münchener Literaturzeitschrift „Akzente"; dort steht es zwischen „NACHT" und „ALLERSEELEN"[127]. Rechnet man die Anrufung „Ihr Dome", die einzeln steht, mit hinzu, so besteht das Gedicht aus vier Strophen von unterschiedlicher Länge. Die erste und die letzte Strophe, jeweils dreizeilig, nehmen als Eröffnung und Beschluss aufeinander Bezug. Sie umrahmen die größere zweite Strophe, die von einem vergleichsweise langen Vers eingeleitet wird, mit spätem Zeilenumbruch. Die aus nur zwei Worten bestehende dritte Strophe „Ihr Dome" gehörte in der Urfassung des Gedichtes noch zur letzten Strophe hinzu.[128]

Celan hat seinem Gedicht den Titel KÖLN, AM HOF gegeben. Bewusst hat er die zur Stadt Köln gehörende allgemeine Assoziation „am Dom" vermieden, das Augenmerk des Lesers sollte auf etwas anderes gerichtet werden. Der Name „Am Hof" bezeichnet zunächst die Straße mit einem Hotel, das Celan am 14.Oktober 1957 während eines kurzen Aufenthaltes in der Stadt zusammen mit Ingeborg Bachmann bewohnt

---

[125] Vgl. PC/IB, S. 366.
  Als Titel wurde für diesen wichtigen Briefwechsel eben ein Zitat aus dem vorliegenden Gedicht gewählt, das die Liebesbeziehung zwischen beiden widerspiegelt.
[126] KG, S. 658.
[127] Akzente 1/1958, S. 18–24. Zu den dort abgedruckten Gedichten gehört auch „WINDGERECHT". In einer zwei Tage nach KÖLN, AM HOF entstandenen Frühfassung dieses Gedichtes wird zweimal das Wort „Mitternachtsziffer" verwendet, vgl. TCA, Sprachgitter, S. 44.
[128] TCA, Sprachgitter, S. 54. An der Stelle dieser dritten Strophe findet sich in der Urfassung eine mit Punkten versehene Leerzeile, die das Gedicht in zwei Teile gliedert, ähnlich der im Gedicht „SCHUTTKAHN", welches den dritten Zyklus des Sprachgitter-Bandes beschließt.

hat.[129] Die Bezeichnung „am Hof" ist auch zu einer Art „Chiffre" zwischen den Liebenden geworden. So schreibt Ingeborg Bachmann in ein Exemplar des Gedichtbandes „Die gestundete Zeit" als Widmung an Paul Celan: „München, Am Hof; Ingeborg."[130] Mit „Hof" ist vermutlich der erzbischöfliche Palast gemeint, von dem aus die Straße ausgeht. Sie liegt in einem Gebiet, das im Mittelalter Judenviertel war.[131] Dennoch ist „KÖLN, AM HOF" kein Köln-Gedicht, wie sich aus einer genaueren Lektüre ergibt. Der Dichter selbst weist im oben zitierten Brief auf die allgemeine Bedeutung der verwendeten Bezeichnungen hin. Die im Gedicht verwendeten Worte „Dome" und „Ströme" sind als „Stichworte" vielleicht aus Eindrücken des Aufenthaltes in der rheinischen Stadt hervorgegangen, zeigen aber über diese „äußere Erfahrung" hinaus auf einen „inneren Bereich", auf den sich auch die das Gedicht umklammernden Zeitbezüge „Herzzeit" und „Uhren tief in uns" richten.[132]

„Herzzeit" könnte als Einleitung des ersten Verses sowohl eine Aussage bzw. Zeitansage als auch eine Anrufung bzw. ein Ausruf sein. Die Umschreibung vergegenwärtigt ein Erleben der Liebe, es ist die „Zeit des Herzens", die im Folgenden[133] genauer bestimmt wird. Die zweite Strophe legt noch eine weitere Deutung dieser Wortschöpfung nahe: da „Einiges sprach" und von einem *Daheim-Sein* die Rede ist, kann auch das „Ausschütten" des Herzens, also ein Sich-Anvertrauen gemeint sein. Beide Lesarten ergänzen einander.

Die erste Strophe spricht nun von „Geträumten", die „für / die Mitternachtsziffer" stehen. Das Verb „stehen für" findet sich in Celan-Gedichten in unterschiedlichen Bedeutungen, z.B. im Sinne von „etwas repräsentieren"[134], oder auch als „für etwas einstehen", so etwa in der „Gauner- und Ganovenweise" aus der „Niemandsrose". Aus dem Zusammenhang heraus liegt, wie gleich zu zeigen sein wird, die Lesart von „ste-

---

[129] Vgl. neben der Korrespondenz beider Dichter auch: PC/GCL-frz., Band II, S. 507. Vor dem Erscheinen des Ehebriefwechsels Celans im Jahr 2001 war der Öffentlichkeit das enge Verhältnis zwischen Celan und Bachmann nicht bekannt. Das Treffen in Köln folgte auf eine Wiederbegegnung beider Dichter auf einer Tagung in Wuppertal, die zugleich die Wiederaufnahme der Liebesbeziehung zwischen beiden (bis Mai 1958) bedeutet.
[130] PC/IB, S. 74.
[131] KG, S. 658.
[132] Zum Verhältnis von „Köln-Datum" im Titel und dem später liegenden Pariser Entstehungsort vgl. auch Leonard Olschner, *KÖLN, AM HOF*, in: J. Lehmann (Hg.): Kommentar zu Paul Celans „Sprachgitter", a.a.O., S. 287f.
[133] Die zweite denkbare Lesart, eine Anrede oder Anrufung der „Herzzeit", lassen wir als weniger wahrscheinlich beiseite.
[134] So in der zweiten Vorfassung des Sprachgitter-Gedichtes „Windgerecht", TCA, Sprachgitter, S. 44.

hen für" als „einstehen für" näher.[135] Auch die Bezeichnung „Mitternachtsziffer" findet sich an anderen Stellen des Celanschen Werkes, in Frühfassungen von „Windgerecht"[136] und „Mit Brief und Uhr."[137]

Die „Mitternachtsziffer", also „Zwölf", hat eine vielfältige Bedeutungsspanne. Sie steht für etwas, das zu Ende geht, für die ablaufende Zeit, für *die Stunde, die geschlagen hat*, und im weiteren Sinne auch für die zwölf Stämme Israels und damit für die Gesamtheit des Volkes Israel.[138] Das Wort „Mitternacht" lässt zudem Dunkelheit assoziieren, Unheimliches, die Mitte der Nacht. Hierfür steht etwas ein, nicht aktiv, d.h. nicht Träumende, sondern passiv: „Geträumte". Gehen wir davon aus, dass Personen gemeint sind, so ist ihr Einstehen gegenwärtig: sie *steh(e)n* ein, ihre Haltung ist von Dauer, sie ist für die „Herzzeit" bezeichnend. Die Bezeichnung „die Geträumten" rückt dieses Geschehen gleichwohl von tatsächlicher Erfahrung ab: Jetzt gerade, da sie für etwas einstehen, sind sie nicht „da", sondern nur geträumt.

Eine weitere Bedeutungsspanne ergibt sich schließlich aus der Idee, dass eine Situation geträumt wird, die sich in der Wirklichkeit nicht realisieren lässt, etwa eine Beziehung, in der einer der Liebenden gebunden ist und die einen unbefangenen Umgang miteinander unmöglich macht. So schreibt Ingeborg Bachmann im Brief vom 28. Oktober 1957 an Celan: „Aber sind wir nur die Geträumten? Und hat eine Ergänzung nicht immer stattgehabt, und sind wir nicht schon verzweifelt im Leben, auch jetzt, wo wir meinen, es käme auf einen Schritt an, hinaus, hinüber, miteinander?"[139] In diesem Sinne also sind sie die Geträumten, weil ihr Zusammensein im „Wach-Sein", d.h. dem Zustand, in dem der Wirklichkeit ins Auge gesehen werden muss, keinen Bestand hat.

---

[135] L. Olschner, a.a.O., wählt die erste Lesart: „...die Geträumten ersetzen stellvertretend das Zeitmaß oder vielmehr dessen Bezeichnung (Ziffer), nicht jedoch die Zeit selbst ..." (J. Lehmann, a.a.O., S. 290). Über das „Mitternacht-" wird hierbei aber hinweggegangen; „Mitternachtsziffer" heißt mehr als „nächtliche Stunde", das Verständnis ergibt sich aus der zweiten Strophe.
KÖLN, AM HOF spielt an mehreren Stellen (s.u.) auf das bachmannsche Gedicht „PARIS" aus „Die gestundete Zeit" an (München 1957, S. 12). Der letzte Vers dieses Gedichtes lautet: „... doch wo wir nicht sind, ist Nacht". Dies scheint auf den ersten Blick gut zu „stellvertretend für etwas stehen" zu passen und könnte ein direkter Anklang sein. Hätte Celan dies aber auch hier beabsichtigt, wäre es anders geschehen als durch die Bezeichnung „Mitternachtsziffer", die zu präzise ist, zu sehr für sich sprechend ist, um für „Nacht" allgemein zu stehen.

[136] Celan TCA, Sprachgitter, S. 44.

[137] A.a.O., S. 14f.

[138] Gen 29, 31- 30, 24; Gen 35, 23–36.

[139] PC/IB, S. 62. Der Brief wurde acht Tage nach der Entstehung des Gedichtes verfasst.

In der zweiten Strophe nun wird von der genannten Gleichzeitigkeit des „Einstehens" her zurückgeblickt und eine Erfahrung im Präteritum beschrieben: „Einiges sprach in die Stille, einiges schwieg, / einiges ging seiner Wege." Sogleich fällt auf: Die passivische Haltung, die bei den „Geträumten" gerade erst angeklungen war, wird mit der dreifachen Anapher „einiges" fortgeführt. Die Begegnung, das Sprechen und Schweigen schienen sich von selbst zu ereignen. Der sich daran erinnert, nimmt sich selbst nicht wirklich als Handelnden wahr. Um wen es geht, zeigt sich im dritten Vers der zweiten Strophe. „Verbannt und Verloren", zwei substantivierte Partizipien, zwei Personen, mag man sagen: sie waren daheim.

Spätestens an dieser Stelle nun sollte ein Blick geworfen werden auf das Gedicht „PARIS" von Ingeborg Bachmann aus ihrem 1957 erschienenen zweiten Gedichtband „Die gestundete Zeit"; die Verse waren Paul Celan also bei der Niederschrift des vorliegenden Gedichtes, das eben eine Begegnung mit Bachmann reflektiert, bekannt. An manchen Stellen nun läßt sich KÖLN, AM HOF als direktes Echo auf „PARIS" lesen. Bei Celan ist von „daheim" die Rede, bei Bachmann von „Heimweh", das eine Gedicht nennt „Ströme unbelauscht", im anderen fällt „Goldenes ... in den Fluß"; „Uhren tief in uns" bei Celan, „donnernde Gänge unten" bei Bachmann, die an der Stelle der „Mitternachtsziffer" das „Rad der Nacht" hat. Beide Gedichte stellen eine innere und eine äußere Erfahrung nebeneinander, beide erwähnen die Erfahrung des Verlorenseins. Um die Gemeinsamkeiten zu verdeutlichen, wird das Gedicht hier ganz zitiert:

Paris

Aufs Rad der Nacht geflochten
schlafen die Verlorenen
in den donnernden Gängen unten,
doch wo wir sind, ist Licht.

Wir haben die Arme voll Blumen,
Mimosen aus vielen Jahren;
Goldenes fällt von Brücke zu Brücke
atemlos in den Fluß.

Kalt ist das Licht,
noch kälter der Stein vor dem Tor,
und die Schalen der Brunnen
sind schon zur Hälfte geleert.

Was wird sein, wenn wir, vom Heimweh
benommen bis ans fliehende Haar,
hier bleiben und fragen: was wird sein,
wenn wir die Schönheit bestehen?

Auf den Wagen des Lichts gehoben,
wachend auch, sind wir verloren,
auf den Straßen der Genien oben,
doch wo wir nicht sind, ist Nacht.[140]

Sind die zahlreichen Anklänge beabsichtigt, so könnte sich die Vergangenheitsform der zweiten Strophe von KÖLN, AM HOF direkt auf die hier erwogene Zukunft beziehen: „was wird sein ...", als Frage auf der einen Seite. Auf der anderen Seite, rückschauend, war die Begegnung bereichernd, „Verbannt und Verloren" waren daheim, haben einen Ort gefunden, der sie gemeinsam sprechen und schweigen ließ.

Die genannte „Schönheit", die „bestanden" werden soll, wird in KÖLN, AM HOF nun angerufen: „Ihr Dome". Das Gedicht verweilt einen Augenblick lang vor dieser Anrufung: zwei Leerzeilen umrahmen sie. Doch dann wird klargestellt, dass für Schönheit an sich, für die Erfahrung des Äußeren, kein Raum ist: Die „Dome" sind „ungesehn", die „Ströme unbelauscht", sie spielen keine Rolle, und die kleine Aufzählung endet wieder mit einer Bezugnahme auf die Zeit, „ihr Uhren tief in uns." Zwei Dinge sind hier für das Verständnis der Verse von besonderer Bedeutung: Zunächst präzisiert sich die Position des Sprechenden, der zuvor von den Geträumten berichtet und ein passivisches Gespräch (oder besser: Begegnung) wiedergegeben hat, nun mit dem Reflexivpronomen „uns". Es sind also „die Sprechenden". Durch das zweifache Aufgreifen der Zeit, in der ersten und in der letzten Strophe, könnte es naheliegen, sie mit den „Geträumten" gleichzusetzen.

Das andere Auffallende ist die Pluralform, die bei der Anrufung „Ihr Dome" bzw. „ihr Ströme" verwendet wird. Vergegenwärtigen wir uns noch einmal die schon erwähnte genaue Zeitangabe: „Paris, Quai Bourbon, Sonntag, den 20. Oktober 1957, halb drei Uhr nachmittags –"; von diesem Standpunkt aus ist der Pariser Dom, die Kathedrale Notre-Dame-de-Paris, nicht zu sehen. Ins Auge fällt allerdings auf der nördlichen Seineseite der Turm der Kirche St. Gervais mit seiner großen Uhr: Die Zeit hatte Celan also bei der Niederschrift des Gedichtes immer vor Augen gehabt.[141] Ebenfalls vor Augen hatte er auf der Île Saint-Louis den Strom,

---

[140] I. Bachmann, a.a.O., dritte Strophe.
[141] Vier Jahre nach der Entstehung des Gedichtes wurde übrigens gleich gegenüber, auf der Île de la Cité, das Mémorial des martyrs de la Déportation à Paris errichtet.

die Seine, die aber – unbelauscht – nicht die Wahrnehmung des Dichters bestimmt. Diese ist nach innen gerichtet.

Die Pluralform von Dome und Ströme verallgemeinert den äußeren Bereich, meint nicht nur Köln, Ort der Begegnung, das den ersten Impuls für dieses Gedicht gegeben haben mag, sondern auch Paris, gleichfalls Ort des Zusammentreffens.[142] An diesen äußeren Bereich und an das passive Verhältnis zu ihm, das in den Worten „ungesehen" und „unbelauscht" ausgedrückt wird, schließen sich nun in der aufzählenden Anrufung „die Uhren tief in uns" an, ein Bild, das wieder auf den Anfang des Gedichtes zurückverweist. Dort ist von einem gemeinsamen (Ein-)Stehen für die Mitternachtsziffer die Rede, hier von – gemeinsamen – inneren Uhren.

Daran knüpft sich nun die Deutung des Gedichtes an: „Mitternachtsziffer", „Uhren tief in uns" können zusammen mit „Verbannt und Verloren" gelesen werden, die nicht zufällig die Mitte des Gedichtes bilden. Das Gedicht beginnt in der Gegenwart, was die aktivische Form des Verbes anzeigt, das „stehn". Die zu Beginn angezeigte „Herzzeit", Zeit der Liebe bzw. der Innerlichkeit, dauert also an, handelt allerdings von „Geträumten". Diese geträumten Personen, so lässt sich die zweite Strophe verstehen, sind aus der Vergangenheit herbeigeträumt, d.h. das zurückliegende Wirkliche wird nun als Traum vergegenwärtigt und gedeutet.

Oben wurde bereits angesprochen, dass „Verbannt und Verloren", auf dessen Großschreibung Celan ausdrücklich wertlegte[143], als Namen gelesen werden können, d.h. als Bezeichnung für Personen. Überträgt man diese Überlegung auf den biographischen Hintergrund der Entstehung des Gedichtes, so könnte „Verloren" als Bezeichnung für Bachmann[144], „Verbannt" als Name für den Dichter selbst gedeutet werden[145]. Die zweite Strophe blickt (im Traum) auf eine Begegnung zurück, das unpersönliche „einiges" könnte eben das Traumgeschehen reflektieren, die Geträumten sind nicht handelnd. Die Geträumten tauschten sich aus, sie sprachen nicht nur miteinander, sondern sie konnten, was größere Nähe erfordert, auch miteinander schweigen und Dinge, die am Ort ihrer Begegnung nicht vorrangig waren, ihrer Wege gehen lassen. Die Begegnung ist in solcher Weise „gelungen", dass die durch sie eingeleitete

---

[142] Die „Zusammentreffen" zwischen Celan und Bachmann; so läßt sich auch das „wir" im Bachmannschen Paris-Gedicht verstehen. Wenn Ingeborg Bachmann nach Paris gereist ist, dann geschah es, um Paul Celan zu treffen. (Vgl. die Lebenschronik im Kommentar-Band zu Celans Ehebriefwechsel, a.a.O., und PC/IB)
[143] Vgl. KG, S. 658.
[144] Der Ausdruck „verloren" findet sich in ihrem Paris-Gedicht zweimal.
[145] „Verbannt" passt auf Celan in besonderer Weise: Aus seiner Heimat, der Bukowina, kam er über Bukarest und Wien nach Paris; als Staatenloser benötigte er einige Jahre, bis er die französische Staatsbürgerschaft erhalten konnte.

„Herzzeit" andauert; der Ausdruck „daheim sein" bringt dies zum Ausdruck.

Dass dieses Zusammenkommen als „Daheim-Sein" bezeichnet wird, könnte an den Orten der Begegnung liegen. Deren Merkmale aber sind „ungesehn" und „unbelauscht", etwas anderes muss also wichtiger sein als diese Orte selber. Dies ist eine Gemeinsamkeit, die „Uhren tief in uns", das Einstehen für die Mitternachtsziffer, ein Anliegen also, in dem beide sich treffen, das beide bei aller Zeitlichkeit der Beziehung aneinander bindet.

Ingeborg Bachmann spricht in ihrem berühmten Gedicht, das titelgebend für ihren zweiten Gedichtband war, von der „auf Widerruf gestundete(n) Zeit", die „sichtbar am Horizont" wird.[146] Die wiederkehrende Zeit bezeichnet ein Zuendegehen, „härtere Tage"[147]; die „gestundete Zeit" besteht nicht aus eigenem Recht, sondern „auf Widerruf", sie ist geborgt von dem, für das es nun einzustehen gilt. Das Verloren-Sein setzt hier ein, und die vorangehende „Stundung" der Zeit entspricht dem im Prätertitum liegendem Daheim-Sein im Celan-Gedicht.

Gegen die Mitternachtsziffer, das Zuendegehen und Vergessen-Werden wird mit den Gedichten angeschrieben, von beiden Dichtern auf die ihnen jeweils eigene Weise, beide als „Zeuge", und gemeinsam schon deswegen, weil sie einander berücksichtigen und aufeinander antworten.[148] Wieder also bietet ein Celan-Gedicht ein Beispiel für die Selbstvergewisserung als Dichter, für eine poetologische Reflexion, die für das rechte Verständnis des Werkes mitgelesen und bedacht werden muss.

Wie aber verhält sich nun die Paris miteinbeziehende Anrufung von Domen und Strömen in der dritten und vierten Strophe des Gedichtes zu der hier vorgeschlagenen Lesart des Gedichtes? Wodurch ergänzen sie die Aussage der ersten beiden Strophen?

Die erste Fassung von KÖLN, AM HOF enthielt anstelle der dritten Strophe nach den Worten „waren daheim" eine gepunktete Leerzeile, sozusagen eine Gedankenpause, die den Leser bei den letztgeschriebenen Worten verweilen läßt, also beim Daheim-Sein. Es liegt also nahe, in der Anrufung von Domen und Strömen eine Präzisierung des Erfahrungsraums eines „Daheim" zu sehen. Dieses ist nicht an einen einzigen Ort gebunden, gleichwohl aber auch nicht gänzlich willkürlich. Die Dome, vielleicht der Kölner Dom und Notre-Dame-de-Paris, und die Ströme, also Seine und Rhein, werden nicht nach der Manier von Reisenden wahrgenommen, sie sind aber doch so gegenwärtig, dass sie im Gedicht ange-

---

[146] I. Bachmann, a.a.O., S. 16.
[147] A.a.O.
[148] Ein Teil dieser „Poetischen Korrespondenzen" wird in dem von Bernhard Böschenstein und Sigrid Weigel herausgegebenen Sammelband Ingeborg Bachmann und Paul Celan: Poetische Korrespondenzen, Frankfurt a.M. 1997, dokumentiert.

rufen werden, als Heraufbeschwörung der Traumsituation, aus der heraus die Herzzeit andauert.

Noch einmal ein letzter Blick auf das Paris-Gedicht von Ingeborg Bachmann: „... was wird sein / wenn wir die Schönheit bestehen?" Auch bei ihr, darauf haben wir schon hingewiesen, ist die Schönheit von Paris gegenwärtig, und auch hier ist sie nicht eigentliches Thema des Gedichtes. Trotzdem beschreibt die Stadt, beschreiben die Städte für beide den Rahmen, in dem die Begegnung, die tatsächliche und die späterhin geträumte, die von Schweigen bestimmte und die in Gedichten aufeinander bezogene, möglich wurde. Paul Celan war dies an jenem 20. Oktober 1957, nachmittags, am Quai Bourbon, bewusst. Darum die Anrufungen in der letzten Strophe, und deshalb wohl auch zunächst, im Anschluss an die Niederschrift des Gedichtes, die ungewöhnlich genaue Ortsangabe, die er für die spätere Publikation getilgt hat, bei der jedes seiner Werke für sich alleine stehen muss, ohne zu weitgehende biographische Bezüge preiszugeben.

OBEN GERÄUSCHLOS

OBEN, GERÄUSCHLOS, die
Fahrenden: Geier und Stern.

Unten, nach allem, wir,
zehn an der Zahl, das Sandvolk. Die Zeit,
wie denn auch nicht, sie hat
auch für uns eine Stunde, hier,
in der Sandstadt.

(Erzähl von den Brunnen, erzähl
von Brunnenkranz, Brunnenrad, von
Brunnenstuben – erzähl.

Zähl und erzähl, die Uhr,
auch diese, läuft ab.

Wasser: welch
ein Wort. Wir verstehen dich, Leben.)

Der Fremde, ungebeten, woher,
der Gast.
Sein triefendes Kleid.
Sein triefendes Auge.

(Erzähl uns von Brunnen, von –
Zähl und erzähl.
Wasser: welch
ein Wort.)

Sein Kleid-und-Aug, er steht,
wie wir, voller Nacht, er bekundet
Einsicht, er zählt jetzt,
wie wir, bis zehn
und nicht weiter.

Oben, die
Fahrenden
bleiben
unhörbar.

Das in sechs Versionen überlieferte Gedicht „Oben geräuschlos" aus dem Band „Sprachgitter"[149] begann in der ursprünglichen Fassung mit dem Vers „Paris, eine Sandstadt / älter um diese Stunde ..."[150] Unabhängig von der direkten Nennung des Namens „Paris" in einer Frühversion legt auch die Zeile „hier / in der Sandstadt" der zweiten Strophe eine Zuordnung zu den Paris-Gedichten nahe.[151] Die äußere Form erscheint auf den ersten Blick eher heterogen. Neun unterschiedlich lange Strophen, davon zunächst drei und dann noch einmal eine Strophe durch Klammern von den übrigen Gedichtteilen unterschieden.[152] „Oben, geräuschlos" verwendet Motive, die auch aus anderen Gedichten bekannt sind, wie etwa die Gegeneinandersetzung von Oben und Unten, den Sand als Bild, das Motiv des fremden Gastes und des Auges. Der in Majuskeln gesetzte Einleitungsvers „OBEN, GERÄUSCHLOS, die / Fahrenden" wird in der letzten Strophe wieder aufgegriffen; das Gedicht beschreibt also in übertragenem Sinne einen Kreis und kehrt am Ende wieder zu seinem Ausgangspunkt zurück.

Die erste und die letzte Strophe nennen als Rahmen ein „geräuschloses", „unhörbares" Oben, die Strophen zwei bis sieben beschreiben ein inhaltlich dagegen gesetztes Unten. Die Mitte bildet die fünfte Strophe des Gedichtes „(... Wasser: welch / ein Wort. Wir verstehen dich, Leben.)" Verstehen wir diese mittlere Strophe als Scharnierstück des Gedichtes, ist es naheliegend, bei der Exegese des Gedichtes an dieser Stelle anzusetzen. Da „Wasser" als „Wort" bezeichnet wird, könnte neben der ersten Assoziation „Leben" an dieser Stelle eine Thematisierung des Schreibprozesses vermutet werden; „Wort" meint dann das „Wort" des Dichters. Das geschöpfte Wasser stellt folgerichtig den Prozess des Schreibens dar.[153] Das dem Brunnen entnommene stammt aus der Tiefe. Hier lassen sich Worte finden, die die Sprache des Gedichtes konstituieren.

---

[149] GW I, S. 188f.
[150] TCA, Sprachgitter, S. 74.
[151] Vgl. die Auslegung des Gedichtes „Hier" im vorliegenden Band.
[152] Celan verwendet den in Klammern gesetzten Einschub auch in anderen Gedichten, etwa in „Die Silbe Schmerz" aus der Niemandsrose, oder „Niedrigwasser" und „Bahndämme, Wegränder, Ödplätze, Schutt" aus „Sprachgitter".
[153] Vgl. hierzu Jean Bollack: Poetik der Fremdheit, Wien 2000, S. 63: „Es gehört zu den ersten Dingen, die man als Celan-Leser lernt, dass das Wasser für das Anströmen der Wortmaterie steht, aus der dann im kompositionellen Akt eine Auswahl getroffen wird." Der Begriff „Wortmaterie" ist uncelanisch und unglücklich gewählt; außerdem sind nicht die aus Listen auszuwählenden Worte gemeint (Celan stellte für spätere Verwendung in Gedichten gerne solche Listen zusammen), sondern der Vorgang der Inspiration und zugleich der bei poetologischen Reflexionen immer präsente Akt des Zeugnis-Gebens.

Die Formulierung „welch ein Wort" wird durch den vorangehenden Zeilenumbruch eigens betont. Wasser ist Bedingung des Entstehens von Leben wie des Am-Leben-Bleibens, es ist als Element ein Ursymbol für die menschliche Reflexion. Das Wort Wasser bezieht diesen Aspekt natürlich mit ein. Folgerichtig folgt im selben Vers ein expliziter Hinweis auf das „Leben". „Wir verstehen dich, Leben." könnte anders formuliert „wir wissen, weshalb Wir noch am Leben sind" lauten. Wir haben aus dem Brunnen geschöpft: „Wir wissen, was das Leben ausmacht."

Werfen wir nun einen Blick auf die dieses Mittelstück umgebenden Strophen: In der dritten Strophe, mit der die erste, bis in die Mitte reichende Klammer des Gedichtes einsetzt, wird das bei Celan geläufige Motiv der „Brunnen" eingeführt. „Brunnen" verweist zunächst auf die Bukowina, das „Brunnenland" der Kindheit Celans[154], aber auch auf die Vergangenheit und das Unbewusste[155], das aus der Tiefe Hervorgeholte.

„Brunnenkranz, -rad, -stuben", als „Einfassungen" des Brunnens diesem zugeordnet, bilden den Rahmen und die Instrumente für das emporzuziehende Wasser, das „Zur-Tiefe-Gehen", wie es im Titel eines Niemandsrosegedichtes heißt.[156] Das Äußere des Brunnens ist also genau beschreibbar, es scheint bekannt und vertraut. Das Bekannte kann erzählt werden, die in Klammern gesetzten Einschübe in Strophe drei und Strophe sieben fordern zum Erzählen auf.[157] Das Erzählen wird als dringlich beschrieben, denn „die Uhr / auch diese, läuft ab".

Was nun aber nach der Aufforderung zum Erzählen folgt, nach der Beschwörung des Lebens, des Lebendigen, das erscheint unerwartet: ein ungebetener Fremder, dessen Herkunft ungewiss ist („woher"), der aber, weil als „Gast" bezeichnet, zunächst bleiben darf. Der Gast hat ein „triefendes Kleid" und ein „triefendes Auge". Ein „triefendes Kleid" ist ein aus dem Wasser gezogenes Kleidungsstück, es tropft aus ihm heraus; der „Fremde" scheint aus dem Brunnen gekommen oder mit dem Brunnenwasser in Berührung gekommen zu sein. Ein „triefendes Auge" kann ein *weinendes* oder ein *blutendes* Auge sein.

---

[154] Vgl. Israel Chalfen: Paul Celan. Eine Biographie seiner Jugend, S. 20f. Hier wird die Brunnenstrophe des „Oben, geräuschlos"-Gedichtes im Zusammenhang mit der Bukowina explizit zitiert. Vgl. auch die dem Brunnenthema gewidmeten Gedichte „Brunnengräber" und „Brunnenartig."

[155] Vgl. Renate Böschenstein, Oben, geräuschlos, in: Jürgen Lehmann (Hg.): Kommentar zu Paul Celans „Sprachgitter", a.a.O., S. 378, mit einem Zitat aus Celans Frühschrift „Edgar Jené und der Traum vom Traume": „... alles sei getan, wenn die Vernunft in die Tiefe stiege und das Wasser des dunklen Brunnens an die Oberfläche förderte." (GW III, S. 157)

[156] GW I, S. 212.

[157] In der dreifachen Aufforderung „erzähl" mag ebenfalls die Erinnerung an die Bukowina anklingen, hier mit ihrer Erzähltradition.

In der achten Strophe, die sich, nach dem Einschub einer weiteren Klammer erneut dem Fremden zuwendet, sind die beiden Attribute des Fremden zu einem Stück zusammengeschmolzen: „Sein Kleid-und-Aug".[158] Bei dieser zweiten Nennung seiner Gestalt in dieser vorletzten Strophe wird er allerdings nicht mehr als „Fremder" bezeichnet, sondern der Gruppe derer zugerechnet, die bis zehn zählen, d.h. die in der „Sandstadt" zusammengehören. Da der Fremde „Gast" wird, kann er dieser Gruppe zugerechnet werden: Auch „er zählt jetzt", wie es in der vorletzten Strophe heißt, auch er steht „voller Nacht", Schatten fallen auf ihn, er hat Schlimmes erlebt, ist aber aufgetaucht. Spuren trägt er dennoch an sich.

Dass der Fremde also bald als „Gast" bezeichnet wird, lässt zwei mögliche Deutungen zu: Zum einen wird vielleicht eine unterschiedliche Form der Wahrnehmung reflektiert. Auch wenn eine Zugehörigkeit zu einer Gruppe besteht, ist die Außenwahrnehmung doch die eines Fremden, eines, der anderswo herkommt, der andere Erfahrungen hat, der gekommen ist, nicht weil er gebeten wurde, sondern um zu überleben.

Sein Ort ist die Sandstadt, aber in einem unteren Bereich, durchzogen von Brunnen, die auf die Vergangenheit zurückweisen, auf die Bukowina, die jüdische Welt von Czernowitz, und auf ihre Zerstörung.

Die andere mögliche Lesart ergibt sich, wenn der Dichter, der zunächst ja zu einem „wir" dazugehört, selbst als der „Fremde" betrachtet wird: Die Aufforderung „erzähl" macht ihn zum Fremden, er tritt als solcher hervor, wenn er sich den Brunnen zuwendet und der Erinnerung an sie. Dann „trieft" sein Auge, er weint, und dann trieft sein Kleid, denn er taucht aus einem tiefen Brunnen auf, und das an ihm herabrinnende Wasser beschreibt den Prozess des Zur-Sprache-Kommens. An Aug und Kleid ist er erkennbar.

Das „Unten", wo sich all dies also abspielt, wird in der zweiten Strophe eingeführt und dort gleich mit der genannten Zahl präzisiert: „zehn an der Zahl". Zehn ist eine im Judentum wichtige Ziffer[159] und wird durch das hebräische Zeichen „Yod" repräsentiert, welches für die Hand und den Zeigefinger steht.[160] Yod ist der kleinste Buchstabe des Alphabets, die kleinste Einheit gewissermaßen, aber in vielen anderen Buchstaben enthalten. Herausragend ist seine Bedeutung aus jüdischer Sicht schon deswe-

---

[158] Vgl. auch das späte Gedicht „IHN RITT DIE NACHT, er war zu sich gekommen: der Waisenkittel war die Fahn ..." aus dem Lichtzwang-Band (GW II, S. 234). Auch hier ist das Kleid zeichenhaft, steht für Erkennbarkeit.

[159] Vgl. KG, S. 595: „Ein jüdischer Gottesdienst kann nur dann abgehalten werden, wenn mindestens zehn männliche, zur Gemeinde gehörende Beter, die mindestens 13 Jahre alt sind, anwesend sind."

[160] Vgl. Gabriele Mandel: Gezeichnete Schöpfung, Wiesbaden 2004, S. 46.

gen, weil er der erste Buchstabe des Tetragramms ist.[161] Die „Hand" ist bei Celan immer mit dem Prozeß des Schreibens verbunden[162]. „... wir, / zehn an der Zahl, das Sandvolk" bezeichnet also die Zugehörigkeit zum Judentum, einem „wir", das sich in der „Sandstadt" aufhält, als kleine Einheit, „zehn", viele davon sind an fremdem Ort nicht zu zählen. In der „Zehn" bilden sie eine Einheit. Diese Zugehörigkeit ist aber ideell, da Celan das Judentum zwar als identitätsstiftend im Sinne einer kulturellen Herkunft verstand, aber nicht religiös praktizierte.[163]

„Nach allem", hieß es in der zweiten Strophe, „nach allem" hält sich ein kleiner Teil des „Sandvolkes" in der „Sandstadt" auf, hat einen Ort gefunden, an dem es zunächst bleiben und sich dem Vergangenen, „allem", zuwenden und von ihm erzählen kann. Sand, von Celan oft in Anspielung auf die Asche der Toten verwendet („Der Sand aus den Urnen"), ist allerdings Ausdruck des Nicht-Gesicherten, Ephemeren. Ob in der Sandstadt ein dauerhaftes Bleiben möglich ist, scheint nicht gesichert. Das „Nach allem" ist nicht als konkrete Zeitangabe zu verstehen, lässt sich aber mit dem Auftreten des Fremden verknüpfen, mit dem Wasser, das an seinem Kleid herabrinnt: Er taucht auf, nach allem, was er erlebt hat, und wird zunächst als fremd wahrgenommen.

Inhaltlich bezeichnet „nach allem" alles Erlebte, und dies ist im Schicksal des in die Stadt gekommenen Fremden die Shoa, die ihm seine engste Familie und die Heimat geraubt hat. Celan kam 1948 als „displaced person", als Staatenloser von Wien nach Paris, er teilte das Schicksal unzähliger entwurzelter Überlebender des Genozids an den Juden.

„Einsicht" bekundet der Fremde, weil er begreift, dass dieses Wasser Leben bedeutet, überschüssiges Leben gewissermaßen, ein Leben „*danach*", aber Leben, um im celanschen Sinne Zeugnis zu geben, zu „erzählen".

Sehen wir uns nun zuletzt die den Rahmen bildenden Randstrophen an: „OBEN, GERÄUSCHLOS, die / Fahrenden: Geier und Stern" und „Oben, die / Fahrenden / bleiben / unhörbar." Eingeschlossen ist dazwischen alles, was „unten" war, die Situation des Fremd-Seins im Exil, die Erinnerung, und in deren Tiefe der Brunnen des Vergangenen. Was aber „oben" ist, die Außenwelt, sie dringt nicht wirklich bis zu den Fremden vor, dem Sandvolk, herbeigeweht, ohne Wurzeln. Die Ausrichtung des Sandvolks geht nicht nach außen, sondern nach innen.

Die, die oben sind, werden die „Fahrenden" genannt, es sind jene, die selbst entscheiden, ob sie ihren Ort wechseln möchten. Gleichzeitig birgt

---

[161] Das Tetragramm JHWH steht in der Tora für den einen Gott.
[162] Vgl. die Deutung des Verses „Opferstatt meiner Hände" in dem Gedicht „Auf Reisen" gewidmeten Kapitel des vorliegenden Bandes.
[163] Lydia Koelle spricht daher, Celan zitierend, von einem „pneumatischen Judentum" Celans; vgl. Lydia Koelle: Paul Celans pneumatisches Judentum. Gott-Rede und menschliche Existenz nach der Shoah, Mainz 1997.

das „Fahren" Unruhe und Unbeständigkeit.[164] „Geier und Stern" wirkt in dieser ambivalenten Kombination eher bedrohlich: Der Geier[165] steht für den Tod und das Vergängliche, ein Kadaver fressender Raubvogel. Der Stern könnte als Sternzeichen eine Schicksalshaftigkeit ausdrücken. Ob an dieser Stelle auf die der Tagesaktualität entnommene politische Situation in Frankreich angespielt wird, wie Barbara Wiedemann in ihrer kommentierten Gesamtausgabe der Gedichte nahelegt[166], lässt sich nicht genau bestimmen. Der Exilierte im Kreis derer, denen er zugehört, den „Zehn", er bleibt davon unberührt. Hörbar für ihn sind Dinge, die aus der Tiefe kommen, die „von den Brunnen" erzählen, die vom Wasser des tiefen Brunnens geschöpft sind. Diese Zuwendung zum Vergangenen macht den Erzählenden, den Dichter, zum Fremden, der seiner Trauer Ausdruck verleiht, dessen Kleid „triefend" ist, schwer, weil er das Wasser, die Worte, mit sich herumträgt.

Die Stadt Paris, nach Überarbeitung der ursprünglichen Fassung[167] zur „Sandstadt" geworden, wird im vorliegendem Gedicht also in zweifacher Weise reflektiert: einerseits erneut als Ort des Zeugnis-Gebens, des „Erzählens". Indem der Dichter dies tut, indem er „nach allem" aus dem Brunnen auftaucht (der so tief ist, dass nur sein Rahmen benannt werden kann), wird er zum Fremden; was „oben", also in der Außenwelt stattfindet, ist für ihn geräuschlos, unhörbar. Nebenher sei erwähnt, dass die Ober- und Unterwelt des Pariser Metronetzes, das ständige Hinabsteigen in die U-Bahn-Schächte und das wieder Ans-Licht-Treten in der Pariser Alltagswirklichkeit, eine Assoziationsquelle für die Motivik des vorliegenden Gedichtes abgegeben haben mag.[168]

Obgleich fremd und ungebeten, wird der entwurzelte Dichter doch als Gast aufgenommen. Hier ist die Situation eines Exilierten, Heimatlosen beschrieben. Und hiermit kommen wir zur zweiten Bedeutung der Stadt Paris im vorliegenden Gedicht: der „Sandstadt". Die Sandstadt ist der Ort, in dem das Sandvolk zehn Angehörige hat, wo eine „gezählte" Zugehörigkeit zum Judentum möglich ist. Die Erfahrung der Verfolgung und Zerstreuung gibt aber einen Vorbehalt, der in der Vorsilbe „Sand-" zum Ausdruck kommt. Paris ist bis heute die Stadt mit der größten jüdischen Gemeinde Europas, größer als Antwerpen und Amsterdam. Diesen

---

[164] Entsprechend im Adverb „fahrig". Vgl. hierzu auch das Gedicht „Auf Reisen" und seine Deutung im vorliegenden Band.
[165] R. Böschenstein verweist darauf, dass das Geiermotiv bei Celan immer negativ besetzt sei; vgl. R. Böschenstein, a.a.O., S. 374.
[166] Vgl. KG, S. 662.
[167] Vgl. TCA, Sprachgitter, S. 74f.
[168] Vgl. zur Oben-unten-Thematik auch den Vers aus Celans „Gauner- und Ganovenweise": „Damals, als es noch Galgen gab, / da, nicht wahr, gab es / ein Oben." GW I, S. 229.

Ort hat sich der Fremde gewählt, hier findet er eine Zugehörigkeit, nachdem sein ursprünglicher Platz, die Bukowina, nicht mehr bzw. nur noch durch ein tiefen, fremdmachenden Brunnen erreichbar ist.

Paris ist ein Ort des Lebens, des Leben-Könnens, verbunden mit der Aufgabe des Erzählens, bis die Zeit für die Exilierten auch hier abläuft.

ZWÖLF JAHRE

ZWÖLF JAHRE

Die wahr-
gebliebene, wahr-
gewordene Zeile: ... *dein
Haus in Paris – zur
Opferstatt deiner Hände.*

Dreimal durchatmet,
dreimal durchglänzt.

. . . .

Es wird stumm, es wird taub
hinter den Augen.
Ich sehe das Gift blühn.
In jederlei Wort und Gestalt.

Geh. Komm.
Die Liebe löscht ihren Namen: sie
schreibt sich dir zu.

Das „Zwölf-Jahre"-Gedicht[169], das in engem Bezug zu „Auf Reisen" aus dem Band „Mohn und Gedächtnis" steht, trägt bereits in der Zeitangabe des Titels einen autobiographischen Bezug. Einen Entwurf notierte Celan am 14.07.1960, genau zwölf Jahre nach seiner Ankunft in Paris im Jahre 1948.[170] Auf die in der französischen Metropole verbrachten Jahre, auf das dort entstandene Werk blickt der Dichter hier zurück, und von einem 1948 gemachten „prophetischen"[171] und poetologischen Bekenntnis her besinnt er sich auf die Gegenwart, überträgt das damals geschriebene Wort von der „Opferstatt meiner Hände" auf sein heutiges schriftstellerisches

---

[169] GW I, S. 220.
[170] Vgl. KG, S. 676.
[171] „... die seinerzeit als ein prophetisches Bekenntnis geschriebenen Verse"; vgl. Jean Bollack: Dichtung wider Dichtung. Paul Celan und die Literatur, Göttingen 2006, S. 498.

Wirken in schwerer Zeit.[172] Diese Einteilung lässt sich auch anhand des Aufbaus, je zwei Teile mit sieben Versen, durch eine gepunktete Leerzeile getrennt, ablesen. Eine frühe Fassung beginnt mit dem Wort „Erinnert" vor den einsetzenden Worten von der „wahrgebliebenen Zeile"[173]: Es spricht hier also ein auf sein eigenes Werk zurückblickender, die zukunftsweisende Bedeutung früher entstandener Gedichte befragender Dichter.

Die endgültige Fassung setzt mit einer Doppelung ein: „wahrgebliebene", „wahrgewordene", jeweils mit einem Zeilenumbruch nach dem „wahr-", als Ausdruck besonderer Betonung, eines Innehaltens. Das „Auf Reisen"-Gedicht, auf welches Bezug genommen wird, lautet:[174]

AUF REISEN

Es ist eine Stunde, die macht dir den Staub zum Gefolge,
dein Haus in Paris zur Opferstatt deiner Hände,
dein schwarzes Aug zum schwärzesten Aug.

Es ist ein Gehöft, da hält ein Gespann für dein Herz.
Dein Haar möchte wehen, wenn du fährst – das ist ihm verboten.
Die bleiben und winken, wissen es nicht.

Bemerkenswert ist zunächst der Umstand, dass im Kontext der Reflexion über Gedichte von „wahr" die Rede ist. „Wahre" Gedichte, Gedichtzeilen. Dieses Wahr-Sein ist der Anspruch, den der Dichter in sein Schreiben legt: „Nur wahre Hände schreiben wahre Gedichte."[175] Und das „wahr" steht sowohl in einem äußeren (d.h. die Ereignisse des Lebens betreffenden, einen „Weg suchenden"[176]) als auch einem inneren Bezug (im Sinne einer Aneignung und Deutung des Geschehens, wobei der Dichter nicht allein „Schaffender", sondern auch „Empfangender", also „Mitwisser" ist[177]). „Wahrgeblieben", „wahrgeworden" reflektiert den Umstand, dass Celan diese Verse 1948 noch in Wien, vor seiner Abreise nach Paris geschrieben

---

[172] 1960 war nicht nur das Jahr der Büchnerpreisverleihung und der Meridian-Rede, sondern es führte die Verleumdungskampagne der Goll-Witwe auf einen für Celan kaum mehr erträglichen Höhepunkt.
[173] TCA, Niemandsrose, S. 24.
[174] GW I, S. 45; vgl. die Auslegung im vorliegenden Band.
[175] Das bekannteste Zitat aus dem poetologisch bedeutenden Brief an Hans Bender, Antwort Celans auf dessen Einladung zur Mitarbeit an der Anthologie „Mein Gedicht ist mein Messer"; vgl. GW III, S. 177.
[176] A.a.O.
[177] A.a.O.

hat[178], das darin Vorausgesagte also noch vor ihm lag. In Paris dann, während der genannten zwölf Jahre, ist es *wahrgeworden*. Diesen „prophetischen" Aspekt mancher Gedichte formulierte Celan schon früh, zu einem Zeitpunkt, als von den in Paris fertiggestellten Gedichtbänden nur „Mohn und Gedächtnis" vorlag, in einem Radiointerview: „Gedichte", so Celan, „sind ja irgendwo auch ein Wiedererinnern, manchmal sogar auch ein Vorerinnern. Und bei diesem Vorerinnern, wenn ich das Wort gebrauchen darf, lebt man den Gedichten irgendwie nach. Damit sie wahr bleiben."[179] Das Zwölf-Jahre-Gedicht kann nun durchaus als Ausdruck und (Selbst-)Bestätigung dieses Nachlebens von etwas zuvor in Versen als „Vorerinnerung" Ausgesprochenem gesehen werden. Letztlich ist Prophetie ja gerade dies: ein Vorerinnern vom Standpunkt einer im Wandel befindlichen Gegenwart aus, deren Entwicklung eine bestimmte Richtung nehmen soll. Das „Wahrwerden", von dem Celan spricht, ist zugleich mit einem hohen Ethos verbunden. Das Gedicht *ist* bereits wahr, und der Dichter dient ihm in zweifacher Weise, mit seiner Hand, aufschreibend, „dichtend", und mit sich selber, indem er es „wahrbleiben" lässt, durch das ebenfalls von ihm geleistete „Wahrwerden", indem er, wie er sagt, den Gedichten „nachlebt". In diesem Sinne könnten Gedichte gewiss für sich stehen, ohne dass vom Dichter etwas bekannt sein müsste, umgekehrt aber ist der Dichter nicht getrennt von seinen Gedichten zu sehen, er ist *immer* Dichter, und nur so auch wird die celansche Äußerung: „Ich glaube nicht, irgendeines meiner Gedichte hintergangen zu haben", verständlich.[180] Auch wenn im dritten Vers, nach dem zweimaligen Zeilenumbruch nach „wahr-" nicht vom Gedicht „Auf Reisen", insgesamt, sondern ausdrücklich nur von *der* im folgenden zitierten *Zeile* die Rede ist, fällt durch das ungewöhnliche Selbstzitat doch das *ganze* frühere Gedicht ins Auge. Der gewählte und wiederaufgegriffene Vers „... dein Haus in Paris – zur Opferstatt deiner Hände", im Original in einer Zeile, wird hier ebenfalls durch zwei Zeilenumbrüche und einen Gedankenstrich geteilt, eine Dreiteilung, die möglicherweise bereits auf das doppelte „dreimal" in der folgenden Strophe verweist.[181] Der Gedankenstrich nach „Haus in Paris", der den Lesenden innehalten lässt, drückt ein Zögern aus und verweist damit auf die dritte, durch die gepunktete Linie vom ersten Teil des Gedichtes abgesetzte Strophe.[182]

---

[178] KG, S. 610.
[179] Gesendet am 15. Juni 1954, bereits zwei Monate zuvor aufgenommen. Vgl. Celan – PN, hier S. 191.
[180] NG, Nr. 223.10, S. 125.
[181] Vgl. auch Jean-Marie Winkler: Zwölf Jahre, in: Jürgen Lehmann (Hg.): Kommentar zu Paul Celans „Die Niemandsrose", Heidelberg 1997, S. 91.
[182] Zur Deutung der zitierten Verse, vgl. oben das Kapitel zu «Auf Reisen».

Die „wahrgebliebene Zeile", so wird zunächst in der zweiten Strophe präzisiert, wurde „dreimal durchatmet / dreimal durchglänzt". Nicht auszuschließen ist, dass Celan mit der Nennung von Zahlen und Ziffern seinen Gedichten einen Subtext beigegeben hat, befanden sich doch u.a. die Bücher Gershom Scholems zur Kabbala in seiner Privatbibliothek und wurden, wie Barbara Wiedemann in der Bibliographie zu ihrer kommentierten Gesamtedition der Celan-Gedichte vermerkt, auch gelesen.[183] Auffällig im vorliegenden Gedicht ist die Kombination von „sieben" (das Gedicht ist in zwei siebenzeilige Hälften geteilt), „drei" (zweimal genannt) und „zwölf" (im Titel).[184] Im Sefer Jezira, einem der Grundtexte der Kabbala, wird aus diesen drei Zahlen (drei Mütter, d.h א, מ, ש, sieben doppelte, d.h. doppelt zu sprechende Konsonanten, und zwölf einfache) das hebräische Alphabet mit seinen zweiundzwanzig Buchstaben als Grundlage von Schriftlichkeit und Schaffenskraft entwickelt.[185] Das hier zweimal wiederholte „dreimal", das im Entstehungsprozess von „Zwölf Jahre", für das Celan auch erst den Titel „Auf Reisen II" erwogen hatte, erst relativ spät hinzugefügt wurde[186], lässt sich im Kontext des Gedichtes und im Anschluss an das genannte Selbstzitat relativ sicher auf die drei während der zwölf Jahre publizierten Gedichtbände („Mohn und Gedächtnis" 1952, „Von Schwelle zu Schwelle" 1955 und „Sprachgitter" 1959) beziehen. „Dreimal durchatmet" beschreibt den Entstehungsprozess der Gedichte, die „Atem"-Metapher wird auch an anderer Stelle in diesem Sinne gebraucht[187], das „Durchglänzen" folglich das Erscheinen der Bände selber. Paris sollte „Opferstatt" sein, die Hände bringen Opfer für die Toten, die selber keine Stimme mehr haben, Grabmal für jene, die ohne Grab sind.[188] Mit seinen drei Veröffentlichungen eigener Verse ist dieses Vorhaben wahr geworden.

Als Übergang zum zweiten, ebenfalls zweistrophigen Teil des Gedichtes, das wohl ursprünglich als eigenständig vorgesehen war[189], hat Celan eine punktierte Linie zwischen zwei Leerzeilen gezogen. In der „Niemandsrose"

---

[183] Vgl. KG, S. 578.
[184] Siehe unter anderem auch die Sieben in « Kristall ».
[185] Vgl. Sefer Jezira, (Hg.) Klaus Herrmann, Frankfurt a.M. 2008, S. 11, 228f. Die Ermittlung einer verborgenen Zahlensymbolik müsste Gegenstand einer gesonderten Untersuchung sein. Eine weitere Veröffentlichung von Notizbüchern und Lesespuren Celans wird Aufschluss über die genauen Kenntnisse des Dichters geben.
[186] TCA, Niemandsrose, S. 25.
[187] „... das Gedicht, das geatmete Breve". PN, Nr. 46.28, S. 33.
[188] «Auch meine Mutter hat nur dieses Grab» (in Bezug auf die Todesfuge geäußert.), PC/IB, S. 127.
[189] Wie Anm. 14, S. 24f.

gibt es noch weitere Beispiele für solche Linien, etwa in „Die Schleuse"[190], „Einem, der vor der Tür stand"[191], „An Niemand geschmiegt"[192] oder „Zweihäusig, Ewiger."[193] Oft dienen sie der besonderen Abhebung oder Pointierung der Schlusszeile bzw. -strophe eines Gedichtes. In „Zwölf Jahre" aber handelt es sich um eine echte, sowohl visuelle als auch inhaltliche Zweiteilung. War der erste Teil eine rückwärtsgewandte Besinnung, ein Anknüpfen an die Vergangenheit, so haben wir es hier mit einer Zuwendung zur Gegenwart zu tun. In „Auf Reisen" wurde die Gegenwart als „Ist-Zustand" beschrieben: „*es ist*" – jetzt – „eine Stunde, die macht dir den Staub zum Gefolge"[194], hier nun, im zweiten Teil der „Zwölf Jahre", als Prozess des Geschehens, der Veränderung: „Es *wird* stumm, es *wird* taub / hinter den Augen."

„*Stumm, taub*" wird es „*hinter den Augen*", im Verstand[195], in den Gedanken des Dichters, und dies ist durchaus wörtlich zu verstehen: „taub" gegenüber der Inspiration, „stumm", was Entstehung und Niederschrift neuer Gedichte betrifft. „Ich glaube, ich muss durch ein längeres Stummsein", schrieb Celan am 7. September 1959 an Ingeborg Bachmann[196], und tatsächlich verstummte der Dichter bis zu dem nach der Begegnung mit Nelly Sachs Ende Mai 1960 verfassten „Zürich, zum Storchen" – dazwischen schrieb er kein eigenes Gedicht.[197] Was das Verstummen und die Taubheit verursacht, ist das „Gift", welches das Ich des Gedichtes „blühen" sieht. „Ich sehe das Gift blühn. In jederlei Wort und Gestalt." Da „Zwölf Jahre" 1960 entstanden ist, während der schlimmsten und für den Dichter schwierigsten Phase der Verleumdungskampagne Claire Golls im Vorfeld der Verleihung des Büchnerpreises an Celan, ist es naheliegend, die Bezeichnung „Gift" auf diesen Hintergrund zu beziehen. Celan fühlte sich sowohl ganz persönlich als auch in seiner Integrität als Dichter verletzt und bedroht. B. Wiedemann hat in ihrem Materialband über die Goll-Affäre[198] die verschiedenen Dokumente der Kampagne gegen den Dichter zusammengestellt. Wie sehr ihm die Verleumdungen zugesetzt haben, lässt sich außerdem anhand der verschiedenen, bereits publizierten Briefwechsel ablesen, die nicht selten eben um das Jahr 1960, d.h. während einer Zeit, in der Celan Solidarität gegen die „Infamie" einforderte, aus

---

[190] GW I, S. 222.
[191] GW I, S. 242f.
[192] GW I, S. 245.
[193] GW I, S. 247.
[194] GW I, S. 45.
[195] Gewiss nicht zufällig beginnt das auf „Zwölf Jahre" folgende Gedicht der Niemandsrose mit „Mit allen Gedanken" (GW I, S. 221).
[196] PC/IB, S. 122.
[197] A.a.O., Kommentar, S. 318.
[198] Vgl. GA.

Enttäuschung gegenüber dem Briefpartner abbrechen.[199] Wenn Celan im folgenden Vers ausführt, auf welche Weise das genannte „Gift" – als Verleumdung und wiedererwachender Antisemitismus – blüht: „in jederlei Wort und Gestalt", so ist mit „jederlei Wort" gewiss nicht nur die Kampagne selber, sondern auch die unzureichende Verteidigung gemeint[200], mit „jederlei Gestalt" auch „falsche Freunde"[201] und nicht nur die eigentlichen Gegner, welche die Lügen Claire Golls aufnehmen und judenfeindliche Stereotypen verwenden. Der Blick in die Gegenwart also, nach den „dreimal durchglänzten" vergangenen zwölf Jahren, zeigt eine Bedrohung des Dichters, zeigt, dass Zustände eintreten, die ihm das Schreiben unmöglich machen.

Das Gedicht schließt mit einer letzten, aus drei Versen bestehenden Strophe, in der auch auf das eingangs verwendete Selbstzitat in indirekter Form erneut Bezug genommen wird. Zunächst zwei im paradoxalen Aussageverhältnis zueinander stehende Imperative: „Geh. Komm." In dieser Stellung vielleicht aus Büchners „Dantons Tod" übernommen[202], bilden sie ein Scharnier zwischen dem resignativen, zuvor Gesagten und den das Gedicht beschließenden, die Tätigkeit des Dichters wieder evozierenden Schlussversen. „Geh" lässt sich auf den Gedanken an das „Gift" beziehen, an das, was den Dichter verstummen lässt. Die Phase des Schweigens ist überwunden, der ganze Niemandsrose-Band gibt Zeugnis davon, ist ein „Stehen" gegen die den Dichter selbst ins Visier nehmenden Angriffe.

„Die Liebe löscht ihren Namen: sie /schreibt sich dir zu." Aus dem oben aufgezeigten Sinnzusammenhang des Gedichtes ergibt sich, dass „ihren Namen" keine Bezugnahme auf die Liebe als handelndem Subjekt sein kann, im Sinne von „die Liebe löscht ihren eigenen Namen", der Name „Liebe", das Wort „Liebe" werde gelöscht.[203] Vielmehr muss gelesen werden: „die Liebe löscht *ihren* Namen, den Namen jener, in deren Gestalt (und Wort), wie zuvor beschrieben, das Blühen des Giftes zu sehen ist: „in jederlei Wort und Gestalt". Also wird „geh" zu dem Vorherigen gesagt, zu dem, was es „stumm" und „taub" werden lässt. „Komm": zur Liebe; diese Liebe zu den – Toten – vermag den Namen *jener* (Verfolger) zu löschen. Den Toten leistet der Dichter Opfer: Gedichte, wie

---

[199] So die jeweils bei Suhrkamp erschienenen Briefwechsel mit Hermann und Hanne Lenz, mit Klaus und Nanni Demus, mit Rudolf Hirsch und mit Ingeborg Bachmann.

[200] An Nelly Sachs schreibt Celan, in Zusammenhang mit einer als antisemitisch empfundenen Sprachgitterkritik: „Auch das – das Antworten – bleibt dem Juden überlassen; die anderen schreiben Bücher und Gedichte ‚darüber' ..." (PC/Sachs, S. 24).

[201] Vgl. PC/IB: „ich ... schrieb ... in der Not ... – vergebens." S. 127.

[202] Vgl. KG, S. 677.

[203] Hans-Jost Frey wählt diese Deutung bei seiner Doppelexegese von „Zwölf Jahre" und „Auf Reisen", in: W. Hamacher, W. Menninghaus, a.a.O., S. 143f.

Grabmäler für die, die ohne Grab sind, Gedichte als Stimme für jene, denen ihre eigene Stimme geraubt wurde – ein Opfer der Liebe, dargebracht mit der Hand des Dichters an seinem Ort, dem Haus in Paris.

Die Liebe „schreibt sich dir zu", dies heißt ganz im Wortsinn beides: Dir zugeschrieben, d.h. Dir zugehörig, und: Sie schreibt, sie inspiriert, sie verleiht Worte, ermöglicht das „Durchatmen" im Schaffen neuer Werke, das „Durchglänzen" in ihrem Erscheinen. Hieraus nun wird auch verständlich, weshalb Celan die beiden ursprünglich unabhängig voneinander entworfenen Teile des Gedichtes zusammengeführt hat: ihr Aufeinander-bezogen-Sein und damit auch das Verstehen der Gültigkeit der im Auf-Reisen-Gedicht zuerst formulierten persönlichen Prophetie. Das Gedicht selbst, und nicht allein die „Zwölf Jahre", sondern die ganze „Niemandsrose" sind Zeugnis für das Wahrbleiben und immer noch weitergehende Wahrwerden der Zeile vom „Haus in Paris, Opferstatt meiner Hände". Diese beiden Dinge sind für den Dichter von konstitutiver Bedeutung für sein Schreiben, das über Verleumdung und zeitweiliges Verstummen hinausgeführt wird: das Bewusstsein, ein (durch Liebe – insbesondere zur in Gedichten verschiedentlich angerufenen Mutter – begründetes) Opfer zu leisten, als Überlebender für die Ermordeten, und einen Ort gefunden zu haben, an dem dieses Opfer möglich ist: Paris.

„Auf Reisen" ist noch in Wien entstanden, in einer Stunde, die auf Paris als Schreibort vorausweist, die zeigt, dass das vom Dichter zu Leistende nicht *irgendwo* geschehen kann, sondern dass die Schreibstätte als Rahmen des so verstandenen Opfers ein Ort sein muss, an dem Bleiben möglich und ein Ertragen von Krisen in immer weitergeführten Werken lebbar ist. Paris war 1948 der erwünschte, der erhoffte Schreibort und ist es 1960 noch immer, trotz der bedrohlichen Gegenwart nicht nur im Rückblick, sondern ganz präsentisch im gegenwärtigen Entstehen, das sich dem Dichter „zuschreibt".

LA CONTRESCARPE

LA CONTRESCARPE

Brich dir die Atemmünze heraus
aus der Luft um dich und den Baum:

so
viel
wird gefordert von dem,
den die Hoffnung herauf- und herabkarrt
den Herzbuckelweg – so
viel

an der Kehre,
wo er dem Brotpfeil begegnet,
der den Wein seiner Nacht trank, den Wein
der Elends-, der Königs-
vigilie.

Kamen die Hände nicht mit, die wachten,
kam nicht das tief
in ihr Kelchaug gebettete Glück?
Kam nicht, bewimpert,
das menschlich tönende Märzrohr, das Licht gab,
damals, weithin?

Scherte die Brieftaube aus, war ihr Ring
zu entziffern? (All das
Gewölk um sie her – es war lesbar.) Litt es
der Schwarm? Und verstand,
und flog wie sie fortblieb?

Dachschiefer Helling, – auf Tauben-
kiel gelegt ist, was schwimmt. Durch die Schotten
blutet die Botschaft, Verjährtes
geht jung über Bord:
    Über Krakau
    bist du gekommen, am Anhalter
    Bahnhof
    floß deinen Blicken ein Rauch zu,

der war schon von morgen. Unter
Paulownien
sahst du die Messer stehen, wieder,
scharf von Entfernung. Es wurde
getanzt. (Quatorze
juillets. Et plus de neuf autres.)
Überzwerch, Affenvers, Schrägmaul
mimten Gelebtes. Der Herr
trat, in ein Spruchband gehüllt,
zu der Schar. Er knipste
sich ein
Souvenirchen. Der Selbst-
auslöser, das warst
du.

O diese Ver-
freundung. Doch wieder,
da, wo du hinmußt, der eine,
genaue
Kristall.[204]

Das vorliegende La Contrescarpe-Gedicht trägt einen bekannten Ort innerhalb von Paris bereits im Titel.[205] Dies ist insgesamt nur bei zwei Gedichten Celans der Fall; das zweite „24, rue Tournefort" stammt aus dem Nachlass des Dichters und wird im vorliegenden Band ebenfalls besprochen. Am Entstehungsort der ersten Entwürfe[206] vergegenwärtigt Celan hier in besonderer Weise seine Lebens- und Schreibwirklichkeit, in der die Place de la Contrescarpe eine wichtige Rolle spielt. Dies ist anhand zahlreicher Zeugnisse belegt. So beschreibt Jean Daive in seinem Erinnerungsbuch „Unter der Kuppel" Spaziergänge, die er in dem letzten Lebensjahr Celans gemeinsam mit dem Dichter unternommen hat und die immer wieder jenen Platz und die dort wachsenden Paulownien-Bäume zum Ziel hatten.[207]

---

[204] GW I, S. 282f.
[205] In Gedicht-Endfassungen ist dies nur selten der Fall; vgl. hierzu das Gedicht „24 Rue Tournefort" und seine Deutung im vorliegenden Band.
[206] Nyon am Genfer See, vgl. TCA, Niemandsrose, S. 128. Celan hielt sich Ende September bis Ende Oktober 1962 in Genf auf, wo er einen Zeitvertrag als Übersetzer hatte, vgl. KG, S. 710.
[207] Jean Daive: Unter der Kuppel, Basel/Weil am Rhein 2009.

Die Place de la Contrescarpe in Paris

Einige Zitate aus Daives Buch mögen die Bedeutung des Platzes verdeutlichen und geben zugleich wichtige Fingerzeige für die folgende Deutung des Gedichtes: „Die Place de la Contrescarpe mit ihren Paulownien ähnelt einem kleinen Dorf, und ihm [Paul] gefällt der Gedanke, dieser Hügel biete Schutz."[208] „Die Contrescarpe ist der Ort, der den jungen Dichter aufnimmt; (,Ich begrüße die Paulownien'). Paris, das heißt die Contrescarpe."[209] „Place de la Contrescarpe. Unser Dorf."[210] Celan wählt also den Namen dieses Platzes als Titel für sein achtstrophiges Gedicht, im Niemandsrose-Band eines der längeren.[211] Da es das Schreiben von Gedichten und die Bedingungen dieses Schreibens zum Gegenstand hat, also eine poetologische Reflexion bietet, ist im folgenden auch darauf zu achten, inwiefern diese Nennung eines solchen Raumes des Schutzes[212] und der Vertrautheit für die Entstehung der Werke Celans von Bedeutung ist.

Die erste Strophe besteht aus zwei Versen, die eine imperativische Aufforderung bzw. Selbstanrede bieten und mit einem Doppelpunkt auf

---

[208] Daive, a.a.O., S. 33.
[209] A.a.O., S. 42.
[210] A.a.O., S. 121. Vgl. auch H. Böttiger, Orte, a.a.O., S. 16. Celans „Stammcafé" auf der Place de la Contrescarpe war „La Chope", das heute unter diesem Namen nicht mehr existiert.
[211] Auch andere Gedichte Celans haben französische Redewendungen oder Begriffe als Titel, vgl. etwa „Le Menhir", „Les Globes" oder „A la pointe acérée".
[212] Siehe auch die Wortbedeutung von „Contrescarpe" für den Außenwall einer Festung (vgl. TCA, Niemandsrose, S. 128).

das in den beiden folgenden Strophen näher Ausgeführte verweisen. Erst am Ende der dritten Strophe endet der hier begonnene Satz. „Brich dir die Atemmünze heraus / aus der Luft um dich und den Baum:" Das Verb „herausbrechen" benennt einen gewaltsam ausgeführten Akt, etwas Erzwungenes; der Imperativ beschreibt eine Verpflichtung. Herausgebrochen, angeeignet werden also sowohl die „Atemmünze" als auch „der Baum". Atem und Baum gehören zu einem Motivkreis, der die Grundlagen des Leben-Könnens zum Gegenstand hat.[213] Mit der Münze wird bezahlt, das zu Zahlende soll „herausgebrochen", also gleichsam mit großer Dringlichkeit beschafft werden. Das Atmen, das, was einem am Leben hält, ist nicht einfach umsonst gegeben, es bedarf der Rechtfertigung.

Folgen wir an dieser Stelle einem durch das Gedicht laufenden roten Faden und wählen bei dem Bild der Münze einen poetologischen Zugang, so könnte hier an das Werk, an das Gedicht gedacht werden. Die Gedichte sind die Währung für die Existenz des Dichters, die Atemmünze ist das den Umständen abgerungene Gedicht, dem sich der Schreibende unterwirft, dem er dient. Aber die erste Strophe nennt neben der Atemmünze auch „den Baum", einen bestimmten, der ebenfalls „aus der Luft um dich" herausgebrochen wird. Hier hilft wieder ein Blick in das Erinnerungsbuch von Jean Daive zum besseren Verständnis. Die Spaziergänge, die Daive mit Celan unternommen hat, führten immer wieder zu bestimmten Bäumen in Paris, insbesondere zu den Paulownien der Contrescarpe, in denen der Vorname des Dichters enthalten ist. Der Titel „Unter der Kuppel", d.h. unter den dem Kuppeldach eines Baumes, spielt bereits auf dieses Phänomen an.[214] „Ertrag" der Spaziergänge sind die gesehenen Bäume und die Gedichte, die Celan zuhause, mitunter auch während der Spaziergänge selbst, in ersten Entwürfen notiert.[215] Dass Bäume und Gedichte aus der „Luft" entnommen werden, ist in doppelter Weise zu verstehen. Zum einen ist die wahrgenommene Umgebung gemeint, zum anderen aber, als „Luft", etwas zunächst nicht Sichtbares und gleichwohl Gegenwärtiges. Sowohl der Baum als „Paulownien" als auch die Luft als „Rauch" und „Gewölk" werden in späteren Strophen des Gedichtes wiederkehren. Zu bemerken ist weiterhin, dass sich der Blick, der Luft und Baum beschreibt, nach oben richtet. Diese Blickrichtung wird später erneut

---

[213] Vgl. hierzu auch das Gedicht „Es ist alles anders", GW I, S. 284: „Die Silbermünze auf deiner Zunge schmilzt, / sie schmeckt nach morgen …".
[214] J. Daive, a.a.O. Im französischen Originaltitel des Bandes lautet „Sous la coupole", phonetisch, in französischer Aussprache [coup-Paul], also den Vornamen des Dichters enthaltend.
[215] Siehe die oft sehr genaue Datierung vieler später Gedichte unter Hinzunahme des Entstehungsortes, die in der synoptischen Darstellung der Entwürfe in der Tübinger Ausgabe unter den Gedichten dokumentiert sind. Die Schweiz als Entstehungsort der ersten Entwürfe des Contrescarpe-Gedichtes darf von dem ständigen Paris-Bezug nicht ablenken.

deutlich: in der fünften und sechsten Strophe, in denen ein fliegender Taubenschwarm und Dächer genannt werden.

Die „Atemmünze" und der „Baum": Sie rechtfertigen bzw. ermöglichen das Weiterleben. In den folgenden beiden Strophen wird nun die Situation dessen, dem die Aufforderung zum Herausbrechen galt, genauer beschrieben. Auffällig ist der nun einsetzende häufige Zeilenumbruch: „... so / viel / wird gefordert von dem, / den die Hoffnung herauf- und herabkarrt ..." Das Modaladverb „so" leitet über zur Begründung der in der ersten Strophe gegebenen Aufforderung. Gleichzeitig wird der Sprachfluss gleichsam verlangsamt, die Worte gehen durch ein Nadelöhr. „so" – „viel", jedes Wort einzeln gesetzt, jedes ein Vers, jedes für sich betrachtet und am Ende der Strophe noch einmal wiederholt.

Der, an den sich die genannte Forderung richtet, bewegt sich nicht selbst, sondern er wird, passivisch, von der „Hoffnung" „herauf- und herabgekarrt."[216] Die Hoffnung ist es, die ihn am Leben hält, die für das Herausbrechen weiterer „Atemmünzen" sorgt. Die Hoffnung richtet sich auf das in der vierten Strophe genannte, in das „Kelchaug" der Hände „gebettete Glück".

Diese Reflexion über das „Am-Leben-Haltende" wird nun genauer lokalisiert: Den „Herzbuckelweg" wird die „Hoffnung herauf- und herabgekarrt". Zwischen dem Herauf und Herab gibt es eine „Kehre", wo „er", dem der Zuspruch der ersten Strophe gilt, den „Wein seiner Nacht trank, den Wein / der Elends-, der Königs- / vigilie."[217] Mit dem Wort „Vigilie" endet die dritte Strophe, durch einen vorausgehenden, zwei Wortkonstruktionen unterbrechenden Zeilenumbruch wird sie hervorgehoben. Die „Vigilien" bezeichnen im monastischen Bereich die „Nachtwachen."[218] Celan spricht hier also von einem, der in der Nacht wacht und unterwegs ist, der an einer „Kehre", d.h. an dem Zielpunkt seines nächtlichen Umherstreifens Wein trank und „Brotpfeile" isst[219], also französische Stangenbrote bzw. Baguettes, die in den Bäckereien in länglichen Körben aufgehoben werden, die an Pfeilköcher gemahnen.[220] Er spricht von der

---

[216] J. Daive hat als Äußerung Celans überliefert: „Die Poesie läuft nicht, und die Poesie läuft weder mit den Händen noch auf den Händen." Vgl. a.a.O., S. 151.

[217] TCA, Niemandsrose, a.a.O.

[218] Zusätzlich zu den gewöhnlichen Horen erheben sich die Mönche in tiefer Nacht von ihren Schlafstätten, um zum Psalmengebet zusammenzukommen. Je nach Jahreszeit beginnen die Vigilien um ein oder zwei Uhr nachts. Sie können zwei Stunden dauern.

[219] In Wein getränktes Brot, wie es in einer Frühfassung des Gedichtes heißt, vgl. TCA, Niemandsrose, S. 128.

[220] Auch heute noch hat man, wenn man, die Rue Mouffetard hinaufkommend, an der Place de la Contrescarpe ankommt, genau dieses Bild vor Augen: zur Linken eine Boulangerie mit einem „Köcher voller Pfeile", dem hohen, schmalen Brotkorb mit den Baguettes. Im Briefwechsel mit Franz Wurm spricht Celan von „kontrescar-

„Elends-, der Königs- / vigilie", auf die er, wie die hier eingeführte Präteritum-Form anzeigt, zurückblickt. Das „Elend" greift die Klage des „so / viel / wird gefordert von dem" der zweiten Strophe auf. Die Bezeichnung „Königsvigilie" zeigt, worauf sich die zuvor genannte Hoffnung richtet: das Nachtwachen war nicht umsonst, auch wenn es Qual war, mitunter ist etwas gelungen, das diese Vigilie zur „Königsvigilie" machte. Die Hoffnung karrt, wie die zweite Strophe beschreibt, den Nachtwachenden „den Herzbuckelweg" herauf und herab. „Herzbuckel" ist ein Fachausdruck aus der Medizin[221], lässt sich hier aber auch als Bildwort gut in den Zusammenhang einfügen;[222] Herz: als Ausdruck der „Herzensangelegenheit", der unbedingten Notwendigkeit des Ringens um die Dichtung und das geschriebene Wort, „Buckel" als Zeichen des „Gekrümmt- und Beladen-Seins", des schweren Loses, das der ertragen muss, der die genannten Forderungen zu erfüllen hat.[223]

Mit der „Königsvigilie" wird das nächtliche Schreiben thematisiert. Denn es „kamen die Hände" mit, die schon im Gedicht „Auf Reisen"[224] Ausdruck des Schreibens sind. Auch sie wachten, wie es in der vierten Strophe heißt. Beschworen wird nun das „tief / in ihr Kelchaug gebettete Glück?" Eine Hand, die einen Stift zum Schreiben umgreift, formt mit Daumen und Zeigefinger ein Auge. Die übrigen Finger sind an den Zeigefinger gedrückt, die Handinnenfläche ist gekrümmt. Betrachtet der Schreibende seine eigene Hand, den Handrücken nach unten gedreht, so bildet der Handteller die Form eines Kelches, an der Seite durch das „Aug" der beiden den Stift haltenden Finger geöffnet. Das „Glück", von

---

pisch mahlzeitend", PC/FW, S. 147. Die Place de la Contrescarpe hatte ihren festen Platz im Pariser Lebensalltag des Dichters.

[221] Nach dem Eintrag in Roche, Lexikon der Medizin, 5. Aufl., Jena 2003, die „Vorwölbung (Vossure) der vorderen Brustkorbwand durch einen infolge von Herzhypertrophie wandverdickten Herzabschnitt ...".

[222] Dass der „Herzbuckelweg" einfach ein hügeliger Weg in Nyon, dem Ort der Niederschrift des ersten Gedicht-Entwurfes sein könnte, wie Jean-Marie Winkler in seinem Kommentar schreibt, ist wegen des deutlichen Paris-Bezugs sehr unwahrscheinlich; vgl. Jean-Marie Winkler: La Contrescarpe, in: Jürgen Lehmann (Hg.), Kommentar zu Paul Celans „Die Niemandsrose", a.a.O., S. 331. Der „Weg des Ungenügens" der Dichtung, den Marcel Krings aus der medizinischen Beschreibung des pathologischen „Herzbuckels" ableitet, ist äußerst spekulativ und passt nicht zu der in der vierten Strophe beschriebenen Glückserfahrung des Schreibens. Vgl. Marcel Krings, Arche Noah auf dem Blutmeer. Paul Celans Paris-Gedicht La Contrescarpe, in: Marcel Krings/Roman Luckscheiter (Hg.): Deutsch-französische Literaturbeziehungen. Stationen und Aspekte dichterischer Nachbarschaft vom Mittelalter bis zur Gegenwart, Würzburg 2007, S. 213–238, hier: S. 219.

[223] Rein topographisch betrachtet ist auch die Place de la Contrescarpe, zu der die Rue Moufftard hinaufführt, „buckelig", also beinahe auf dem Scheitelpunkt einer Anhöhe gelegen.

[224] GW I, S. 45. Siehe die Auslegung im vorliegenden Band.

dem hier gesprochen wird, meint also das gelingende Schreiben. Der Kelch ist das Gefäß für eine Kostbarkeit: und dies ist im vorliegenden Kontext die dichterische Inspiration.

„Kam nicht, bewimpert, / das menschlich tönende Märzrohr, das Licht gab, / damals, weithin?" Die zweite Hälfte der vierten Strophe führt mit dem Adjektiv „bewimpert" das Bild des Auges weiter. Das Märzrohr ist vermutlich mit der zur Gattung der Binsen- und Rohrgewächse gehörenden *luzula campestris* zu identifizieren, die als Frühblüher bereits im März ihre Blüten trägt.[225] Der Name „luzula" leitet sich laut Wörterbuch der Pflanzennamen von „lucciola", der italienischen Bezeichnung für Glühwürmchen ab.[226] Das „Licht-Geben" im vorletzten Vers der Strophe bezieht sich aber nicht nur auf diese Wortherleitung, sondern greift das in Aufzählung stehende, in das „Kelchaug gebettete Glück" der ersten Strophenhälfte auf.

Weshalb aber wird an dieser Stelle jenes „Märzrohr"-Gewächs genannt? Bereits in frühen Gedichten kommt Celan bei der Thematisierung von Reisen und Abschied auf Gräser und Stengel zu sprechen, so etwa in „Les Adieux."[227] Die häufige Nennung von Pflanzennamen, die Anspielungen auf die botanische Welt sind bei Celan Ausdruck glücklichen Wirklichkeitserlebens.[228] Im vorliegenden Fall scheint es eine Rückerinnerung an einen Wendepunkt zu sein. Das zweifache „kam nicht ...?" soll verdeutlichen, dass es in der Vergangenheit diese jetzt gesuchte Hilfe bereits einmal gab. „Menschlich tönend" ist das Märzrohr insofern, als es Zugang findet zur Sprache des Gedichtes, dass es als zur Erfahrungswirklichkeit des Dichters, die in den Worten des Gedichtes Ausdruck findet, hinzugehört.

Die ersten beiden Strophen des Gedichtes verwenden die Präsensform, in der dritten wechselt die Darstellung plötzlich ins Präteritum, und die vierte Strophe wiederholt in gewisser Weise den Selbstzuspruch der ersten („Brich Dir die Atemmünze heraus ..."), aber in einer Rückwendung zu früher Erlebtem. Jenes, das in der zweiten Strophe als schwere Last beschrieben wird („so / viel / wird gefordert ..."), hat früher Momente des Glücks, des Erhellens hervorgerufen. Naheliegend ist, hier

---

[225] Vgl. Marcel Krings, a.a.O., S. 224f. Die Blätter dieser Pflanzenart tragen am Rand lange, einzelne Haare, was das Adjektiv „bewimpert" erklärt.
[226] Heinrich Marzell (Hg.): Wörterbuch der deutschen Pflanzennamen, Bd. 2. Köln 2000, Sp. 1426. Zitiert bei Krings, a.a.O., S. 225.
[227] FW, S. 33.
[228] Vgl. etwa die Abbildungen von Celans Handexemplar des „Kleinen Blumenbuchs" der Inselbücherei, das im Katalog „Fremde Nähe, Celan als Übersetzer" des Deutschen Literaturarchivs faksimiliert ist. In: Axel Gellhaus (u.a. Hg.): „Fremde Nähe". Celan als Übersetzer. Eine Ausstellung des Deutschen Literaturarchivs, Marbach 1997, S. 44ff.

die Bewertung des Schreibens zum Ausdruck gebracht zu sehen. Das Glück lag immer im Schreiben.

Die Reflexion des Dichters legt nun gleichsam von der Gegenwart ab und steuert in die Vergangenheit zurück, um sich die Bedingungen dieses Schreibens zu vergegenwärtigen. Dieses besteht nicht aus sich selbst heraus und gibt sich selbst seinen Zweck („Überzwerch, Affenvers, Schrägmaul" heißt es in der vorletzten Strophe), sondern es fungiert als Botschaft mit unbedingter Notwendigkeit. Vergangenheit wird hierbei doppelt betrachtet: einerseits als die Vergangenheit, in der das Schreiben glücklich gelungen ist und auf die der Dichter sich in Phasen der Entmutigung selbst verweisen kann, andererseits auf eine noch weiter zurückliegende Vergangenheit, die vielleicht unbeschwerter war, die aber noch nicht das enthielt, was konstitutiv wurde für die heute im Gedicht zurückblickende, über sich selbst reflektierende Person.

„Scherte die Brieftaube aus / war ihr Ring zu entziffern?", fragt die nächste Strophe. Der Taubenschwarm, durch „lesbares Gewölk" fliegend, tut es der Brieftaube nicht gleich und schert nicht aus. Das dunkle Gewölk rechtfertigt ihr Ausscheren, und einer Rechtfertigung bedarf es, denn gefragt wird, ob die übrigen litten und verstanden, was die eine getan hat. Es ist der Überlebende, der hier spricht, das lesbare Gewölk, wie der in der nächsten Strophe folgende und vom übrigen Gedicht auch satztechnisch hervorgehobene Erinnerungseinschub deutlich macht, meint eine schwere Bedrohung, die Shoa. Der Ring der Brieftaube zeigt ihre Herkunft an und trägt gleichzeitig die zu überbringende Botschaft. Wissen die, von denen sie ausgeschert ist, von ihrem Überleben und Auftrag?[229] Die Brieftaube, also der Dichter mit seiner Botschaft, fühlt sich vor jenem „Schwarm", dem er angehörte, verantwortlich. Er hat nicht den Weg derer genommen, denen er zugehört, er ist ausgeschert.

Bei der Verhaftung seiner Eltern war Celan 1942 nicht zugegen. Vergeblich hatte er versucht, sie dazu zu bewegen, ihm in das Versteck vor den Deportationen zu folgen, das Fabrikgebäude eines befreundeten rumänischen Unternehmers.[230] In einem Brief an seine Freundin Ruth Lackner schreibt er im selben Jahr: „... meine Mutter tut mir so leid, sie war so krank in letzter Zeit, sie denkt sicherlich fortwährend, wie es mir

---

[229] J.-M. Winkler deutet den „Schwarm" nicht als Zugehörigkeit zum verfolgten Judentum, sondern als schlechtes Gewissen gegenüber zurückgelassenen rumänischen Freunden (Winkler, a.a.O., S. 335). Das erste Gedicht der Niemandsrose „Es war Erde in ihnen" (GW I, S. 211) zeigt den „Ring" als Zeichen der Zugehörigkeit zum ermordeten jüdischen Volk. Es ist als wenig naheliegend, für das in der gleichen Sammlung stehende Contrescarpe-Gedicht als biographischen Hintergrund den Abschied aus Rumänien anzunehmen.

[230] W. Emmerich, a.a.O., S. 43f.

geht, und so ohne Abschied bin ich weg, wahrscheinlich für immer."[231] Das Erlebte teilt die Vergangenheit in ein Vorher und ein Nachher, die Art des Geschriebenen und die Bedeutung des Schreibens haben ihren Charakter völlig verändert.

Celan kleidet die Erinnerungsreise in ein surreales Bild: „Dachschiefer Helling, auf Tauben- / kiel gelegt ist, was schwimmt. Durch die Schotten / blutet die Botschaft." Der schon eben angesprochene Blick nach oben wird beibehalten: auf Dächer gerichtet; als „Taubenkiel" lässt sich die Dachkuppe verstehen, Helling ist eine geneigte Holzbahn für den Stapellauf von Schiffen.[232] Das Bild, das Celan in dieser sechsten Strophe gibt, beschreibt also ein Schiff, das auf den Kopf gedreht wurde. Dächer können als nach oben gedrehte Schiffskörper erscheinen, Schotten sind die diesen unterteilenden Kammern.[233] Die Botschaft, die es enthält, „blutet", d.h. sie entstammt einer offenen Wunde.

Dass auf einem Pariser „Schiff" eine Reise in die Vergangenheit unternommen wird, finden wir bereits in dem frühen Mohn und Gedächtnis-Gedicht „Auf hoher See."[234] Dort nimmt „Paris, das Schifflein" „Kurs auf den fernen Schleier, / der uns die Welt verhüllt."[235] Bevor Celan in der letzten Strophe des Gedichtes die Reflexion in bemerkenswerter konzentrierter Engführung auf den Punkt bringt und wieder an den Anfang anknüpft, schreibt er in der auch optisch vom übrigen Text abgehoben siebenten Strophe in Form einer Erinnerung, was bei seiner „Fahrt" in die Vergangenheit „über Bord" geht. Es ist „Verjährtes", das erstere im Sinne des genannten „Vorher" und „Nachher", eine Erinnerung, die sich auf den ersten Paris-Aufenthalt des jungen Celan bezieht, als Zwischenaufenthalt auf dem Weg zu seinem Auslandsstudienjahr in Tours in den Jahren 1938/1939.[236]

„Über Krakau / bist du gekommen, am Anhalter / Bahnhof floß deinen Blicken ein Rauch zu, / der war schon von morgen." Die erste Parisfahrt des Dichters, sein Weg von Czernowitz nach Paris, führte Celan über Krakau und Berlin; die Angaben des Gedichtes scheinen strikt autobiographisch. Celan trat die Reise am 9. November 1938 an, seine Ankunft in Berlin fiel auf den danach folgenden Tag.[237] Der den Blicken zufließende Rauch ist die Spur der am Tag zuvor angezündeten Synagogen. In Deutschland ist offene Gewalt gegen die Juden ausgebrochen. Der Rauch, der „schon von morgen" war, lässt zugleich an die Schornsteine

---

[231] A.a.O., S. 44.
[232] Vgl. KG, S. 710.
[233] A.a.O.
[234] Vgl. die Erklärung von „Auf hoher See" im vorliegenden Band.
[235] GW I, S. 54.
[236] Vgl. hierzu: I. Chalfen, a.a.O., S. 78ff.
[237] I. Chalfen, a.a.O., S. 80.

der Krematorien denken, und tatsächlich deutete sich die in den Genozid führende Radikalisierungsphase der NS-Herrschaft bereits hier an.

Im nächsten Satz: „Unter / Paulownien ..." ist dann schon Paris Ort der Erinnerung. Der Anblick des Baumes, den die erste Strophe des Contrescarpe-Gedichts nennt, scheint diese Erinnerung ausgelöst zu haben. Die nun folgenden Bilder machen deutlich, weshalb es sich um „Verjährtes" handelt, das über Bord geht. Die Messer, d.h. die sich abzeichnende Bedrohung, waren auch unter den Pariser Paulownien wahrzunehmen, aber sie waren „scharf" nur „von Entfernung", zunächst spitzte sich die lebensbedrohliche Lage für die Juden anderswo zu. 1939 machte Celan sein Abschlussexamen des ersten Studienjahres, sein Frankreichaufenthalt neigte sich dem Ende zu.[238] Zum Abschluss des Nationalfeiertags, des 14. Juli, des letzten unter Friedensbedingungen gefeierten, wird getanzt, der Herr gesellt sich zu den Feiernden, ein „Souvenirchen" wird geknipst. „Der Selbst- / auslöser, das warst / du." Das „Selbst" ist durch den worttrennenden Zeilenumbruch besonders hervorgehoben. Der Selbstauslöser einer Kamera ist eben niemand, es ist ein zuvor eingestellter mechanischer Vorgang. Die Selbstanrede im Zusammenhang dieser deutlich autobiographisch geprägten Erinnerung sagt: Mit jener Person des „Vorher" hast Du heute nichts mehr zu tun, Du warst der Selbstauslöser, d.h. eigentlich nicht vorhanden. Diese Distanzierung bezieht das Gedicht auch auf das Schreiben. „Überzwerch, Affenvers, Schrägmaul / mimten Gelebtes."[239] Das bis dahin Gelebte ist nur gemimt, nicht wirklich gelebt, mithin ohne Bedeutung. Es ist verdreht („Überzwerch"), nicht ernstzunehmen („Affenvers") und grimassiert („Schrägmaul"). Das Datum dieser Erinnerung aber wird von Celan in den Plural gesetzt, es sind „quatorze juillets", sie feiern die Befreiung von einem Joch, den Sturm auf die Bastille. „Et plus de neuf autres": neun weitere vierzehnte Julis beschreiben exakt die Zeitspanne zwischen dem ersten Pariser Aufenthalt und der endgültigen Übersiedlung in die französische Hauptstadt, die Zeitspanne zwischen 1939 und 1948, die Zeit, in der sich die Erfahrung zugetragen hat, von der eine Brieftaube kündet, weil jene, die sie erlitten haben, nicht mehr sprechen können. Es ist die Erfahrung, die „durch Schotten blutet", das Ereignis, das zu bezeugen Hoffnung und Ethos des Dichters ist. 1962 wurde das Gedicht geschrieben; es sind vierzehn Nationalfeiertage seit der Ankunft des Dichters in Paris vergangen, und davor neun weitere, die in

---

[238] A.a.O., S. 85.
[239] Zum Begriff „überzwerch" heisst es bei Johann Christoph Adelung: Grammtischkritisches Wörterbuch der hochdeutschen Mundart, Bd. 4., Leipzig 1801, S. 787: „Überzwerch, besser über zwerch, (...) ein nebenwort nach derjenigen Richtung, welches die Länge nach einem schiefen Winkel durchschneidet. Die Wege gehen überzwerch, durcheinander, gehen über Kreuz."

die Zeit dieser frühen Erinnerung zurückreichen. Befremdend und weit entfernt ist die jetzige Gestalt von damals.

Die letzte Strophe aber beginnt mit den Worten: „O diese Ver- / freundung." Fremd war das über Bord Gegangene. Es entsprach dem Dichter nicht mehr, war Affenvers, nicht zu bewahren. Die hier genannte „Verfreundung" greift die zuvor genannte Hoffnung, das Glück des Schreibenden auf, dem sein Werk gelingt, der die Botschaft der Taube an ihr Ziel bringt. „Doch wieder, / da, wo du hinmußt, der eine / genaue Kristall." Der Name „Kristall" erinnert an das vom Weiterleben handelnde Gedicht dieses Namens aus „Mohn und Gedächtnis", welches eines der ersten ist, das der Dichter nach seiner Übersiedlung nach Paris 1948 geschrieben hat.[240] Der „genaue Kristall" zeigt an, wie das Geschehene in der Sprache des Dichters gebrochen wird, wie er Worte findet für etwas, dessen Ausdruck in gewöhnlicher Sprache verzerrend und nicht angemessen wäre. Der „genaue Kristall" hebt sich damit auch von der in der Strophe zuvor genannten Begriffsgruppe „Überzwerch, Affenvers, Schrägmaul" ab. Der Kristall ist das Gedicht, das dem Kelchaug der schreibenden Hand entsprungene, es ist die entrichtete Atemmünze, die das Atmen, das Weiterleben rechtfertigt, vor denen, die im Schwarm unter schwerem Gewölk geblieben und nicht wie die Brieftaube ausgeschert sind. Verfreundung betrifft damit die eigene Existenz in Paris, unter dem vertrauten „Schutz" der Contrescarpe. Es ist eine Existenz, die bereit ist, Mühen auf sich zu nehmen; ein Leben, das auch Leiden bedeutet, wenn es darum geht, sich der Erwartung zu stellen, und zugleich der Hoffnung, an diesem Anspruch nicht zu scheitern, sondern ihn realisieren zu können. Dass die dafür notwendigen Nachtwachen zu „Königsvigilien" werden können, dass das Schaffen ein in die schreibende Hand gebettetes Glück darstellen kann, sagt sich der Dichter selber. Das Glück aber ist ein anderes als jenes, das der junge Mann sich vor Jahren als Souvenir geschossen hat, angesichts der stehenden Messer, mit einer Unbeschwertheit, die eigentlich schon keinen Anlass mehr hatte.

Diesem dienenden Schreiben ist aber auch der Ort notwendig, Weg und Ziel des nächtlichen Unterwegsseins, so wie die vertraute Place de la Contrescarpe selber, die „Kehre" seiner Gänge, die er in seinem imaginierten Schiff in die Vergangenheit verlassen kann und die ihn wieder aufnimmt.

Paris ist in diesem Gedicht wie selbstverständlich präsent. Auch bei der Niederschrift des ersten Gedichtentwurfes in der Schweiz hat Celan sein Leben in dieser Stadt vor Augen, und wenn er sich den Bedingungen seines Schreibens stellt und sie reflektiert, so wird der Ort desselben

---

[240] KG, S. 711.

bestimmend vorausgesetzt. Dieser Ort ist Paris, sein „Dorf", das den Dichter aufgenommen und dessen Namen – „Paris, das heißt die Contrescarpe"[241] – diesem Gedicht seinen Namen gegeben hat.

---

[241] J. Daive, a.a.O., S. 42.

Wir werden

Wir werden
leben: du,
mein Sohn, und du,
Geliebte, du
seine Mutter, und mit euch
ich – in diesem
eurem
gastlichen Land:
in Frankreich. Mit
seinen Menschen, mit
allen Menschen.

Es klettert die Bohne, die
weiße und die
hellrote – doch
denk auch an die
Arbeiterfahne in Wien –
vor unserem Haus
in Moisville.

In den zwei handschriftlichen Listen für ein mögliches Inhaltsverzeichnis des 1963 erschienenen Gedichtbandes „Die Niemandsrose" findet sich nirgends das im Juli 1962 entstandene Gedicht „Wir werden / leben ...".[242] Von Anfang an hatte Celan dieses Gedicht für eine Publikation im Band „Die Niemandsrose" nicht in Erwägung gezogen.[243] „Diesbezüglich ist es aufschlußreich, die in einem Band gesammelten Gedichte aus dem Nachlaß zu lesen: Celan hatte sie aus den zu seinen Lebzeiten erschienenen Sammlungen zurückgezogen, weil er sich bewußt wurde, daß sie einen Zug gemeinsam haben: Sie sind oft zu direkt biographisch, und Celan verzichtet auf die Versuchung, selbst unvermittelt zu sagen – ... –, was sich nur sagen kann in der Vermittlung, die das Zerbrechen bewirkt."[244]

---

[242] NG, S. 83.
[243] Celan hat eine Reihe der in der Zeit der „Niemandsrose" entstandenen Gedichte zunächst für eine Publikation vorgesehen, dann aber aus dem endgültigen Inhaltsverzeichnis für die Veröffentlichung wieder gestrichen. Dazu zählt auch das sehr persönliche Gedicht „Wolfsbohne". Vgl. NG, S. 45.
[244] Hadrien France-Lanord: Paul Celan und Martin Heidegger. Vom Sinn eines Gesprächs, Freiburg/Berlin/Wien 2007, S. 35.

Beim ersten Lesen stellt sich bei diesem Gedicht gegenüber der Mehrzahl der anderen Gedichte Celans ein formaler und inhaltlicher Gesamteindruck ein. Es scheint sich als ein sehr persönliches Gedicht sofort zu erschließen: Wir als Familie werden leben in Frankreich, in unserem Haus in Moisville. Celan schätzt Frankreich als ein gastliches Land. Zeichen des häuslichen Lebens ist die Bohne, die ihn gleichzeitig mit ihrer rot-weißen Blüte an Wien erinnert.

Formal gliedert sich das Gedicht in zwei Strophen von elf und sieben Zeilen. Jede Strophe bildet einen Satz. Genau in der Mitte der ersten Strophe setzt Celan einen Gedankenstrich, und die Strophe endet in einem Parallelismus mit einer Klimax: „Mit seinen Menschen / mit allen Menschen." Die zweite Strophe, ebenfalls nur ein Satz, ist von der Mitte der dritten bis zum Ende der fünften Zeile durch eine Parenthese unterbrochen.

Das dreifache „du" in der ersten Strophe, die Anrede seines Sohnes und seiner Frau, evoziert spontan einen ganz persönlichen, einen fast intimen und gegenüber den meisten anderen Gedichten daher ungewöhnlichen Grundzug. Dabei zeigt sich eine feine Unterscheidung in der Anrede des „du" in Verbindung mit dem „und". Während er nach „mein Sohn" ein Komma und ein „und" setzt, fehlt nach dem „du" in der vierten Zeile, wo er von der Mutter und der Geliebten spricht, das „und" und das Komma. Asyndetisch betont er dadurch die Einheit der Geliebten und der Mutter. Die ersten beiden Zeilen mit dem Futur „Wir werden / leben ..." bilden die Kernaussage der ersten Strophe, die durch die Ergänzungen Sohn, Geliebte und Mutter präzisiert wird. Nach dem Doppelpunkt in der achten Zeile wird zunächst Frankreich als gastliches Land genannt, das nach dem Punkt hinter Frankreich universalisiert wird: „Mit seinen Menschen, mit / allen Menschen".

Zunächst wird in dem allein gestellten „Wir werden / leben ..." der ersten Zeile eine gemeinsame Zukunft beschworen, denn die Gegenwart erlebte Celan 1962 als dunkel. Sie war umdüstert von der sogenannten Goll-Affäre.[245]

Celan wird auch die offene Mitteilung seines langjährigen Freundes Klaus Demus in einem Brief vom 17.6.1962 belastet und herausgefordert haben, die zum langjährigen Abbruch des Briefkontaktes führte: „Paul, ich habe den entsetzlichen ganz gewissen Verdacht, dass du an Paranoia erkrankt bist."[246]

---

[245] Vgl. die sehr detaillierte Aufarbeitung dieser Affäre in GA und weitere Hinweise im vorliegenden Band, S. 11, 190f.

[246] Paul Celan – Klaus und Nani Demus: Briefwechsel. Mit einer Auswahl aus dem Briefwechsel zwischen Gisèle Celan-Lestrange und Klaus und Nani Demus. Hg v. Joachim Seng, Frankfurt 2009, S. 435. (= PC/KND) K. Demus spricht von einer „Ungeheuerlichkeit", dies Celan zu sagen, versteht aber gleichzeitig seine Worte als

Vor diesem 1962 so verdüsterten Lebenshintergrund ist die erste Zeile „Wir werden / leben ..." zu verstehen, die aus der Gegenwart in die Zukunft hinein verweist und einem hoffenden Ausruf gleicht. Das dreifache „du", mit dem einmal sein Sohn Eric und zweimal seine Frau Gisèle angesprochen werden, ruft diese enge familiäre Lebensgemeinschaft an, zu der Celan als Vater und Ehemann dazugehört: „mit euch / ich."[247] Der Gedankenstrich nach dem in einem Enjambement in die nächste Zeile gesetzten „ich" und „eurem" in der folgenden Zeile gibt den weiteren Ergänzungen ein besonderes Gewicht. Trotz der Einbürgerung Celans 1955 als französischer Staatsbürger spricht er von Frankreich von „eurem", nicht von unserem Land, wobei er „euer" antithetisch direkt unter das „ich" in der vorausgehenden Zeile setzt. Dieses „euer" allein in einer Zeile markiert so eine bleibende Distanz und Fremdheit in und zu Frankreich. Er fühlt sich trotz der familiären Nähe seiner Frau und seines Sohnes im gastlichen Frankreich einsam. Er bleibt „der Fremde, ungebeten, woher / der Gast".[248] Eine noch verstörendere Fremdheit als in Frankreich erlebte Celan in Deutschland, dem Land der Mörder seiner Eltern, das trotzdem das Land seiner Muttersprache und die Sprache seiner Gedichte war und blieb.[249]

Dieses „Exil im Westen" konnte Celan nur in Frankreich, besonders in Paris, ertragen, denn hier fand er u.a. die nötige Distanz zu Deutschland mit seinem Literaturbetrieb, auf den er paradoxerweise trotzdem angewiesen blieb. Die persönliche familiäre Lebensgemeinschaft, seine französische Frau und sein Sohn, seine Beherrschung des Französischen, seine Arbeit in Frankreich machen dieses Land trotz der unaufhebbaren Distanz zu Frankreich für Celan zu einem „gastlichen Land". Wenn man bedenkt, dass er sich im Zeitraum der Entstehung der Gedichte der „Niemandsrose" intensiv mit der Übersetzung französischer Dichter wie z.B.

---

eine „integre, unbedingter Freundschaft auferlegte Wahrheits- und Hilfepflicht", S. 435.

[247] Trotz der familiären Brüche und der Trennung Celans von seiner Frau 1967 hält sich in ihrer Beziehung eine ungebrochene Liebe durch. So schreibt er am 29.9.1962: „Ich liebe Sie, ma Chérie, ich werde Sie / mein ganzes Leben lang lieben." In: PC/GCL, Brief 142, S. 120. Und noch in einem der letzten Briefe Celans heißt es: „Verlaß nicht unser (einsames) Niveau: es wird dich nähren. / Ich habe keine Frau geliebt, wie ich Dich geliebt habe, wie ich Dich liebe. / Es ist die Liebe – eine äußerst umstrittene Sache –, die mir diese Zeilen diktiert." (PC/GCL, Brief 668, S. 568,)

[248] GW I, S. 188.

[249] „Die menschliche Landschaft in diesem unglücklichen Land (das sich seines Unglücks nicht bewusst ist) ist höchst beklagenswert. Die seltenen Freunde, die wahren sind enttäuscht, resigniert, entmutigt." (PC/GCL, Brief 52, S. 63.) Vgl. auch den bedenkenswerten Satz vom 7.4.62: „Deutsch: eine Sprache, die ich nicht vergesse. Eine Sprache, die mich vergisst." In: PN, S. 40.

Apollinaire, Baudelaire beschäftigt hat und er am häufigsten französische Dichter übersetzt hat, dann kann auch darin eine Gastlichkeit in Frankreich erkannt werden. In der aphoristischen Prosa aus dem Nachlass findet sich ein bekenntnishafter Satz auf Französisch: „Banalement. / J'aurai beaucoup aimé la France, moi. Avec tout mon amour."[250] Die Distanz zu Frankreich begründet, allerdings nicht nur sie allein, eine bleibende Einsamkeit, andererseits bieten die angesprochenen Distanzierungsmöglichkeiten und die Anonymität in Paris paradoxerweise gerade eine Gastlichkeit, in der Celan leben und arbeiten kann. Die anaphorische Klimax „in Frankreich. Mit / seinen Menschen, mit / allen Menschen" nennt zunächst Menschen, die wie seine Frau und sein Sohn von Geburt zu diesem Land gehören, und dann Menschen, denen Frankreich Offenheit und Gastlichkeit entgegenbringt, denn seit der französischen Revolution nahm Frankreich immer wieder bei politischen Unruhen Exilanten auf. Nach der Anrufung der Lebensgemeinschaft mit Frau und Sohn in den ersten Zeilen überschreitet das Gedicht die rein persönliche Ebene auf den konkreten Einbezug aller Menschen hin. Der familiäre, bürgerliche Erlebnishintergrund wird in einer poetischen Transformation auf einen universalen Horizont („allen Menschen") hin erweitert, vor dem allein große Dichtung bestehen kann.

Die zweite Strophe beginnt wieder persönlich mit einem Hinweis auf eine wachsende Bohne vor dem Haus in Moisville.[251] Das Gedicht „Dein Hinübersein" spricht in der zweiten Strophe von der kletternden Bohne: „Es klettert die Bohne vor / unserem Fenster: denk / wer neben ihr aufwächst und / ihr zusieht."[252] In der ganz konkreten Blüte der Bohne in den Farben „weiß" und „hellrot" vor dem Haus in Moisville wird gleichzeitig Österreich mit der Hauptstadt Wien – erste Bleibe Celans im Westen von Ende November 1947 bis Juli 1948 – in der unmittelbar folgenden Parenthese mitgesetzt. Celan erinnert hier mit dem Appell an seinen Sohn und möglicherweise an den Leser, der (roten) Arbeiterfahne in Wien zu gedenken, an den österreichischen Bürgerkrieg (12.-15.2.1934), der anlässlich einer Durchsuchung nach Waffen im Parteigebäude des österreichischen sozialdemokratischen Schutzbundes ausbrach. Der Linzer

---

[250] A.a.O., S. 36.
[251] 1962 hatte die Familie ein Haus in Moisville (Normandie) erworben, in dem sie öfters ihre Ferien verbrachte, d.h. der Bezug zu dem im April 1962 bezogenen Haus war bei der Entstehung des Gedichtes im Juli 1962 ganz neu.
[252] GW I, S. 218. B. Wiedemann weist darauf hin, dass Celan auf der Fensterbank in seiner Wohnung in Paris Bohnen säte, „um mit seinem Sohn das Pflanzenwachstum zu beobachten". In: KG, S. 675.
Möglich, dass Celan auch auf die Publikation des Gedichtes „Wolfsbohne" verzichtete, weil es zu persönlich schien und zu unmittelbar eigene Erfahrungen preisgab.

Schutzbundkommandant empfing die Polizei mit Waffen.[253] Dabei repräsentiert die rote Arbeiterfahne trotz der Erfolglosigkeit des Wiener Aufstandes die Idee der sozialen Gerechtigkeit und der Solidarität – Ideen, denen Celan seit seiner Jugend nahestand. Besonders im Gedicht „Schibboleth" ist nach Aussagen Celans an seine Frau „die Erinnerung an den Arbeiteraufstand in Wien und den des revolutionären Madrid hineingeschrieben"[254]. In dem Beitrag „Die Wahrheit" erwähnt Celan ein „Wiener Liedl", das er in Czernowitz gelernt hat und in dem es hieß „die Solidarität, die Solidarität"[255]. Diese Hinweise auf den Wiener Aufstand sollen belegen, wie bei Celan durch seinen Aufenthalt 1948 und durch seine Kontakte das politische Wien, der Arbeiteraufstand und der Gedanke der Solidarität stets präsent bleiben. Es entsteht kein Bruch zwischen privatem Familienleben, dem Aufgehobensein in der Gemeinschaft mit seiner Frau und seinem Sohn und dem gleichzeitigen Empfinden der Solidarität mit allen Menschen („mit / allen Menschen") und mit dem Arbeiteraufstand in Wien („doch / denk auch"). Vielleicht kann man sogar einen Zusammenhang zwischen Privatem und Öffentlichem sehen. Weil er in einer lebendigen Gemeinschaft und in einem „gastlichen Land" lebt, kann er solidarisch sein.

In der Erwähnung seiner Familie im Haus in Moisville, in der konkreten Blüte der Bohne vor dem Haus und in der Arbeiterfahne kann eine zeitli-

---

[253] Nun proklamierte die Wiener Parteiführung für ganz Österreich den Generalstreik und rief den Schutzbund zur Bewaffnung auf. Gekämpft wurde vor allem in Wien, Linz, Graz und in der Obersteiermark, aber die austrofaschistische Diktatur schlug den punktuellen Aufstand mit Polizei, Bundesheer und Heimwehr (Gegenbund zum Schutzbund) in zwei Tagen nieder. Die roten Fahnen des Aufstandes trugen die Parolen „Durch Kampf zum Sieg."
Das Motiv der Fahne wird in dem Nachlassgedicht „Die Fahnen" betont, in: KG, S. 538.
[254] KG, S. 637. Hier findet sich auch der wichtige Hinweis, dass das Gedicht „Schibboleth" ursprünglich M. Guttenbrenner gewidmet werden sollte, der am Wiener Aufstand beteiligt war, illegal der Sozialdemokratischen Partei angehörte und nach dem „Anschluss" Österreichs zum Tode verurteilt, dann jedoch an die „Front" geschickt wurde.
[255] In: PN, S. 216. Im Kommentar zu dieser Stelle wird ein Brief Celans an den Wiener Freund Milo Dor zu diesem Wiener Lied zitiert. Er schreibt: „Ein Lied davon, ein Wiener Lied (Kommt heraus aus eurem Loche ... Vorwärts, und nicht vergessen, worin unsre Stärke besteht / Vorwärts, und nicht vergessen, worin unsre Stärke besteht / Vorwärts, und nicht vergessen/ DIE SOLIDARITÄT) hab ich noch als Acht- oder Neunjähriger gelernt, hinter den Bergen, wo's, einem deutschen Sprichwort zum Trotz, denn doch keine Menschen, sondern allenfalls ... na ja, geben darf ..." Weiter heißt es im Kommentar: „In Wien wurde das Lied Anfang 1932 in einem Stadion mit 60000 Zuschauern von 7000 Sängern vorgetragen." Beide Zitate in: PN, S. 942f.

che Verschränkung der Gegenwart familiärer Erfahrung mit der Vergangenheit öffentlicher Geschichte gesehen werden, die gleichzeitig einen Zukunftsaspekt eröffnen. („Wir werden / leben ...") Der private Ort des Anwesens in Moisville, die unmittelbare Erfahrung familiärer Geborgenheit erinnern an seinen aktuellen Wohnort in Frankreich, wo er trotz der Einbürgerung fremd bleibt, und an den Aufstand in Wien. Im Erinnerungsraum von privater und kollektiver Geschichte ereignet sich eine Kompression der Zeitdimensionen: „Frankreich", „Wien", Vergangenheit, „Es klettert die Bohne", Gegenwart; „Wir werden / leben," Zukunft.

Die zweite Strophe wiederholt strukturell die erste Strophe, denn beide Strophen gehen zunächst von einer ganz persönlichen Erfahrung aus, die in der ersten Strophe durch einen Gedankenstrich und in der zweiten Strophe durch eine Parenthese von einem allgemeinen historisch-politischen, das Private übersteigenden Horizont getrennt wird. In der Verschränkung von privater und kollektiver Geschichte im gleichzeitigen Ineinander von Gegenwart, Vergangenheit und Zukunft konstituiert sich dieses Gedicht als Gedicht.

UND MIT DEM BUCH AUS TARUSSA

UND MIT DEM BUCH AUS TARUSSA

Vse poety Zidy
Marina Zwetajewa

Vom
Sternbild des Hundes, vom Hellstern darin und der Zwerg-
leuchte, die mitwebt
an erdwärts gespiegelten Wegen,

von
Pilgerstäben, auch dort, von Südlichem, fremd
und nachtfasernah
wie unbestattete Worte,
streunend
im Bannkreis erreichter
Ziele und Stelen und Wiegen.

Von
Wahr- und Voraus- und Vorüber-zu-dir-,
von
Hinaufgesagtem,
das dort bereitliegt, einem
der eigenen Herzsteine gleich, die man ausspie
mitsamt ihrem un-
verwüstlichen Uhrwerk, hinaus
in Unland und Unzeit. Von solchem
Ticken und Ticken inmitten
der Kies-Kuben mit
der auf Hyänenspur rückwärts,
aufwärts verfolgbaren
Ahnen-
reihe Derer-
vom-Namen-und-Seiner-
Rundschlucht.

Von
einem Baum, von einem.

Ja, auch von ihm. Und vom Wald um ihn her. Vom Wald
Unbetreten, vom
Gedanken, dem er entwuchs, als Laut
und Halblaut und Ablaut und Auslaut, skythisch
zusammengereimt
im Takt
der Verschlagenen-Schläfe,
mit geatmeten Steppen-
halmen geschrieben ins Herz
der Stundenzäsur – in das Reich,
in der Reiche
weitestes, in
den Großbinnenreim
jenseits
der Stummvölker-Zone, in dich
Sprachwaage, Wortwaage, Heimat-
waage Exil;

Von diesem Baum, diesem Wald.

Von der Brücken-
quader, von der
er ins Leben hinüber-
prallte, flügge
von Wunden, – vom
Pont Mirabeau.
Wo die Oka nicht mitfließt. Et quels
amours! (Kyrillisches, Freunde, auch das
ritt ich über die Seine,
ritts über den Rhein.)

Von einem Brief, von ihm.
Vom Ein-Brief, vom Ost-Brief. Vom harten,
winzigen Worthaufen, vom
unbewaffneten Auge, das er
den drei
Gürtelsternen Orions – Jakobs-
stab, du,
abermals kommst du gegangen! –
zuführt auf der
Himmelskarte, die sich ihm aufschlug.

Vom Tisch, wo das geschah.

Von einem Wort, aus dem Haufen,
an dem er, der Tisch,
zur Ruderbank wurde, vom Oka-Fluß her
und den Wassern.

Vom Nebenwort, das
ein Ruderknecht nachknirscht, ins Spätsommerohr
seiner hell-
hörigen Dolle:

Kolchis.

Das Gedicht „Und mit dem Buch aus Tarussa", das vorletzte des Niemandsrose-Bandes[256], gehört zu den umfangreichsten Gedichten, die Celan verfasst hat. Es ist von einem besonderen Themenreichtum und keinesfalls nur auf die Stadt Paris als Schreib- und Lebensort des Dichters bezogen.[257] Der im folgenden gegebene Kommentar geht daher im Besonderen auf die Paris-Passagen des „Und mit dem Buch aus Tarussa"-Gedichtes ein; die übrigen Verse, und hier insbesondere der Gedicht-Beginn, werden herangezogen, soweit sich das Verständnis einzelner Stellen nur aus dem Gesamtkontext des Gedichtes ergibt.

Der Parisbezug ergibt sich zunächst schon durch die Nennung des Pont Mirabeau, der einerseits an das berühmte Apollinaire-Gedicht erinnert[258], andererseits der Ort ist, an dem sich der Dichter in der Nacht vom 19. auf den 20. April 1970 das Leben genommen hat.[259] Paris ist nicht nur

---

[256] GW I, S. 287ff.
[257] Der Titel „Buch aus Tarussa" findet zuerst Erwähnung in Celans Briefwechsel mit seinem Jugendfreund Erich Einhorn. Dieser hatte ihm den Almanach „Tarusskie stranicy" geschickt, den Celan als das „Buch aus Tarussa" bezeichnete und das 41 Gedichte der Dichterin Marina Zwetajewa enthielt. Vgl. Paul Celan – Erich Einhorn: „Einhorn, du weißt um die Steine ...". Briefwechsel, hrsg. und kommentiert von Marina Dmitrieva-Einhorn, Berlin 2001, S. 9 u. 20. (= PC/EE) Tarussa war außerdem der Ort, in dem Marina Zwetajewa beerdigt werden wollte und aus dem ihre Mutter stammte; vgl. KG, S. 714. Tarussa war auch der Wohnort der Mandelstam-Witwe Nadeschda Mandelstam, der Ilja Ehrenburg Celans Übertragungen der Gedichte ihres Mannes übergeben hatte; PC/EE, a.a.O., S. 5; vgl. Anm. 7.
[258] Paul Celan hat dieses Apollinaire-Gedicht nicht übersetzt; die Übertragung im „Museum der modernen Poesie", hg. von H.M. Enzensberger, Frankfurt a.M. 1960, stammt von Enzensberger selber. Übertragen hat Celan allerdings „Les Colchiques" (GW IV, S. 792f.), vgl. hierzu den letzten Vers des „Buch aus Tarussa"-Gedichtes.
[259] Siehe PC/GCL.-frz., S. 596. Bertrand Badiou, der die Lebenschronik Paul Celans und seiner Frau erstellt hat, nimmt bei dem Bericht über Celans Todesumstände

der Ort der Entstehung seines eigenen dichterischen Werkes, wie in „Zwölf Jahre", das ebenfalls Aufnahme in die „Niemandsrose" fand, reflektiert wird.[260] Es bietet als „Heimatwaage", wie es in der vierten Strophe heißt, die Möglichkeit der Lektüre und Übersetzung aus dem Kyrillischen. „Waage" spielt hier wohl auf Übersetzungen an: Die Entsprechung von Worten in der anderen Sprache oder verschiedene Möglichkeiten der Übertragung werden *erwogen*. Die Waage senkt sich dann, wenn es gelingt, zu einer Seite hin. Und es ist eine „Heimatwaage", da in der Fremde oder im Exil ein Text übersetzt wird, der aus der Heimat stammt. Der Freund aus der Heimat, Erich Einhorn, hat Celan das Buch aus Tarussa geschickt, auf das der Titel anspielt. Bis 1962 sind aus dieser Beschäftigung ein Jessenin, ein Mandelstam und ein Block-Band hervorgegangen.[261]

Nehmen wir zunächst aber das ganze Gedicht in den Blick. Celan hat es mit „Moisville-Paris, 20.9.62" datiert.[262] Es besteht aus neun reimlosen Strophen unterschiedlicher Länge. Alle Strophen mit Ausnahme der letzten, die nur aus einem Wort: „Kolchis" besteht und damit gleichsam einen resümierenden Charakter bekommt, beginnen mit dem Wort „von" bzw. „vom". Als Motto ist dem Gedicht, in kyrillischer Typographie, ein Vers der russischen Dichterin Marina Zwetajewa vorangestellt: „alle Dichter sind Juden"[263]. Die kyrillische Schrifttype des Zitates, der Jean Bollack für sich genommen schon eine besondere Bedeutung gibt[264], nimmt zunächst Bezug auf das „Buch aus Tarussa" selbst als einer russischen Anthologie. Darüberhinaus wird im Gedicht „Kyrillisches" explizit thematisiert, weswegen es nicht naheliegend gewesen wäre, ein kyrillisches Motto aus dem Russischen ins Deutsche zu übersetzen.[265] Der Vers für sich genommen bedeutet natürlich kein Bekenntnis Celans zu einem religiösen Judentum,

---

Bezug auf die Pont Mirabeau-Passage des „Buch aus Tarussa"-Gedichtes. Wir werden unten auf die Stelle seines Suizids noch genauer eingehen.

[260] GW I, S. 220. Vgl. den Kommentar im vorliegenden Band.
[261] Alexander Block: Die Zwölf, Deutsch von Paul Celan, Frankfurt a.M. 1958; Ossip Mandelstamm (der Name nur bei Celan mit zwei „m"): Gedichte, Deutsch von Paul Celan, Frankfurt a.M. 1959; Sergej Jessenin: Gedichte, ausgewählt und übertragen von Paul Celan, Frankfurt a.M. 1961; weitere Bände mit Übertragungen aus dem Russischen gab Celan nicht mehr heraus. Die folgenden Übersetzungen waren aus dem Französischen (Du Bouchet, Supervielle, Michaux) und aus dem Italienischen (Ungaretti).
[262] In Moisville hatte die Familie Celan 1962 ein Landhaus erworben; vgl. KG, S. 700 und die Auslegung des Gedichtes „Wir werden ..." im vorliegenden Band.
[263] J. Bollack glaubt, das Zitat aus Zwetajewas „Poem ohne Ende" auf ein Vorausahnen des Schicksals Mandelstams hin deuten zu können. Das Gedicht ist 1924 entstanden, Mandelstam wurde Ende der dreißiger Jahre ermordet; vgl. Bollack, Poetik der Fremdheit, a.a.O., S. 200.
[264] Vgl. a.a.O., S. 199f.
[265] Die französische Übersetzung des Gedichtes übersetzt das Motto mit, vgl. J. Bollack, a.a.O.

von dem er sich, nicht zuletzt im ebenfalls in die „Niemandsrose" aufgenommenen Gedicht „Zürich – Zum Storchen", distanziert.[266] Wenn er diese Worte zitiert, „alle Dichter sind Juden", deutet Celan damit ein Charakteristikum des Jüdischen als Merkmal des Dichters schlechthin: die Heimatlosigkeit nämlich, das Leben in einer Diaspora, die unsichere Existenz, das Herumirren-Müssen, nicht zuletzt in der Ahasver-Legende von etlichen Dichtern thematisiert.[267] Das reicht noch nicht aus, um Dichtung zu schaffen, denn der Umkehrschluss würde natürlich nicht gelten, aber es ist eine Grunderfahrung, die in der Fremdheit zahlloser Dichter unterschiedlicher Epochen deutlich wird und die Paul Celan in seinem eigenen Leben als gegenwärtig erfährt. „Und mit dem Buch aus Tarussa" spricht davon.

Hauptthema des Gedichtes ist neben dem Erinnern an die verlorene Heimat die Erfahrung von Entwurzelung und Exil als Schicksal des Dichters[268] sowie der Prozess des Schreibens und Übersetzens unter diesen Bedingungen. Das Thema wird anhand wiederkehrender Motive in den einzelnen Strophen aufgegriffen und reflektiert; zu diesen Motiven und Motivkomplexen gehören: Sterne und Gestirne, Pilgerschaft, die Entfernung in der Spanne von Ost nach West, die Zugehörigkeit zu verschiedenen Kulturen. Wie von Celan selbst wird auch im Gedicht ein geographisch langer Weg zurückgelegt, von „Tarussa" an der Oka über „erdwärts gespiegelte Wege" ins Exil, über den Rhein und schließlich in die französische Metropole Paris. Nimmt man das abschließende „Kolchis" hinzu, führt die Reise von hier schließlich wieder weit in den Osten zurück, bis ans Schwarze Meer.

Paris wird nun in dem hier genauer zu behandelnden Abschnitt in dreifacher Weise thematisiert: als Ort des Exils, als Ort der Übersetzung und als Ort der Vermittlung von Versen aus der Heimat, und schließlich als Ort der Erinnerung, der Poesie und des Leidens, letzteres einerseits unter Bezugnahme auf das berühmte Gedicht von Guillaume Apollinaire,

---

[266] GW I, S. 214f.; das Gedicht ist Nelly Sachs gewidmet, die sich in dieser Zeit intensiv mit der Kabbala beschäftigt hat und in deren Gedichten zahlreiche religiöse Bezüge zu finden sind (vgl. den von Aris Fioretos verfassten Katalog „Flucht und Verwandlung", Berlin 2010). Die „Rede" war von „deinem Gott", schreibt Celan hier distanzierend, „ich sprach gegen ihn", und er meint damit den Gott des jüdischen Glaubens.

[267] Vgl. hierzu auch das „Ahasver"-Gedicht des jüdischen Dichters Rudolf Borchardt, posthum in seinem „Jamben"-Zyklus aus den 30er Jahren publiziert. Rudolf Borchardt: Werke in Einzelbänden. Gedichte II. Übertragungen II., Stuttgart 1985, S. 34ff.

[268] Das oben genannte, einem Zwetajewa-Gedicht entnommene Motto reflektiert eben das Schicksal der Dichter und nicht das der Juden. Die Entwurzelung der Juden als Volk in der Diaspora wird als stereotyp vorausgesetzt, die Situation der Dichter in schwieriger Zeit damit bezeichnet.

andererseits mit der Bezeichnung des Pont Mirabeau als Ort des Absprungs, jenes Ortes, an dem Celan sich später tatsächlich das Leben genommen hat. Der Pont Mirabeau liegt in unmittelbarer Nähe von Celans letzter Pariser Wohnung 6, avenue Emile Zola.

Beginnen wir zunächst mit dem Thema des Exils und der Entwurzelung. Celans poetische Reflexion nimmt ihren Ausgangspunkt bei Ossip Mandelstam, dessen Andenken der Niemandsrose-Band gewidmet ist.[269] Die Auseinandersetzung mit ihm zieht sich als roter Faden durch das ganze Buch. Der Sirius, der in der ersten Strophe beschrieben wird, ist der am hellsten leuchtende Stern am Nachthimmel, ein „Hellstern", von einer „Zwergleuchte" begleitet. Das „Kyrillische", von dem später im Gedicht die Rede ist, lässt im Gesamtkontext der „Niemandsrose" an Mandelstam denken, weswegen die Bezeichnung „Hellstern" auf ihn angewandt sein könnte, die „Zwergleuchte" als Verneigung des ihn „erdwärts spiegelnden" Übersetzers. Der „Stern" und insgesamt der „Himmel" als Motive sind in dem von Celan übertragenen Mandelstam-Gedichtband präsent, etwa in dem Gedicht „Nachts, vorm Haus"[270], der „Griffelode"[271] oder in „Der Sterne Einerlei".[272] Die „unbestatteten Worte" in der zweiten Strophe lassen ebenfalls an Mandelstam denken, von dem Celan schreibt, sein Gedicht sei „das aus seinem Untergang wieder zutage tretende Gedicht eines Untergegangenen".[273] Mandelstam, dessen dichterisches Schaffen gewaltsam unterdrückt und der selbst mehrmals verhaftet, deportiert und schließlich in einem Lager Stalins ermordet wurde, bekommt zunächst in Übersetzungen in andere Sprachen seine Stimme als Dichter zurück. In Russland ist sein Werk verboten.[274] Der Titel des Gedichtes lautete ursprünglich „Septemberbericht, in die Ferne", dann „Mit dem Buch aus Tarussa", dem schließlich noch ein „Und" beigefügt wurde.[275]

Mit Mandelstam *und* mit dem Buch aus Tarussa, das ihm die im Osten gleichsam verschollene Dichtung in russischer Sprache und kyrilli-

---

[269] Vgl. TCA, Niemandsrose, S. 4f. Ursprünglich war als Motto für den Niemandsrose-Band ein Zitat aus dem von Celan übersetzten Mandelstam-Gedicht „Der erste Januar 1924" als Motto vorangestellt.

[270] Ossip Mandelstamm: Gedichte, aus dem Russischen übertragen von Paul Celan. Frankfurt a.M. 1959, S. 48.

[271] A.a.O., S. 56.

[272] A.a.O., S. 18.

[273] A.a.O. in der zweiseitigen „Notiz" des Übersetzers, S. 65f.

[274] Celan schreibt in seiner „Notiz" über Mandelstam: „Der in diesem Buch dem deutschsprachigen Leser vorgelegten Auswahl (...) soll zunächst die Chance gegeben sein, die unter vielen die erste der Dichtung bleibt: die des bloßen Vorhandenseins.", a.a.O., S. 66. Celan erwägt in seinen Ausführungen an gleicher Stelle übrigens auch die Möglichkeit einer Ermordung Mandelstams durch die Deutschen während der Shoa.

[275] Vgl. TCA, Niemandsrose, S. 139.

scher Schrift durch das Geschenk seines Freundes Erich Einhorns wieder nahebringt[276], tritt er seinen Weg an. Im Gedicht schafft Celan sich einen Raum zur Reflexion über die Voraussetzungen seines Schreibens, zu der die Begegnung von Ost und West[277] in seinem eigenen Lebensvollzug und seinem Werk als Übersetzer gehört.

Die wieder mit „von" einsetzende vierte Strophe nennt noch ein weiteres identitätsstiftendes Element, nämlich „einen Baum". Dieser könnte zunächst auf die Abstammung verweisen, die ihn mit der östlichen Landschaft verbindet und von dem er abgeschnitten ist, seine Eltern, die ihm durch den Genozid geraubt wurden. Die Rede vom den Baum umgebenden Wald ordnet das Einzelschicksal, das mit der eigenen Abkunft verbunden ist, dem der Millionen ermordeter Juden zu. „Von / einem Baum, von einem. / Ja, auch von ihm." Diese über drei Verse hinlaufende Betonung eines bestimmten Baumes hat sicher eine besondere Bedeutung. Ist der mit dem „Kyrillischen" gegebene Hinweis auf den Osten noch recht allgemein, so wird es mit dem „einen Baum", mit „ihm" präzisiert. Denken wir an das ebenfalls im Niemandsrose-Band gedruckte „La Contrescarpe"-Gedicht, in der die „Atemmünze" (…) aus dem „Baum" gebrochen wird, in dem später von Paulownien die Rede ist, die den Dichter an die Bukowina erinnern. Neben der Abstammung wird hier also auch der Begriff der Heimat einbezogen, zumal „Baum" mit der sonst im Gedicht thematisierten Entwurzelung deutlich kontrastiert.

Über diese Einzelaspekte der ersten vier Strophen kommen wir nun zu jenem Bereich des Gedichtes, der den Exil- und Schreibort Paris in besonderer Weise vergegenwärtigt, und nehmen zunächst das Ende der vierten Strophe in den Blick. Von dem genannten „Wald" geht es „in das Reich, / in der Reiche / weitestes, in / den Großbinnenreim / jenseits / der Stummvölker-Zone, in dich / Sprachwaage, Wortwaage, Heimat- / waage Exil."[278] Dass mit „Reich" kein geografisches Land, etwa Frankreich gemeint sein kann, ergibt sich aus dem Kontext, insbesondere aus den letzten beiden Versen der Strophe, die den Bezug zur Sprache herstellen, die der eigentliche Ort des Exilierten, seine Heimat ist. Die „Stummvölker-Zone" beschreibt zunächst all jene, die keine Stimme haben und deshalb „stumm", die „untergegangen" sind.[279] Das „Jenseits" dieser Zone,

---

[276] Vgl. Anm. 2.
[277] Der Weg von Osten ging nicht einfach nach Westen, sondern, wie es in der zweiten Strophe heißt, auch nach Süden, also nicht nach Deutschland, sondern nach Frankreich. Das „über den Rhein" aus der sechsten Strophe lässt außerdem an Heines „Deutschland, ein Wintermärchen" denken.
[278] In früheren Fassungen des Gedichtes stand anstelle der Wortschöpfungen mit „…waage": „Sprachwiege, Wortwiege, Heimat- / wiege Exil". Vgl. TCA, Niemandsrose, S. 141.
[279] Vgl. Mandelstam, a.a.O., S. 65.

also die ihr abgekehrte Seite, ist das Exil, das ihr gegenüberliegt. Beide Seiten oder „Zonen" beggenen einander im Gedicht. Zwischen der Nennung der Dimension des Exils in der vierten und der Zuwendung zu Paris in der sechsten Strophe steht, in Abweichung von frühen Stufen des Gedichtes[280], als eigene die aus einem einzelnen Vers bestehende und zuvor Genanntes wieder aufgreifende Strophe: „Von diesem Baum, diesem Wald." Zuvor war mit unbestimmten Artikel von „einem Baum" und dem „Wald um ihm her" die Rede, aus dem allgemeinen, von vielen geteilten Schicksal wird das Besondere: einer ist gemeint, ein bestimmter, der hier im Gedicht zu Wort kommt.

Die beiden „Quader" des Pont Mirabeau in Paris.

Die große Eigentümlichkeit der sechsten Strophe ist das scheinbare Vorausahnen des eigenen Todes am Pont Mirabeau: „Von der Brücken- / quader, von der / er ins Leben hinüber- / prallte, flügge / von Wunden, – vom / Pont Mirabeau." Über die Frage, ob Celan, der in den 60er Jahren immer wieder hospitalisiert wurde und mehrere Selbstmordversuche unternahm, bereits vor 1970 den Pont Mirabeau als möglichen Ort für einen Suizid imaginiert hat, darf nicht spekuliert werden. Im vorliegenden Gedicht evoziert die Nennung zunächst den Titel der berühmten Apollinaire-Verse, eines der bekanntesten Liebesgedichte der französischen Literatur. Der durch Zeilenumbruch getrennte französische Ausruf „Et quels / amours!" lässt ebenfalls an Apollinaire denken: „L'amour s'en va comme cette eau courante / l'amour s'en va / comme la vie est lente / et comme

---

[280] Vgl. TCA, Niemandsrose, S. 140.

l'Espérance est violente".[281] Der Fluss ist hier Bild des Ephemeren, das die Flüchtigkeit der Liebe thematisiert. Der im Gedicht beschriebene „Sprung", das „Hinüberprallen", beschreibt allerdings nicht die Richtung des davonfließenden Flusses, sondern die von einer Seite zur anderen, ein „Hinüber". Diese Beobachtung muss der Deutung der vorliegenden Stelle ihre Richtung geben. Wichtig ist es zudem, auf den Aspekt der Bewegung zu verweisen, der sowohl im „Reiten", im „Prallen" als auch im Fluss selber deutlich wird.

Die Brücke steht auf zwei wuchtigen Quadern[282], von denen ausgehend sie in langem Bogen die Seine überspannt. Neben der Seine werden zwei weitere Flüsse genannt, der Rhein und die Oka. Die Oka, an der der Ort Tarussa liegt, „fließt nicht mit", sie ist in der Ferne zurückgelassen. Die anderen Flüsse werden „überritten", überquert, und zwar von der Richtung „ins Leben hinüber", gewaltsam („geprallt") und versehrt, da „flügge von Wunden". Die beiden Quader stehen also bildhaft für die Herkunft, wo die Existenz nicht mehr möglich war, das „Flügge-Sein" nicht natürlich, sondern erzwungen erfolgte, durch die zugefügten Wunden des Krieges und der Verfolgung, und für das Exil, das ein rettendes Leben darstellt. Dadurch, dass das Reiten transitiv gebraucht wird, rettet er etwas („s" in „ritts") ans andere Ufer: die kyrillischen Gedichte durch das Übersetzen und damit, insbesondere bezogen auf Mandelstam, die Rettung der Stimmen derer, die verloren sind. Das Thema „Überquerung eines Flusses" wird nicht nur durch das „Über-den-Fluss-Reiten" und das „Hinüberprallen", sondern auch in der dritt- und vorletzten Strophe vergegenwärtigt, in dem vom Ruderknecht, von der Ruderbank und Worten aus der Schiffssprache die Rede ist.

Bemerkenswert ist das Paradoxon „flügge von Wunden". „Flügge" ist der Vogel dann, wenn er aus eigener Kraft das Nest verlassen und fliegen kann, ohne sich in Gefahr zu begeben. Ein verletzter Vogel würde das „Flügge-Sein" nicht überleben. Der Dichter aber wurde durch die Verletzungen der Vergangenheit, nicht in den Tod gestürzt, sondern ins Leben. Es ist ein gewaltsamer Vorgang, der beschrieben wird, ein Sturz in das Dichterleben, in das Schreiben, an einem allem Heimatlichen gewaltsam entrissenen Ort.

Das letzte Wort „Kolchis", wieder als eigene Strophe gesetzt, knüpft an die Argonautensage an. Kolchis ist eine antike Landschaft zwischen dem Kaukasus und dem schwarzen Meer und entspricht geographisch dem heutigen Georgien. Es ist der Wohnort Medeas und das Ziel Jasons, der im Auftrag seines Onkels Pelias, dem Herrscher von Iolkos in Thessa-

---

[281] Zitiert nach: Hans Magnus Enzensberger (Hg.): Museum der modernen Poesie, Frankfurt a.M. 1960, S. 205.
[282] Weshalb Celan den Brückenquader in allen Fassungen des Gedichtes in die feminine Form setzt, bleibt rätselhaft. Vgl. TCA, a.a.O., S. 140f.

lien das goldene Vlies des Widders Chrysomallos aus dem Hain des Ares in Kolchis rauben soll. Kolchis, ein wunderbarer, mythologischer Ort, geographisch aber nicht sehr weit von Celans Heimat, der Bukowina, entfernt. Ein Bezug besteht aber auch zu dem von Celan übersetzten Apollinaire-Gedicht „Les colchiques".[283] Die in die Wasser und Schiffsmetaphorik eingewobenen Sprachworte „Nebenwort", „Worthaufen", „Wortwaage" etc. deuten die poetologische Dimension dieses Langgedichtes an. Das Bild der Brücke bündelt die verschiedenen Themen des Gedichtes: Heimat-Fremde, Herkunft-Entwurzelung, Übersetzen von einer Sprache in die andere, von Nicht-Gesagtem zu Geschriebenem und schließlich auch vom Schreiben und Gelesen-Werden.

Das Gedicht reflektiert also den schwierigen Heimatbegriff desjenigen, der ins Exil getrieben wurde, der nur aus der Ferne von seiner Herkunft, dem Stamm, d.h. „diesem Baum" und „diesem Wald", der seine Identität konstituiert, sprechen kann. Die Spanne von geographischem und kulturellem Ausgangspunkt, also der untergegangenen jüdischen Kultur Osteuropas, nach Westen und hierbei Deutschland als Beheimatung der Sprache des Dichters und Frankreich als Lebens- und Schreibort findet über das Übersetzen, das in die „Sprach- und Wortwaage"-Legen, eine Überbrückung. Die Bedeutung der Sprache als Exil ist mithin doppelt: Die deutsche Muttersprache ist zugleich die Sprache der Mörder an den europäischen Juden; sie ist dem Dichter damit fremder geworden, und die deutsche Sprache lässt umgekehrt den eigentlichen Ort des Exils, Paris, noch unzugänglicher erscheinen. Anderen Sprachen wendet Celan sich in seinen Übertragungen zu, im Kyrillischen an erster Stelle Mandelstam.[284] Das „Buch aus Tarussa", ein Geschenk von Erich Einhorn, Jugendfreund aus der untergegangenen jüdischen Welt der Bukowina, setzt die existentiell-poetologische Überlegung in Gang, die im vorliegenden Gedicht ihren Ausdruck gefunden hat und die sich im Bild des Pont Mirabeau auf bemerkenswerte Weise verdichtet.

---

[283] Die Verbindung zwischen dem Ortsnamen und der französischen Bezeichnung der Herbstzeitlosen hat Celan selbst in einem Brief gezogen; vgl. KG, S. 595f. und das Gedicht „Erinnerung an Frankreich" und die Deutung des Bildes der „Herbstzeitlosen" im entsprechenden Kapitel des vorliegenden Buches.

[284] Marina Zwetajewa zu übersetzen, hält Celan nach einer Briefäußerung aus dem Jahr 1959 für sehr „schwer", vgl. Felstiner, a.a.O., S. 257. Zwetajewa-Übersetzungen Celans sind gegenwärtig, da die Publikation von Übersetzungen aus dem Nachlass noch aussteht, nicht bekannt.

Das Projekt einer „Pariser Elegie"
und das Fragment „Découvrez-vous, mon ami"

Neben den verschiedenen Einzelgedichten aus allen Perioden seines dichterischen Schaffens, die sich durch inhaltliche Bezüge der Stadt Paris zuordnen lassen, hat Celan als größeres, während zweier Jahre verfolgtes Projekt eine Sammlung Gedichte mit dem Zyklustitel „Pariser Elegie" versehen.[285] Es ist parallel zu der „Niemandsrose" entstanden und im Frühjahr 1963, kurz vor Abschluss des Bandes, aufgegeben worden.[286] „Ausgangstext" der „Pariser Elegie" ist das Gedicht „Walliser Elegie", das bereits 1997 in Celans Nachlassgedichten ediert wurde[287] und als einziges des ganzen Zyklus in einer abgeschlossenen Fassung überliefert ist.[288] Insgesamt gehören 44 Texte in den Umkreis dieser Sammlung.[289] Bei der Durchsicht dieser Gedichte und Gedichtfragmente lassen sich zwar zwischen einzelnen Texten motivische Überschneidungen, wiederkehrende Wortgruppen oder auch Querbezüge zu fertiggestellten und publizierten Gedichten außerhalb der „Pariser Elegie" feststellen, ein einheitlicher „roter Faden", etwa durch einen gemeinsamen Paris-Bezug, lässt sich gleichwohl nicht aufzeigen. Der Titel „Pariser Elegie" wurde zwischenzeitlich auch als Zyklus-Titel für den vierten Teil der „Niemandsrose" erwogen, dann aber wieder verworfen.[290] Für das Projekt war lange Zeit „Walliser Elegie" als Titel vorgesehen[291], die Umbenennung in „Pariser Elegie" und damit die Bezugnahme auf Celans Schreib- und Lebensort erfolgte relativ spät.

Die Gattungsbezeichnung „Elegie" lässt sich schlüssig als Anspielung auf Rilkes Hauptwerk, die Duineser Elegien, deuten.[292] Auch Duino ist

---

[285] Vgl. hierzu die „Editorische Vorbemerkung" von Holger Gehle/Thomas Schneider in: Paul Celan: Werke. Historisch-kritische Ausgabe, begründet von Beda Allemann, besorgt von der Bonner Arbeitsstelle für die Celan-Ausgabe Rolf Bücher, Axel Gellhaus, Bd. 11, Frankfurt 2008, S. 11–14. (= HKA(+ Teil-Band)
[286] Vgl. a.a.O., S. 11.
[287] NG, S. 71ff.
[288] KG, S. 929.
[289] Vgl. HKA 11, S. 11.
[290] Vgl. TCA, Niemandsrose, S. 150; ursprünglich war eine „Pariser Elegie" zwischen den „bretonischen" Gedichten des dritten Zyklus und dem zunächst als fünften Zyklus vorgesehenen letzten Teil, der das „Contrescarpe"-Gedicht und „Und mit dem Buch aus Tarussa" enthält und in der endgültigen Fassung als vierter Teil gezählt ist, geplant.
[291] Der Wechsel des Titels folgt mit dem 17. Gedicht des Konvolutes, vgl. HKA 11, S. 12 und S. 425.
[292] Vgl. diesbezüglich B. Wiedemanns Kommentar zur „Walliser Elegie", KG, S. 929.

nicht Gegenstand der Duineser Elegien, berühmt aber durch die Namensgebung und als Schreibort Rilkes. Hieraus ableitbar ist der hohe Anspruch, den Celan mit seiner „Niemandsrose" verband, dem ersten Gedichtband nach dem Erhalt des Büchnerpreises 1960, und vor allem der ersten Gedichtpublikation seit dem allgemeinen Bekanntwerden der Verleumdungen durch Claire Goll, die zu Beginn der 60er Jahre ihren Höhepunkt erreicht haben. Einen Zyklus als „Elegie" zu bezeichnen, heißt, in Anlehnung an Rilke, ein Hauptwerk zu präsentieren, ein Resümee; bestimmte Gedichte des Bandes wie etwa „Zwölf Jahre" sind in diesem Sinne zu verstehen. Weshalb die „Pariser Elegie" letztlich nicht abgeschlossen und dem „Niemandsrose"-Buch nicht hinzugegeben wurde, lässt sich, solange Celans Tage- und Notizbücher nicht publiziert sind, bislang nicht klären. Beachtlich ist immerhin der vergleichsweise lange Entstehenszeitraum dieses Konvolutes.

Auf eines der Fragmente der „Pariser Elegie" ist wegen seines expliziten Parisbezuges gleichwohl ein besonderes Augenmerk zu richten. Es handelt sich in der chronologischen Anordnung um das 15. Gedicht. Es trägt keinen Titel und beginnt mit dem Eingangsvers „Découvrez-vous, mon ami."[293] Ein Abschnitt dieses Gedichtes hat Eingang in die erste Strophe von „IN EINS" aus dem letzten Teil der „Niemandsrose" gefunden.[294] Celan hat es nicht fertiggestellt, und insbesondere die letzten Verse haben noch einen fragmentarischen Charakter. Hier zunächst der Wortlaut des Gedichtes:

Découvrez-vous, mon ami[295]

Kommt mit mir, Freunde, bar-
haupt, neben
diesen Worten.

Auch ihr, Freunde
in
Deutsch-Land.

---

[293] HKA 11, S. 422f.
[294] Die Tübinger Celan-Ausgabe gibt einen Abschnitt des Gedichtes als Vorstufe zu „In EINS", vgl. TCA, Niemandsrose, S. 107.
[295] Das Gedichtfragment ist ediert in HKA 11, S. 422f. Einfügungen und Streichungen werden der Lesbarkeit halber nicht in den Text eingeschoben, sondern in den Fußnoten angeführt. Eine wirklich präzise Rekonstruktion von Stropheneinteilung und Zeilenumbrüchen ist anhand der Wiedergabe des Fragmentes in der kritischen Ausgabe nicht möglich. Hier werden fünf „Zeilenkomplexe" unterschieden, die sich mit den einzelnen Strophen nicht decken.

der Niemands-, der Jedermanns-
Rose
zugeschriebenen[296], zu-
geschlafenen, zu-
gewachten
Worten

Guarda.
„Guarda e passa"

Auch ferner,[297]
du
geheimer, naher
Freund mit dem -Buch- von
der -Buche.

Auch ihr
Freunde -in-
Deutschland.

Dreizehnter[298]
Feber. Erwachtes
Schibboleth. Mit
dir, peuple de
Paris, vom Boulevard du Temple bis
zur Rue du Chemin Vert. No pasarán.
Im geheimsten Zuspät in der Unzeit, die[299]
Dame mit
dem Einhorn.[300]

Sternbild-
gespräche.

---

[296] Hier im Manuskript die Variante „zugeschwiegenen" vermerkt. HKA 11, S. 422.
[297] Hier die Variante in der zweiten Person Plural getilgt, a.a.O.
[298] Diese Strophe begann zunächst mit dem Wort „Paris", das vom Autor wieder gestrichen wurde; vgl. a.a.O., S. 423.
[299] „Unzeit" ersetzt das zunächst geschriebene „Stundengeklüft". Ab diesem Vers hat das Gedicht noch ganz Entwurfscharakter und ist von Celan keiner endgültigen Überarbeitung unterzogen worden.
[300] Vor „Einhorn" als Einfügung: „unsichtbar scheinenden"; nach dem Satzeichen dieses Verses noch „Sternbilder" und, in Klammern gesetzt: („Widder und Schütze").

Dieser Text ist in mehrfacher Hinsicht bemerkenswert. Celan formuliert seine Zugehörigkeit zu einem „peuple de Paris", allerdings nicht zu den Parisern allgemein, sondern jenen zwischen Boulevard du Temple und der Rue du Chemin Vert, d.h. dem Marais, dem Pariser Judenviertel.[301]

Das einleitende „Découvrez-vous, mon ami" lässt sich auf zweierlei Weise lesen: entweder in dem Sinne, dass ein Freund sich zu bewähren hat, dass jemand, der als Freund gilt, sich auch als solcher zu erkennen geben muss. Damit liegt ein Bezug zur Verzweiflung Celans während der schon genannten sog. „Goll-Affäre" auf der Hand, wegen der etliche Freundschaften des Dichters, der sich nicht hinreichend unterstützt fühlte, in die Brüche gingen. Die zweite Verständnismöglichkeit wäre folgende: „Gib dich zu erkennen, Freund" als Worte des Im-Stich-Gelassenen, als vergeblich artikulierter Ruf.

Das Gedicht lässt sich als fortlaufender Text lesen und verstehen. Zunächst werden jene Freunde angesprochen, die keine Juden sind, „bar-/ haupt", also ohne Kippa. „Kommt mit mir ... //... neben / diesen Worten." Es sind die Freunde aus „Deutsch-Land", deutsche Freunde, das „deutsch" durch die ungewöhnliche Trennung des Wortes in zwei mit Bindestrich verbundenen Silben eigens hervorgehoben.[302] „Neben diesen Worten" sollen sie kommen. Um welche Worte es sich handelt, ergibt sich aus der folgenden vierten Strophe des „Découvrez-vous"-Gedichtes, in der das Gedicht „PSALM" zitiert wird, welches die titelgebende Metapher der „Niemandsrose" enthält. Celans „Psalm"-Gedicht ist bekanntermaßen ein explizit atheistischer Text, in dem zunächst viermal ein „Niemand" angerufen wird. Dann folgt die Strophe:

„Ein Nichts
waren wir, sind wir, werden
wir bleiben, blühend:
die Nichts-, die
Niemandsrose."[303]

Das Verborgene der Niemandsrose wird hier zu einer „Jedermannsrose". Der Erfahrung, die der provokativen Anrufung aus dem „Psalm" zugrundeliegt, könnte durch die Einbeziehung der „Freunde" das Verneinende,

---

[301] Die als Kommentar in der TCA, Niemandsrose, gegebene Erklärung, es handele sich hier um den „traditionellen Ort von Massenkundgebungen nahe der Bastille", ist unpräzise und als Erklärung der beiden Straßenangaben nicht heranzuziehen. Der Marais selber ist kein Ort der Massendemonstrationen; die Jahre später stattfindenden Straßenschlachten des Pariser Mai fanden auf der südlichen Seine-Seite in der Umgebung von Quartier Latin und Sorbonne statt.
[302] Ursprünglich hat Celan die herkömmliche Schreibweise „Deutschland" verwendet und diese dann durch „Deutsch-Land" ersetzt; vgl. HKA 11, S. 422.
[303] GW I, S. 225.

das Zerstörerische genommen werden. Aber vergeblich: das Dante-Zitat „Guarda e passa" aus dem dritten Gesang des Infernos[304], „schau hin und laß uns gehen", bezeichnet das Höllentor und die Vorhölle, in der die Charakterlosen, die Gleichgültigen und Lauen sind, weder gut noch böse, dem Himmel und der Hölle gleichermaßen ein Gräuel. Kann auf die zunächst angerufenen, die Freunde in „Deutsch-Land" nicht gezählt werden, so folgt nach diesem Zitat-Einschub gleich eine zweite Anrufung an einen „fernen, geheimen, nahen Freund", mit „dem Buch der Buche". „Buchenland" ist die alte deutsche Bezeichnung des österreichischen Kronlandes Bukowina.[305] „Das" Buch mit dem bestimmten Artikel gibt es im Kontext der „Niemandsrose" noch einmal: „Und mit dem Buch aus Tarussa".[306] Mit diesem Gedicht werden einige Monate später die Übertragungen aus dem Kyrillischen vergegenwärtigt. Im Mittelpunkt seiner Übersetzungen aus dem Russischen steht Ossip Mandelstamm, von dem bereits 1959 ein Auswahlband in der Übersetzung Celans erschienen ist[307]; auf ihn würde die Bezeichnung „ferner, geheimer, naher Freund" gut passen, seinem Andenken ist die ganze „Niemandsrose" gewidmet. Das „Buch von der Buche" betont die gemeinsame Herkunft, den gleichen „Stamm", aus dem östlichen Judentum.

Nach einer erneuten Anrufung der „Freunde in Deutschland" – das ganze Gedichtfragment ist aus Anrufungen komponiert – nennt die folgende Strophe ein konkretes Datum. „Dreizehnter Feber": dieses Datum ist zugleich Beginn des ersten Verses im „IN EINS"-Gedicht:

„Dreizehnter Feber. Im Herzmund
erwachtes Schibboleth. Mit dir,
Peuple
de Paris. No pasararán."[308]

Die Tübinger Celan-Ausgabe verweist unter dem genannten Datum auf einen Wiener Arbeiteraufstand des Jahres 1938.[309] Barbara Wiedemann

---

[304] Vgl. Dante Alighieri: Die göttliche Komödie. Italienisch und Deutsch; übertragen von August Vezin, Basel, Rom 1989, S. 28.
[305] Natürlich könnte bei „Buchenland" auch „Buchenwald" mit anklingen; im Kontext des vorliegenden Gedichtes ist diese Lesart aber unwahrscheinlich.
[306] Vgl. die Deutung dieses Gedichtes im vorliegenden Band. Das „Buch aus Tarussa" erhielt Celan erst im September 1962 von seinem Freund Erich Einhorn; vgl. KG, S. 713. Vorliegendes Gedicht-Fragment ist auf den 20.02.1962 datiert, vgl. HKA 11, S. 422.
[307] Ossip Mandelstamm: Gedichte, Deutsch von Paul Celan. Frankfurt a.M. 1959.
[308] GW I, S. 270.
[309] TCA, Niemandsrose, S. 106. Dieser Hinweis erscheint uns als nicht weiterführend.

erwähnt in ihrer kommentierten Gesamtausgabe, dass Celan auf einem Flugblatt einer Großdemonstration vom 8. Februar 1962 im Zusammenhang mit Vorgängen des Algerienkrieges die Worte „13. Februar 1962" notiert hat.[310] Nun verwendet Celan im Gedicht eben den 13. und nicht den 8. Februar, weswegen eine Anspielung auf die Demonstration und eine Art politischer Positionierung im Algerienkrieg unwahrscheinlich ist. Auch verweist die österreichische Form „Feber" nicht auf einen Wiener Arbeiteraufstand, ebenso wie „Tübingen, Jänner" nicht „österreichisch" gelesen werden muss. Den Schlüssel gibt die Losung der antifaschistischen Kämpfer im spanischen Bürgerkrieg „No pasáran", „sie werden nicht durchkommen". Ursprünglich hat Celan diese Worte gleich hinter das Datum des 13. Feber gesetzt[311], dann aber die Nennung des „Schibboleth" und des „peuple de Paris" dazwischengefügt. In der Fassung des „Découvrez-vous"-Gedichtes aus der „Pariser Elegie" wird der Kontext deutlicher als in dem wesentlich kürzeren „In eins". Der dreizehnte Februar 1939 ist der Tag am Ende des spanischen Bürgerkrieges, an dem das „No pasarán" der Antifaschisten außer Kraft gesetzt und als vergeblich gezeigt wurde. General Franco stellte an diesem Tag alle politische Aktivität auf Seiten der Republikaner rückwirkend bis 1934 per Dekret unter Strafe; die Folge waren tausende Tote als Opfer des Faschismus. Wenn Celan an dieser Stelle das „Volk von Paris" anruft, „mit dir, / Peuple / de Paris", und dieses Volk geographisch auf das jüdische Viertel eingrenzt, zeigt er, wem er sich, nach der vergeblichen Aufforderung an „Freunde in Deutschland", in Erscheinung zu treten, zugehörig fühlt: den Juden und ihrer Totenklage. Die Bedrohten, eingeschlossen von der Erinnerung, dem Gedenken („Schibboleth") und dem Wissen um ein möglicherweise scheiterndes „No pasarán".

Der Ausklang des nicht zu Endegeführten Gedichtes betont durch die Nennung von Sternbildern und „Sternbildgesprächen" den Aspekt der Schicksalshaftigkeit. Die „Dame mit dem Einhorn" lässt an Rilkes bekannten Text über die Teppichfolge im Musée Cluny denken. Das Einhorn ist das Symbol von Unschuld in einem hortus conclusus, einem von der Außenwelt abgeschlossenen Bereich. Das Pariser Viertel „Marais" wird seit dem Mittelalter von Juden bewohnt, die hier Schutz vor Verfolgung gesucht haben. Heute ist es das größte Zentrum jüdischen Lebens in Europa.

Dieses Viertel, dessen Ausdehnung Celan mit „Boulevard du Temple bis Rue du Chemin Vert" zutreffend beschreibt, gehört allerdings nicht

---

[310] KG, S. 701. Wiedemann glaubt, aus dem Entwurf für „IN EINS" mit der Nennung des Boulevard du Temple und der Rue du Chemin Vert den Verlauf der Demonstration nachzeichnen zu können.
[311] Vgl. HKA 11, S. 423.

zum Pariser „Lebensradius" des Dichters, dessen Wohnungen sich auf der südlichen Seine-Seite befanden, ebenso wie das Quartier Latin mit der Place de la Contrescarpe, der im „Niemandsrose-Band" ein Gedicht gewidmet ist.[312] Celan hatte, soweit bekannt, keinen Bezug zu den jüdischen Gemeinden von Paris. Dieses Gedicht aber dokumentiert, dass er sich der Präsenz des jüdischen Lebens in der Stadt durchaus bewusst war und dass das Judentum als „Schicksalsgemeinschaft" für ihn von zunehmender Bedeutung war. Einige Jahre später wird er, anlässlich einer Reise nach Israel, in einer Rede sagen, dass er in den Judenstaat gekommen sei, weil er „das gebraucht habe".[313] Und er fügt hinzu: „Ich glaube einen Begriff zu haben von dem, was jüdische Einsamkeit sein kann."[314]

Mit „Guarda e passa" wirft der Sprecher des Gedichtes einen Blick auf die Gleichgültigkeit der Freunde angesichts des „Nichts", welches das zitierte „Psalm"-Gedicht beschwört und das den Juden droht. Die „jüdische Einsamkeit" in der Bedrängnis, für Celan ganz konkret vor dem Hintergrund der seine Identität und Authentizität als Dichter in Frage stellenden Goll-Affäre, wird im vorliegenden Gedicht deutlich.

Seine Weggefährten nach dieser besonders schweren Zeit in seinem Leben[315], die ihm verbleibenden Freunde, sind überwiegend Juden, und folgerichtig mehren sich Zeugnisse einer inneren Entfremdung zur Stadt Paris, in deren Kontext vielleicht auch die Entscheidung des Dichters zu sehen ist, seine „Pariser Elegie" nicht fertigzustellen und aus dem „Niemandsrose"-Band wieder auszugliedern.

---

[312] Vgl. das entsprechende Kapitel im vorliegenden Band.
[313] GW III, S. 203.
[314] A.a.O.
[315] Celan wurde infolge der enormen psychischen Belastung der Goll'schen Verleumdungskampagne immer wieder psychiatrisch behandelt. Die Erfahrung der Hospitalisation und Bedrohung wurde im Spätwerk eindringlich thematisiert, insbesondere in den Zyklen „Eingedunkelt", „Fadensonnen" und „Lichtzwang".

Klopfzeichen, Kopfleuchten

Klopfzeichen, Kopfleuchten,
die Mauern entscheiden sich für
den Ritt ins Nachbardorf, nach
Paris

Das reimlose Nachlassgedicht „Klopfzeichen, Kopfleuchten"[316], nur vier Verse umfassend, stammt aus dem Zeitraum des Fadensonnen-Bandes. Es besteht aus einem vollständigen Satz, dem zwei zusammengesetzte Substantive, durch Komma getrennt, vorangestellt sind. Diese wiederum sind durch einen Stabreim (K-K) aneinander gebunden und gleichzeitig durch den Kunstgriff der Assonanz klanglich nahezu identisch. Die Assonanz entsteht durch den Vokal „o" der ersten Silbe und durch den ähnlichen Klang der Umlaute „ei/e" und „eu/e" im zweiten Teil der beiden Substantive. Außerdem bildet in „Klopfzeichen" das Verb „klopfen" das Bestimmungswort zum Grundwort „Zeichen", während das Verb „leuchten" das Grundwort in der Zusammensetzung mit dem Bestimmungswort „Kopf" abgibt. Die Wortteile signalisieren also ein reziprokes Verhältnis. Genau besehen, unterscheiden sich die beiden Bestimmungswörter „Klopf-" und „Kopf-" nur durch den Konsonanten „l", der dem zweiten Begriff fehlt; umgekehrt enthält das zweite Grundwort zusätzlich ein „t" gegenüber dem ersten, so dass die beiden Komposita exakt die gleiche Buchstabenzahl 12 aufweisen, im Judentum eine zentrale Zahl. „Klopfzeichen" ist in unserer Normalsprache ein bekanntes, gängiges Wort, „Kopfleuchten" dagegen ist völlig ungebräuchlich und erscheint als eine eigene Wortschöpfung Celans, möglicherweise motiviert durch den Gleichklang. Beide Begriffe, quasi als elliptische Ein-Wort-Sätze ohne nähere Bestimmung zur freien Assoziation an den Anfang gesetzt, verraten etwas von der Art, wie Celan spielerisch mit Sprache jongliert, aber auch von der Kunstfertigkeit, wie er Sprache handhabt. Trotz ihres Gleichklangs sind die beiden Substantive semantisch deutlich voneinander unterschieden; ihrem spezifischen Sinn ist im Folgenden nachzuspüren.

---

[316] NG, S. 142. An dieser Stelle ist ein biografischer Hinweis notwendig. Zwei Wochen vor der Abfassung des Gedichtes am 12.12.1965 griff Celan in einem Wahnzustand in der Nacht vom 23. auf den 24.11. seine Frau mit einem Messer an. Am 28.11. wird er in die psychiatrische Klinik in Garches eingeliefert, am 3.12. in die Psychiatrie in Suresnes gebracht, wo dieses Gedicht entstanden ist.

Im Unterschied zu vielen anderen Gedichten ist dieses – mit Ausnahme der beiden Eingangswörter – nicht elliptisch aufgebaut, sondern hat die klassische Struktur aus Subjekt und Prädikat, welches aus einem reflexiven Verb mit präpositionaler Ergänzung plus Ortsbestimmung besteht. Das Adverbiale des Ortes „ins Nachbardorf" wird präzisiert durch die Apposition „nach / Paris". Paris setzt Celan in einem Enjambement ohne Schlusspunkt in eine eigene Zeile, um es besonders hervorzuheben.

Klopfzeichen evozieren Gefangenschaft und Eingeschlossensein. Gefangene versuchen, sich mit Klopfzeichen zu verständigen. Verschüttete z.B. in einem Bergwerk suchen in einer beengten Situation um Hilfe. Klopfzeichen führen den Leser so an einen Ort, der beengt und einschließt. Aus einer Notsituation werden Klopfzeichen gesendet, um auf die Not aufmerksam zu machen und nach Rettung zu suchen.

Kopfleuchten erinnert an einen weithin sichtbaren Leuchtturm und bleibt mit Höhe und Weite verbunden. In Assoziation zu Klopfzeichen könnte auch an Stirnlampen der Bergleute in einem Bergwerk gedacht werden. In „Dein Blondschatten" spricht Celan von „Leuchtschopf."[317] Auch ein Leuchten im Kopf, ein Leuchten aus dem Kopf heraus oder als ein Leuchten des Kopfes wären denkbare Verbindungen zu Kopfleuchten – also ein Nomen für eine weitreichende Idee, einen guten Einfall des Kopfes. Kopfleuchten als ein Leuchten des Kopfes ist im Kontext der Entstehung des Gedichtes die Fähigkeit, auch in der Enge der Klinik noch gute Einfälle, Ideen für Gedichte zu haben. In der Klinik ist das Schreiben von Gedichten nicht unterbrochen. Gleichzeitig kann sich eine Idee von Rettung mit „Klopfzeichen, Kopfleuchten" verbinden, aus der Enge der Klinik und des Kopfes herauszukommen, so dass der Stabreim trotz semantischer Differenz inhaltlich miteinander verbunden ist.

Die Mauern im zweiten Vers setzen dieses Gefühl des Beengtseins fort. Während „Klopfzeichen, Kopfleuchten" unbestimmt ohne Artikel bleiben, gebraucht Celan für Mauern den bestimmten Artikel: die Mauern. Er verwendet den Plural „die Mauern", d.h. die Mauern sind unterschiedlich. Aus dem Gedicht heraus wird nicht klar, auf welcher Seite der Mauern der Leser zu verorten ist.

In einem Brief (3.2.1966) an seine Frau spricht Celan direkt von „Mauer-Horizonten." „Möge meine Feder wieder etwas agiler werden, und etwas näher bei den Dingen, die jenseits meiner Mauer-Horizonte geschehen."[318] Die Mauern im Gedicht und die „Mauer-Horizonte" in die-

---

[317] Vgl. dazu die Interpretation des Gedichtes „Anredsam" in diesem Band.
[318] PC/GCL, Brief Nr. 340, S. 319. In dem intensiven Briefwechsel dieser Monate mit seiner Frau äußert Celan immer wieder den Wunsch, sich in der Klinik La Verriere behandeln zu lassen. Seine Frau spricht ihm „Mut" zu, sich behandeln zu lassen,

sem Brief können zusammengelesen werden.[319] Celan hat seinen Klinikaufenthalt mit der Vorstellung von einem Eingemauertsein verbunden. Bei den Mauern legt sich zuerst die geschlossene Abteilung der Klinik in Suresnes nahe, in der er sich beim Schreiben dieses Gedichtes befand. Sind es viele Mauern, die ihn beengen? „Mauer-Horizonte" verweisen auf die äußeren Mauern der Klinik, gleichzeitig auch auf innere Mauern im Dichter selbst, die er wahrnimmt, die seinen eigenen Horizont einengen und ihn beim Schreiben begrenzen und einengen.

Nur indirekt durch die Klopfzeichen und die Mauern kann man auf Menschen schließen (auf den Dichter, die Patienten, auf die Ärzte und das Pflegepersonal in der Klinik). Das Fehlen sprechender oder angesprochener Menschen und die Mauern als Subjekt für das Reiten vermitteln den Eindruck einer Versachlichung. Nicht Menschen, eine Sache, die Mauern anstelle des Menschen reiten. Führt der Klinikaufenthalt zu einer Behandlung, bei der Menschen wie eine Sache behandelt werden?

„Reiten" als Motiv findet sich bereits in dem folgenden Gedicht aus der „Niemandsrose" und hält sich bis in späte Gedichte aus „Lichtzwang" durch; allerdings ist ein Wandel im Gebrauch in den späten Gedichten erkennbar.

„BEI WEIN UND VERLORENHEIT, bei
beider Neige:

ich ritt durch den Schnee, hörst du
ich ritt Gott in die Ferne – die Nähe er sang.
es war
unser letzter Ritt über
die Menschen-Hürden.

Sie duckten sich, wenn
sie uns über sich hörten, sie
schrieben, sie
logen unser Gewieher
um in eine
ihrer bebilderten Sprachen."[320]

---

und redet eindringlich mit der mehrfach wiederholten Wendung auf ihn ein: „Du musst dich wieder in der Wirklichkeit zurechtfinden." (Nr. 306, S. 285; Nr. 312, S. 291; Nr. 314, S. 293; Nr. 316, S. 295)
[319] Im Gedicht „Anredsam" (1968) spricht Celan von „über der Brandmauer", wo er im Gedicht noch ansprechbar bleibt.
[320] GW I, S. 213.

Hier reitet das lyrische Ich selbst; es reitet und lenkt das Pferd in seine Richtung. Aber das Ich bleibt nicht allein, es reitet mit jemand anderem. Das „ich ritt" wird zum wir in „unser letzter Ritt". „Unser Gewieher" im Gegensatz zu den „bebilderten Sprachen" verweist wie das spätere „Tschilpen" auf den Vorgang des Dichtens. Wer reitet, bewegt sich schnell fort, indem der Reiter das Pferd, auf dem er sitzt, dazu bewegt, sich mit ihm zu bewegen. Reiten ist ein „Modus des Vorübergangs."[321] Auch die Rede vom „letzten Ritt" gibt hier zu denken. Hat das Reiten etwas Äußerstes, Letztes?

Und in „UND MIT DEM BUCH AUS TARUSSA"[322] findet sich folgender Bezug zum Reiten:

... (Kyrillisches, Freunde, auch das
ritt ich über die Seine,
ritts übern Rhein.)[323]

Hier kann reiten mit „übersetzen", d.h. als ein Übersetzen der russischen Gedichte Jessenins ins Deutsche („Kyrillisches") in Paris („über die Seine") und gleichzeitig als ein Über-setzen der deutschen Gedichte über den Rhein nach Deutschland verstanden werden.[324] Reiten meint hier übersetzen.

„IHN RITT DIE NACHT, er war zu sich gekommen,
der Waisenkittel war die Fahn,

---

[321] Lydia Kölle: Paul Celans pneumatisches Judentum. Gott-Rede und menschliche Existenz nach der Schoah. Mainz 1997. Ohne hier ausführlich auf dieses Gedicht eingehen zu können, trennt sich der Dichter im Gedicht „BEI WEIN UND VERLORENHEIT" von einer bestimmten Gottesvorstellung und bringt die Gottesferne zur Sprache. „Die anikonische Tendenz des Gedichts *Bei Wein und Verlorenheit* vermag aber auch Celan nur im Modus des Vorübergangs zu realisieren: Der *letzte Ritt* verbietet eine dauerhafte Vorstellung von dem im Gedicht genannten Gott und macht eine sprachliche Stilisierung und damit Festschreibung unmöglich." A.a.O., S. 112.
[322] Vgl. die Deutung im vorliegenden Band.
[323] GW I, S. 287. Vgl. die Auslegung des Gedichtes „Und mit dem Buch aus Tarussa" in diesem Band.
[324] Vgl. PC/Sachs, Brief Nr.55, S. 56. „Zuweilen wird auch gerastet, und ich darf dann zu den Jessenin-Gedichten zurück, deren Übersetzung dank Erics Anleitung im Reiten ebenfalls Fortschritte macht, nicht im gestrecktesten Galopp freilich, aber doch in einem recht beachtlichen Tempo." Kurz vorher schreibt er in demselben Brief „... wenn Eric, der ja ebensowenig wie sein Vater in einem fort *schreiben* kann, durch die Zimmer geritten kommt, ..." Möglicherweise hat Celan „reiten" aus seinem Reiter-Spielen mit seinem Sohn Eric als Metapher übernommen.

kein Irrlauf mehr,
es ritt ihn grad –
..."³²⁵

In diesem in der psychiatrischen Klinik in Paris entstandenen Gedicht aus dem Band „Lichtzwang" kommt ebenfalls die Kliniksituation zur Sprache („Waisenkittel"). Das lyrische Ich ist zwar nicht verschwunden, sondern wird durch den Zustand der Nacht gelenkt („der so Gerittene" heißt es im weiteren Verlauf) und kommt paradoxerweise erst durch diese Nacht zu sich.

Im Nachlassgedicht „Bestechlichkeit" werden „das Nachbardorf" und „reiten" wie in „Klopfzeichen, Kopfleuchten" zusammengebracht.

„... Bei mir
stieg das Nachbardorf auf
mein Pferd.
..."³²⁶

Nicht die Nacht, sondern das Nachbardorf steigt mit auf das Pferd und begleitet ihn. Ist das Nachbardorf Paris, dann reitet die Stadt immer mit und ist beim Reiten stets präsent.

In unserem Gedicht wird eine radikalisierende Steigerung des Reitvorgangs deutlich, denn es ist keine Person erkennbar, die mit der „Nacht" oder dem „Nachbardorf" reitet, also nicht „ich" oder „bei mir". Hier entscheiden sich die Mauern allein zum Ritt ins Nachbardorf. Das Subjekt des Satzes im Gedicht ist die Pluralform „Mauern", die als Sache an Stelle eines Subjektes handeln, indem sie sich zum Reiten entscheiden. Führt der Klinikaufenthalt – so könnte zugespitzt gefragt werden – zu einer Entsubjektivierung und Kommunikationslosigkeit, aus der nur noch das Reiten in die Stadt seines Dichtens möglich ist?

Der Ritt mit den Mauern geht nicht weit, nur in das Nachbardorf Paris. (Die Klinik selbst ist auch ein Dorf.) Das Starre und Feste der Mauern verbindet sich mit der Bewegung des Reitens. Trotz des Ortswechsels bleiben die Mauern anwesend; der Dichter kann die Mauern nicht loswerden, doch sie geraten in Bewegung durch den Ritt. Der Dichter ist unterwegs, seine Dichtung bleibt unterwegs und Dichten selbst ist ein Unterwegssein, ein schneller Vorübergang. Der Ortswechsel in das Nachbardorf Paris kann nicht nur auf Celans Dichtung bezogen werden, sondern kann

---

³²⁵ GW II, S. 234.
³²⁶ NG, S. 228.

auch real als ein wirklicher, gewünschter oder erträumter Ortswechsel aus der Klinik nach Paris verstanden werden.

Die Stadt Paris schmilzt zu einem „Nachbardorf" zusammen oder wird nur noch als Dorf wahrgenommen, so wie die „rue Tournefort" im 5. Arrondissement, wo Celan ab 1967 wohnte, mit „Dorfluft" zusammengebracht wird.

Diese fundamentale Erfahrung zunehmender Ortlosigkeit in Paris verstärkt sich in den späteren Jahren der Krankheit. Diese Verkleinerung des Lebensortes geht bei Celan in den letzten Lebensjahren gleichzeitig einher mit einer Veränderung seines Schreibens von Gedichten. Die poetische Rede konzentriert sich in den späten Gedichten auf immer kürzere Verse und einzelne Worte[327] – also eine Reduktion der Sprache bei gleichzeitiger Erfahrung der Reduktion des Lebensortes.

Die enge Beziehung von Sprache und Ort bleibt konstitutiv bis in die späten Gedichte. „Ort" bleibt ein Begriff, mit dem sich einige Bezüge verbinden. Es ist für Celan die Ambivalenz zwischen dem verlorenen Ort seiner Herkunft, der Heimat der Bukowina, und Paris. Celan sucht für die Erfahrungen der Heimatlosigkeit, als Folge der Shoa, die wegen ihrer Unvorstellbarkeit in der traditionellen Sprache nicht adäquat zur Sprache gebracht werden kann und so unsagbar bleibt, einen ganz neuen Ort in der Sprache. Ort ist dabei aber auch der Schreibort, der Ort, an dem der Dichter sich gerade aufhält und schreibt. Die längste Zeit lebt er in Paris: Sein Lebensort verändert sein Schreiben, und sein Schreiben wirkt sich bis zu seinem Tod auf den Lebensort aus.

Hermann Lenz berichtet von Celans erster Lesung 1953 in Stuttgart. „Er bewegte sich wie einer, der dem Boden nicht traut."[328] In der Ansprache bei der Verleihung des Literaturpreises der Hansestadt Bremen beginnt Celan mit einer „topographischen Skizze". Die „Landschaft", der erste Ort der Herkunft, war „verloren", aber nicht verloren war die Sprache. „Erreichbar, nah und unverloren blieb inmitten der Verluste dies eine: die Sprache. / Sie die Sprache, blieb unverloren, ja, trotz allem. Aber sie mußte nun hindurchgehen durch die eigenen Antwortlosigkeiten, hindurchgehen durch furchtbares Verstummen, hindurchgehen durch die

---

[327] Schon in dem frühen, undatierten Gedicht „Sprich auch Du" aus „Von Schwelle zu Schwelle" (entstanden 1952–1954) spricht Celan eine Ortsverengung an.
„Nun aber schrumpft der Ort, wo du stehst:
Wohin jetzt, Schattenentblößter, wohin?"
GW I, S. 135.

[328] Zitiert nach Barbara Wiedemann: „Ein Faible für Tübingen". Paul Celan in Württemberg/Deutschland und Paul Celan. Tübingen 2013, S. 31. Und im Zusammenhang mit der sich steigernden Goll-Affäre 1956 fragt B. Wiedemann. „War er aber nicht schon 1952, ‚einer, der dem Boden nicht traut'? Konnte er ihm trauen?", a.a.O., S. 103.

tausend Finsternisse todbringender Rede."[329] Celan schafft einen Bezug zwischen der verlorenen Heimat der Bukowina, dem Ort seiner Herkunft, und der Sprache, die bleibt, sich aber durch die Erfahrung der Shoa verändern muss.

In einem Dorf findet sich in den Lebensgewohnheiten und in den Überzeugungen der Dorfbewohner nicht selten eine gewisse Enge, aber gleichzeitig bleibt ein Dorf im Gegensatz zu einer Großstadt ein überschaubarer Ort, in dem sich die Menschen wahrnehmen. Enge und gleichzeitige Vertrautheit machen ein Dorf aus. (Für langjährige Bewohner in Paris werden die Straßen des Quartiers, in dem sie wohnen, auch zu einem überschaubaren Dorf, wo man sich kennt und trifft.) Paris ist in den langen Jahren seines Lebens für Celan immer mehr zu einer ambivalenten Stadt geworden, in der er sich beengt, aber auch vertraut gefühlt hat, was einige Bemerkungen in Briefen aus diesen Jahren bestätigen.[330] Die Mauern kommen ins „Nachbardorf Paris". Obwohl sie ihn prägen, ihn aber doch gleichzeitig stark einschränken, erscheint das Nachbardorf Paris für sein Dichten doch erstrebenswerter als die Klinik selbst.[331] Paris bildet wie in „Eingejännert" allein einen Vers in der letzten Zeile des Gedichtes und gewinnt so eine eigene herausgehobene Funktion: Dorthin zu reiten entscheiden sich die Mauern. Dorthin nimmt er zwar seine Krankheit und die Enge der Klinik mit, aber die Stadt, auch als Dorf erfahren, ist die Stadt seiner Dichtung.

In dieser Deutung kann „Kopfleuchten" eine ganz neue Funktion gewinnen. Es ist ein Gedankenblitz, eine Art „Kopfgeburt", in das Nachbardorf nach Paris zu reiten. Das „Kopfleuchten", der Einfall, wird in den folgenden Versen ausgeführt. Die Mauern, die Klinik, sollen mit ihm in der Stadt Paris wieder zum Ort seines Dichtens werden.

---

[329] GW III, S. 185f.
[330] Vgl. die entsprechenden Hinweise zur Stadt in den Briefen im Vorwort, S. 9–13.
[331] B. Wiedemann gibt den interessanten Hinweis, dass „sich die Angabe ‚Paris' in keiner der Datierungen für die in der Klinik selbst geschriebenen Gedichte" findet. In: KG, S. 767.

(Er hatte in der Stadt Paris

(Er hatte in der Stadt Paris den
Spatzeneid geschworn,
kein Giftkorn blieb unaufgepickt
kein Dorn ging je verlorn.

Er hatte in der Stadt Paris
getschilpt vor jedem Tor.
Was sich nie auftat, fliegt jetzt auf,
tschilpt ihm das Jenseits vor.)

Dieses Gedicht[332] befindet sich nicht in dem von Celan vor seinem Tod zum Druck vorbereiteten Konvolut des Bandes „Lichtzwang"; es gehört aber in den Entstehungszeitraum dieses Bandes und steht in engem thematischem Zusammenhang mit den am gleichen Tag (8.10.1967) entstandenen und in den Band „Lichtzwang" aufgenommenen Gedichten „SCHWIMMHÄUTE" und „ANREDSAM".[333] Celan denkt in einer schweren persönlichen Situation über sich als Dichter und über seine Gedichte nach. Offen bleibt, warum das Gedicht insgesamt eingeklammert ist. Da es von Celan nicht zur Veröffentlichung bestimmt worden ist, liegt die Vermutung nahe, dass er es wegen der motivischen Ähnlichkeit zum Gedicht „ANREDSAM" nicht hat veröffentlichen wollen. Es könnte auch als ein ganz persönliches Echo oder als Subtext zu dem schon in „ANREDSAM" Gesagten verstanden werden.

Formal handelt es sich um ein zweistrophiges Gedicht mit einem Paarreim in jeweils einer Strophe. Diese Versform ist für das Spätwerk Celans sehr ungewöhnlich. Die erste Strophe bildet außerdem einen siebenhebigen Jambus mit Mittenreim („geschworn", „Giftkorn"). Auffällig ist auch die unterschiedliche Parallelität der ersten und der fünften Zeile. Celan gebraucht in diesem Gedicht zwei Verben im Plusquamperfekt, drei im Präteritum und zwei im Präsens, während das am gleichen Tag entstandene Gedicht „SCHWIMMHÄUTE ..." ohne ein einziges Verb auskommt.

---

[332] NG, S. 167.
[333] Vgl. Anm. zum Gedicht „Anredsam". Das Jahr 1967 war geprägt von einem langen Klinikaufenthalt Celans, von der Trennung von seiner Frau und der damit verbundenen Wohnungssuche – viele „Dornen" in der Stadt Paris.

In „ANREDSAM" ist es die Amsel, hier ist es der Spatz, mit dem der dichterische Auftrag und das Gedicht verbunden werden. Thematisiert wird das Ver*sagen* der menschlichen Sprache. Der Paarreim neben einem reimlosen Vers in jeder Strophe, der Verzicht auf den siebenhebigen Jambus in der zweiten Strophe und der Binnenreim könnten dichterischer Ausdruck dafür sein, dass ein Spatz zwar nicht singen kann, es aber versucht. Sein Singen klappt nicht und ist uneinheitlich. Hier sind es nicht Menschen, sondern das zu Sagende wird von Vögeln wie der Amsel und dem Spatz zur Sprache gebracht.

Im Gedicht „Weggebeizt ..."[334] wendet sich Celan vom „Meingedicht" ab. „Meingedicht" erinnert an einen Meineid, d.h. an ein falsches Zeugnis. Das „Meingedicht" kennzeichnet er dort als Nicht-Gedicht, als „Genicht". Der Spatzeneid ist dagegen kein Meineid, sondern ein öffentlicher Schwur. Der Neologismus „Spatzeneid", diese Verbindung der bekanntesten, allergewöhnlichsten Vogelart (sogar der Diminutiv von Sperling) mit dem feierlichen Vorgang eines Eides, der in der Regel nach einer festen Formel und vor einer Instanz geleistet wird, unterstreicht einerseits mit „Spatz" die Alltäglichkeit und Gewöhnlichkeit, andererseits aber mit „Eid" die „Feierlichkeit", Nichtgewöhnlichkeit und Andersheit seines dichterischen Auftrages. Jeder Schwörende ist öffentlich durch seinen Eid gebunden und verpflichtet. Es handelt sich um einen kleinen unscheinbaren, leicht überhörbaren Eid, so wie Spatzen grau, unscheinbar und leicht zu übersehen sind. Spatzen gelten als frech, sprunghaft, zudringlich, sie pfeifen von den Dächern und picken auf, was gerade herumliegt.[335] Spatz, französisch moin-eau, lässt phonetisch an die deutsche Bedeutung Mönch (franz. le moine) und Wasser (l'eau) denken. Celan liebte Aufenthalte am Wasser, in der Normandie, in der Bretagne, am Atlantik. Täglich sah er die Seine durch Paris fließen. Das Wasser ist das sich im Fluss befindliche Element, nicht starr, immer vorwärtstreibend in Bewegung. Celan lebte in Paris in vieler Hinsicht einsam, fast mönchisch. Moineau ruft dann den Bedeutungskreis Wasser und Einsamkeit wach: Celans Selbstmord in der Seine, der Mönch im Wasser?[336]

---

[334] GW II, S. 31.
[335] Das einfache Gedicht „Lob der Spatzen" von Carl Zuckmayer ruft in der zweiten Strophe diese Unverfrorenheit der Spatzen wach:
„In Ingolstadt und in der City Boston,
Am Hoek van Holland und am Goldnen Horn
Ist überall der Spatz auf seinem Posten
Und fürchtet nicht des Schöpfers Zorn."
[336] Diesen Hinweis und andere Hinweise zur Deutung dieses Gedichtes und des Gedichtes „Anredsam" verdanke ich Herrn Dr. Gerhard Glaser, Ulm.

Die Zudringlichkeit der Spatzen wird durch das anaphorische „kein" am Anfang des dritten und vierten Verses hervorgehoben. Ein unscheinbarer Spatz erfüllt den dichterischen Auftrag. Konkretisiert wird dieser in den Versen 3 und 4 zunächst mit den Anfangsworten „kein".

„kein Giftkorn blieb unaufgepickt
kein Dorn ging je verlorn."

In dem frühen Gedicht „Zwölf Jahre" heißt es:
„Ich sehe das Gift blühen,
In jederlei Wort und Gestalt."[337]

In „Zwölf Jahre" ist vom blühenden Gift die Rede, hier vom aufgepickten „Giftkorn". Es gelingt ihm nicht vom lebensbedrohenden Gift unberührt zu bleiben, es muss einverleibt, aufgepickt werden. Der Dichter nimmt die schmerzlichen Tatsachen in Paris wahr. Dieses Schmerzliche, Bedrohliche wird durch „kein Dorn ging je verlorn" noch verstärkt. Dornen sind kurze, steife, stechende Pflanzenschäfte, die die Haut durchdringen und durchbohren können (vgl. „über, o über / dem Dorn" im Gedicht „Psalm"). Dorn und Gift, aktiv verstanden, steigern die tödliche Bedrohung. Davor kann sich der Dichter nicht bewahren, er nimmt sie auf und gestaltet sie, wie es die öffentliche Verpflichtung des Eides erfordert. Tödlich ist das Gift, weil der Dichter sich für seine Dichtung aufopfert, weil Paris zur „Opferstatt seiner Hände" wird. Abgesehen von seiner dauernden Last als Dichter mit der Sorge um die adäquate Sprache für das zu Sagende kann mit „Dorn" und „Gift" auch an die schwere persönliche Lage Celans gedacht werden.

Die beiden Strophen beginnen mit „Er hatte in der Stadt Paris". Die doppelte Erwähnung der Stadt nennt die gesamte Stadt Paris, nicht einzelne Orte, Plätze oder Bauwerke. Die Anapher „Er hatte in der Stadt ..." unterstreicht diese zentrale Stellung von Paris als dem Ort seiner Dichtung. In anderen späten Paris-Gedichten reduziert sich die Weltstadt Paris auf einen bestimmten Ort in dieser Stadt. Paris wird z.B. im Gedicht „Eingejännert" zur „bedornten Balme", die eine nischenähnliche Höhle meint. Im Gedicht „Klopfzeichen, Kopfleuchten" schrumpft die Weltstadt zum „Nachbardorf." Ein spätes Gedicht trägt den Titel „Kleinstseite, Paris." Grundsätzlich zeigt sich auch hier ein schwieriges Deutungsproblem der Paris-Gedichte. Hat Celan wie in diesem Gedicht immer die ganze Stadt Paris gemeint oder spiegelt sich die Verengung seines persönlichen Lebenskreises auch in der Erwähnung der Stadt in seiner Dichtung wieder? Die Stadt erfährt als „Kleinstseite", als „bedornte Balme", als

---

[337] GW I, S. 220. Siehe auch die Deutung dieses Gedichtes S. 75.

„Nachbardorf", „Dorfluft" jeweils eine neue dichterische Wertung in unterschiedlichen persönlichen Lebenssituationen. Hier setzt Celan ganz offensichtlich die gesamte Stadt Paris als den Ort seines Dichtungsauftrages an den Anfang der beiden Strophen. Gerade in Paris, wo er seine meisten Gedichte geschrieben hat, blieb er bis zu seinem Tod diesem seinem Auftrag zu dichten verpflichtet. In der ganzen Stadt Paris spricht er den „Spatzeneid."

Die zweite Strophe greift den Spatzeneid mit „tschilpen" wieder auf. Das lautmalerische Wort „tschilpen" der Spatzen – sie geben dabei kurze, helle Laute von sich – ist aus menschlicher Sicht kein klares Sprechen, eher die Abwesenheit eines geformten Wortes.

Das lautmalerische Wort „tschilpen" wird im Gedicht „EINEM, DER VOR DER TÜR STAND"[338] mit „dem / schilpenden Menschlein" in Verbindung gebracht und im Gedicht „Sackleinen-Gugel"[339] heißt es „das rudernde Kaisergetschilp".

Tschilpen lässt einige verschiedene Verstehenslinien aufscheinen: „,schilpen' heißt ,flüssigkeit in einem gefäsze heftig hin und her bewegen, schütteln, so dasz sie mit einem gurgelnden laute gegen die wände schlägt und über zufliesen droht'. ... Für ,schilpen' findet sich eine weitere Bedeutung verzeichnet, die nicht unerheblich zu sein scheint: >in holz oder stein graben<, wofür das lateinische celare angegeben ist, was selbst wiederum auch dichterisches Arbeiten heißen kann."[340] Das dichterische Wort wird nach diesem Verständnis „in Holz und Stein" gegraben und so dauerhaft verewigt, d.h. es bleibt so für lange Zeit erhalten. Bei genauerem Hinsehen kann die Bedeutung von „tschilpen" allerdings noch radikalisiert werden. Das Tschilpen der Spatzen geschieht durch ein wiederholtes Zucken. Celan hat als genauer Naturbeobachter bei seinen Gängen durch Paris, z.B. durch den spatzenreichen Jardin du Luxembourg in der Nähe seines Arbeitsplatzes, dieses ruckartige Zucken der Spatzen beobachtet. Dichtung wäre dann nicht in erster Linie ein unklares Sprechen, sondern radikaler noch eine Unterbrechung und Zäsur des Sprechens. „Wo die Sprache, wider alles Erwarten, *fehlt*, geschieht Dichtung. Und zwar genau – im zweifachen Sinn des Wortes – *an Stelle* des Atems; oder, genauer, im Stocken des Atems: wenn im fortgesetzten Sprechen (Irr gehen) einer, jäh

---

[338] GW I, S. 242.
[339] GW II, S. 121.
[340] Reichert, Klaus: Hebräische Züge in der Sprache Paul Celans, in: Hamacher, Werner/Menninghaus, Winfried (Hg.): a.a.O., S. 165. O. Pöggeler verbindet in seiner Interpretation des Gedichtes „EINER; DER VOR DER TÜR STAND" mit „tschilpen" die Bedeutung hadern und klagen. „Damit ist er das ,schilpende Menschlein' – jemand, auf den Spott und Verachtung herabsehen, der selbst wie Spatzen schilpt und so das Hadern Hiobs mit Gott fortsetzt." Otto Pöggeler: Spur des Wortes. Zur Lyrik Paul Celans, Freiburg/München 1986, S. 344.

freigesetzt, untersagt, was im Sprechen vor sich ging. Wenn ein Wort geschieht, in dem das fortgesetzte Sprechen suspendiert wird. Dichtung ist ein Zucken, die Synkopierung, der Sprache."[341] Fraglich bleibt allerdings in dieser Deutung von Tschilpen, ob ein Wort überhaupt gesprochen werden kann, wenn das „fortgesetzte Sprechen suspendiert wird". Wenn vom Sprechen nur noch ein Zucken bleibt, dann wird Sprechen unverständlich und hebt sich so selbst auf. Im Tschilpen kommt eher die Grenze des dichterischen Sprechens zur Sprache. Tschilpen wäre so eine verzweifelte Suche nach der Aneignung des wahren Wortes. In der Metapher „tschilpen", in dieser Tätigkeit des allergewöhnlichsten Vogels wird radikal auf diese Unmöglichkeit der adäquaten Sprache angesichts des zu Sagenden verwiesen, ohne das Sagen selbst aufzuheben und dann ganz zu schweigen.

Nicht vor Türen wird getschilpt, sondern vor jedem Tor. Celan unterscheidet zwischen Tür und Tor. Mit „in" und „vor" betont er den Unterschied zwischen innen und außen, was die Komplexität des gesamten Gedichtes nochmals erhöht. Türen finden sich an Häusern, Tore an großen Gebäuden, früher oft an Stadtmauern. „Was sich nie auftat", kann sich auf eine Stelle außerhalb oder innerhalb des Tores beziehen. Aus dem aktiven Tschilpen wird im letzten Vers ein passives, d.h. dem Tschilpenden wird selbst zugetschilpt („tschilpt ihm"). Das Tschilpen in der Stadt Paris führt nicht zu einer Öffnung des Tores. Das Tor bleibt zwar verschlossen, aber das Verschlossene selbst, das, was sich nicht auftat, fliegt auf. Das Auffliegen ist doppeldeutig zu verstehen: Etwas Verstecktes tritt in Erscheinung oder fliegt tschilpend auf wie eine Schar Spatzen, so dass nichts offenbar wird. Mit dem Auffliegen verbindet sich noch der Gedanke, dass die Spatzen kurz auffliegen, sich aber dann wieder setzen. Sie fliegen nicht zum Himmel auf, es tut sich also nichts auf. In der zweiten Strophe spielen also das Innen und das Außen eine bedeutsame Rolle. Der Dichter spricht „in der Stadt Paris", aber „vor jedem Tor", was an einen Standort vor oder hinter dem Stadttor denken lässt. Ganz gleich, wo der Dichter auch steht, das Tor bleibt verschlossen. Die Dichtung kommt an ihre Grenzen, scheitert in ihrem Sprechen, aber das Scheitern ist nicht die letzte Aussage des Gedichtes.

Was außerhalb oder innerhalb der Mauern zu finden ist, das wird getschilpt und ist ebenso wie das Tschilpen selbst schwer verständlich und deutbar. Dieses Nicht-Offene ist jedoch nicht nichts, sondern vermittelt selbst („tschilpt ihm ...") das Jenseits. Der bestimmte Artikel „das" verwehrt zwar ein diffuses Verständnis dieses Jenseits, andererseits gibt das Gedicht keinerlei Hinweis auf sein mögliches Verständnis. Denkbar ist, dass statt der Stadt Paris („Was sich nie auftat") sich nur ein falsches Jen-

---

[341] Lacoue-Labarthe, Philippe: Katastrophe. In: a.a.O., S. 39.

seits auftut. Er hatte in der Stadt mehr erhofft. Das Jenseits könnte auch antizipatorisch-resignativ ein Hinweis auf den eigenen Tod sein. Es hieße dann: In Paris bin ich eingeschlossen, zum Aufpicken giftiger Dornen verdammt, fort komme ich erst im Tode. Dann fliegen die Tore erst auf. Jenseits kann aber noch allgemeiner im Zusammenhang der Poetologie Celans verstanden werden. Jenseits ist dann eher jenes „transcendens", jenes „ganz Andere", auf das das Gedicht nach Celan immer zugeht. In seiner Büchnerpreisrede „Der Meridian" bestimmt Celan das Wesen der Dichtung als ein Zugehen auf ein ganz Anderes. „Das Gedicht will zu einem Anderen, es braucht ein Gegenüber. Es sucht es auf, es spricht sich ihm zu. Jedes Ding, jeder Mensch ist dem Gedicht, das auf das Andere zuhält, eine Gestalt dieses Anderen."[342] Als ganz Anderes, in der Nähe der Fremdheit, wird dieses im Gedicht zwar in das konkrete Wort gebracht, wird sozusagen gesprächs- und dialogfähig gemacht, indem es sich gleichzeitig einer genauen begrifflichen Bestimmbarkeit entzieht. „Es (= das Fragen der Dichtung, Verf.) befragt im Sein das ‚transcendens schlechthin'. In jedem singulären Ding oder Menschen, die wahrzunehmen (zu denken) Sache der Dichtung des Gedichts – ist, wird ein solches ‚transcendens' gesucht: das ‚ganz Andere', als *arché* und *télos* des Anderen, und nichts erlaubt es hier, dieses ganz Andere einfach mit Gott gleichzusetzen."[343] Denkbar ist allerdings auch, dass das Jenseits ganz positiv gemeint ist.

Am Rande der Sprache, Gift und Dorn, also Unheil aufnehmend, bleibt die Dichtung vor dem Tor dem möglichen Offenen zugewandt, aber sie spricht immer an einem konkreten Ort: Paris. Dieser Ort der Dichtung zeigt sich dabei als ein Ort, der selbst „tschilpt", d.h. in gebrochener Sprache spricht. Nur in diesem schwer vernehmbaren Sprechen kommt etwas zur Sprache, das nicht nur jenseitig, sondern das Jenseits selbst ist.

Schwer vernehmbar und kurz aufscheinend, wird das Jenseits kaum wahrgenommen – nur vom Dichter selbst. Amsel, Spatz drücken neben ihrer dichterischen Funktion auch eine Bewegung im Flug aus. Das Sprechen gleicht diesem bewegenden Flug. „Sprechen heißt unterwegs sein." (O. Mandelstam) Das Jenseits, dieses ganz Andere, wird im gebrochenen

---

[342] TCA, Der Meridian, S. 9. In der gleichen Rede betont Celan kurz vorher das Andere, in dessen „Sache" das Gedicht spricht: „Aber das Gedicht spricht ja! Es bleibt seiner Daten eingedenk, aber – es spricht. Gewiß, es spricht immer nur in seiner eigenen, allereigensten Sache.
Aber ich denke – und dieser Gedanke kann Sie jetzt kaum überraschen –, ich denke, dass es von jeher zu den Hoffnungen des Gedichts gehört, gerade auf diese Weise auch in fremder – nein, dieses Wort kann ich jetzt nicht mehr gebrauchen – gerade auf diese Weise in eines Anderen Sache zu sprechen – wer weiß, vielleicht in eines ganz Anderen Sache." TCA, S. 8.
[343] Lacoue – Labarthe, a.a.O., S. 54.

Sprechen gegenwärtig und so anwesend. Nur im Tschilpen, also in einem unscheinbaren und gebrochenen Sagen, und in der Flugbewegung und also im gleichzeitigen Schwinden des geformten Wortes, scheint das Jenseits auf.

SCHWIMMHÄUTE

SCHWIMMHÄUTE zwischen den Worten,

ihr Zeithof –
ein Tümpel,

Graugrätiges hinter
dem Leuchtschopf
Bedeutung.

Das Gedicht „SCHWIMMHÄUTE"[344] als das vorletzte Gedicht des IV. Zyklus von „Lichtzwang" und das ihm folgende Gedicht „ANREDSAM" thematisieren eine poetisch-sprachliche Selbstbesinnung in einer persönlichen Krisensituation Celans.[345] Während eines Klinikaufenthalts denkt er über sich als Dichter und über seine Gedichte nach. „SCHWIMMHÄUTE", „ANREDSAM" und („Er hatte in der Stadt Paris ...") können in diesem Kontext wegen ihrer thematischen Ähnlichkeit bei aller sprachlichen Unterschiedlichkeit als eine kleine poetologische Trilogie verstanden werden.

Für die inhaltliche Zusammengehörigkeit dieser Gedichte spricht neben dem Entstehungsdatum weiter, dass Celan „SCHWIMMHÄUTE" in „Lichtzwang" vor das Gedicht „ANREDSAM" platziert. Diese bewuss-

---

[344] GW II, S. 297.
[345] In der Zeit vom 13.2.–17.10.1967 lebte Celan im Psychiatriezentrum Sainte Anne in Paris. Ab April erhielt er das Recht, die Klinik immer wieder für längere Zeit zu verlassen. Die Korrespondenz mit seiner Frau in diesen Tagen belegt, dass dieses Gedicht neben vier weiteren bei einem Wochenendaufenthalt außerhalb der Klinik entstanden ist. Am 22.9.1967 kehrt Celan von einem Aufenthalt in der Schweiz zurück und schreibt am 27.9.1967 an seine Frau: „In einigen Stunden gehe ich in die Klinik zurück. Ich hoffe auf meine Entlassung, um unterrichten zu können." (PC/GCL, Brief 558, S. 495) Seine Frau spricht ihm am 29.9. für den wieder bevorstehenden Krankenhausaufenthalt Mut zu und ermuntert ihn eindringlich, seine Kurse an der École wieder aufzunehmen. Am 2.10. (Montag) schreibt er: „Ich habe auch am Samstag und Sonntag Ausgang ..." (PC/GCL, Brief 562, S. 498). Das Gedicht ist am Sonntag, dem 8.10.1967, fertiggestellt worden. An diesem produktiven Ausgangswochenende sind insgesamt folgende fünf Gedichte in ihrer Endfassung entstanden: am 7.10.67 „DIE MANTIS, wieder", „KEIN HALBHOLZ mehr, hier" und am 8.10.67 „SCHWIMMHÄUTE zwischen den Worten", „ANREDSAM" und „(Er hatte in der Stadt Paris den ...")".

te Anordnung legt nahe, „SCHWIMMHÄUTE" ebenfalls im Paris-Kontext zu deuten, obwohl die Stadt selbst explizit nicht genannt wird.

Formal besteht es aus drei Strophen (V1 / V2, 3 / V4–6). Die erste, aus einem Einzelvers bestehende Strophe wird durch zwei Substantive, eine Präposition und einen bestimmten Artikel gebildet. In der zweiten Strophe liegt ein Zweizeiler aus vier Worten vor, ihm folgt ein Dreizeiler aus fünf Worten. Neben der Steigerung der Verszahl der einzelnen Strophen ist eine Klimax auf das Wort „Bedeutung" hin als Schluss erkennbar, das allein in der letzten Zeile steht. Celan benutzt im ganzen Gedicht kein einziges Verb, während in dem Nachlassgedicht „(Er hatte in der Stadt Paris ...)" eine Hauptaussage in dem Verb „tschilpen" liegt. „Durch das Fehlen eines finiten Verbums, einem klassischen Beispiel für das, was diese traditionelle Rhetorik Ellipse nennt, scheint es (das Gedicht, Verf.) intern ohne zeitlichen Index, und dieser Mangel mag gerade damit zusammenhängen, dass im Gedicht selbst von den Worten und ihrem Verhältnis zur Zeit gesprochen wird."[346] Das Gedicht verwendet explizit kein benennbares „lyrisches Ich" und kein „lyrisches Du".

„SCHWIMMHÄUTE" steht vor dem Präpositionalattribut „zwischen den Worten". Schwimmhäute kennzeichnen nicht die Worte selbst, sondern sie sind, im Sinne eines Adverbiale des Ortes, zwischen den Worten.[347] Bei Tieren wie z.B. bei Enten oder Fröschen dienen Schwimmhäute dazu, im Wasser besser voranzukommen, sie halten über dem Wasser und lassen nicht untergehen. Nur beim Zurückschlagen während des Schwimmens öffnen sie sich, beim Vorwärtsbewegen der Füße falten sie sich zusammen und sind dabei gar nicht zu sehen. Nicht die Worte allein tragen und bringen das, was zu sagen ist, voran, sondern die Schwimmhäute zwischen den Worten halten die Worte erst zusammen. Das Nichtgesagte, das nur Angedeutete und assoziativ Ergänzte und zu Ergänzende begleiten die Worte. Was mit den Schwimmhäuten gesagt wird, ist etwas, was

---

[346] Roland Reuß: Im Zeithof. Celan-Provokationen, Frankfurt 2000, S. 95. R. Reuß legt in diesem Celan-Band unter dem Titel „Das Gedicht und seine Zeit. Zu Paul Celans ‚SCHWIMMHÄUTE zwischen den Worten'" eine Interpretation dieses Gedichtes vor, die trotz des Fehlens eines Zeitwortes besonders die Zeitdimension in den Worten und in den von ihm besonders betonten Versabbrüchen herausarbeitet.

[347] R. Reuß verfolgt in seiner sehr differenzierten Interpretation konsequent den Ansatz, dass das Gedicht einen „Bezug auf anderes" und einen Bezug „auf die Rede selbst" (S. 98) des Gedichtes hat. Im Bezug zur Rede selbst untersucht er „Versgrenzen" in ihren verschiedenen Aussagemöglichkeiten und stellt die These auf, dass „die semantische Relevanz" der Versgrenzen „in Celans Dichtung meist unterschätzt wird." (S. 101) An diesen Versgrenzen unterbricht das poetische Ich seine Rede, etwas kommt dazwischen, die Rede an dieser Grenze kann zu Ende sein oder / und das „poetische Ich" wird sich „zu seiner vorhergehenden Äußerung und dem Augenblick der Äußerungslosigkeit zu verhalten suchen". (a.a.O.)

selbst nicht zur Sprache kommt, ein Schweigendes und Verschwiegenes, das trotzdem assoziativ „mitschwingt", das jedes Sprechen ermöglicht und trägt, doch nie in ein Sprechen übergeht und sich – gesprochen – gleichsam ins Sprechen hinein auflösen würde. Dieses Nichtgesagte, Schweigende und nur Angedeutete bringt wie Schwimmhäute das Sprechen erst voran.[348] In seinem Entwurf zur Meridianrede spricht er präzise von „Schweigen, inhärent dem Wort."[349] In den späten Gedichten werden Celans Worte immer knapper, stehen seltener in einem Verweisungszusammenhang und deuten nur an. Es sind zum Teil Assoziationen zu bestimmten Worten, Emotionen und Stimmungen, die seine späte Dichtung mitbestimmen. R. Reuß spricht selbst der Präposition „zwischen" „die Funktion von Beziehung stiftenden ‚Schwimmhäuten'" zu.[350]

„ihr Zeithof –
ein Tümpel,"

Die zweite Strophe bildet ein kurzes Distichon, aus jeweils zwei Worten in einer Zeile. Grammatikalisch handelt es sich um eine Apposition zu „SCHWIMMHÄUTE zwischen den Worten" in der ersten Zeile.[351] „Ihr" kann sich zunächst auf Schwimmhäute, aber auch auf die Worte selbst beziehen. Bei beiden Möglichkeiten handelt es sich dann um einen erläuternden Bezug zum Phänomen der Zeit, denn sowohl die Worte als auch die Schwimmhäute haben ein Verhältnis zur Zeit. Das zentrale Kompositum „Zeithof" in der zweiten Strophe gibt besonders zu denken. Ein Hof umgibt ein Haus oder auch ein Schloss. Im Gegensatz zu einem klar begrenzten und fest umrissenen Haus oder Schloss ist ein Hof nicht be-

---

[348] Celan hat sich viel mit Du Bouchet-Übersetzungen beschäftigt, der Nicht-Gesagtes durch weiß gelassene Stellen in seinen Gedichten vor Augen führt, die mitgelesen werden müssen und so das Geschriebene in ein neues Verhältnis zueinander setzen. „SCHWIMMHÄUTE" kann das Nicht-Gesagte und das Nicht-Sagbare meinen, das in den Worten des Gedichtes abwesend gegenwärtig ist und ihnen als Subtext eine bestimmte Richtung des Verstehens gibt.
[349] TCA, Der Meridian, Nr. 571, S. 155.
[350] „Im Kompositum ist die ‚Schwimmhaut' gleichsam eingefaltet, impliziert, in der Präposition erscheint sie ausgefaltet, expliziert." R. Reuß, a.a.O., S. 100.
[351] „An dem Wort ‚SCHWIMMHÄUTE', wie es in Vers 1 begegnet, ist vornehmlich diese Unbestimmtheit hervorzuheben. Es bringt in die Metaphorik des Verses hinsichtlich einer genaueren Zuordnung einen Hof von Verweisungsmöglichkeiten ein, umgeht aber die Realisation einer bestimmten." R. Reuß, a.a.O., S. 98. Doch nur wenn man Schwimmhäute isoliert und rein funktional in sich betrachtet, also den ganzen Vers „SCHWIMMHÄUTE zwischen den Worten" außer Acht lässt, kann von einem „Hof von Verweisungsmöglichkeiten" gesprochen werden. Eher ist anzunehmen, dass Celan mit „SCHWIMMHÄUTE zwischen den Worten" hier begrenzte Möglichkeiten der Deutung, also nicht ganz unbestimmt, präzis realisieren will.

grenzt, er ist offen oder geschlossen. Die Funktion eines Hofes ist nicht genau bestimmbar. So wie „Schwimmhäute" zunächst unbestimmt, d.h. potentiell vieldeutig sind, so kann „Hof" ein Hinweis auf die nicht eindeutige Bestimmbarkeit der Worte sein.

Hof ist weiter ein größerer oder kleinerer Besitz, der auch als ein „Anwesen" bezeichnet werden kann. Besitz ist ständig präsent, ständig verfügbar und so anwesend, also ganz auf die Gegenwart bezogen. Mit dem Begriff Anwesen erscheint die Zeitdimension Gegenwart, denn Anwesenheit ist immer Gegenwart. Der alltagssprachliche Begriff Hof wird mit dem philosophischen Begriff Zeit zusammengebunden, aber nicht so, dass der räumliche Hof erst nachträglich mit der „Zeit" in Verbindung gebracht wird, denn schon im Begriff Hof tritt die Zeit als Gegenwart zu Tage. Der von E. Husserl[352] entlehnte philosophische Begriff „Zeithof" knüpft so an das Gegenwartsverständnis im Begriff Hof an. Mit Zeithof verbinden sich nach Husserl, vom Jetztpunkt der Gegenwart aus gesehen, eine Erinnerung („Retention") an das gerade Gedachte oder Gesprochene und gleichzeitig die Erwartung („Protention") der folgenden Gedanken und der nächsten Worte. In der Gegenwart konstituiert sich Zeit in der Erstreckung in die Vergangenheit und in die Zukunft hinein. Das ist der Zeithof der Worte.[353] In der Gegenwart, dem Ausgangspunkt der Worte,

---

[352] In Husserls Vorlesungen „Zur Phänomenologie des inneren Zeitbewußtseins" findet sich der Ausdruck „Zeithof" zweimal. Er schreibt: „Mit der Auffassung des jetzt erscheinenden, gleichsam jetzt gehörten Tones verschmelzen die primäre Erinnerung an die soeben gehörten Töne und die Erwartung (Protention) der ausstehenden. Der Jetztpunkt hat für das Bewusstsein wieder einen Zeithof, der sich in einer Kontinuität von Erinnerungsauffassungen vollzieht." R. Boehm (Hg.): E. Husserl. Zur Phänomenologie des inneren Zeitbewusstseins. Husserliana X. Den Haag 1966, S. 35.
Die Unterstreichungen in Celans Ausgabe stammen nach B. Wiedemann, KG, S. 818, von Celan selbst. J. Felstiner verweist als Vorlage Celans für den Begriff „Zeithof" auf eine Vorlesung Heideggers, der den Satz von E. Husserl wörtlich übernimmt. Celan unterstreicht Zeithof in seinem Heideggerband. Vgl. John Felstiner: Paul Celan. Eine Biographie. München 1997, S. 334.

[353] Jean Greisch bemerkt zu dieser Stelle: „In der dichterischen Abwandlung des Husserlschen Bildes macht sich freilich eine unheimlichere Möglichkeit bemerkbar, nämlich, dass der ‚Quellpunkt' der lebendigen Gegenwart zu einem bloßen Tümpel verkommt, und daß auch der Leuchtschopf Bedeutung eine Kehrseite zeigt, die ständige Möglichkeit der Bedeutungsferne. Um sich in einer solch verschwimmenden Zeitlichkeit zurechtzufinden, braucht es in der Tat ‚Schwimmhäute zwischen den Worten'." Jean Greisch: Zeitgehöft und Anwesen. Zur Diachronie des Gedichts. In: Otto Pöggeler/Christoph Jamme (Hg.): Der glühende Leertext. Annäherungen an Paul Celans Dichtung, München 1993, S. 264. Fraglich ist allerdings, ob überhaupt von einer „dichterischen Abwandlung des Husserlschen Bildes" gesprochen werden kann, nach der „der Quellpunkt der lebendigen Gegenwart zu einem bloßen Tümpel verkommt" und die Schwimmhäute über eine „verschwimmende Zeitlichkeit" hinweghelfen. Nicht die Zeit selbst ist verschwommen, son-

und in ihrer Erstreckung in Vergangenheit und Zukunft gleichen die Worte einem „Tümpel". Celan übernimmt in diesem Gedicht mit dem Begriff „Zeithof"[354] auch Husserls Zeitverständnis, bezieht allerdings den Begriff auf die Zeitlichkeit der Gedichte selbst in den drei Zeitigungsformen von Gegenwart, Vergangenheit und Zukunft.[355]

Ein Tümpel, der in der Regel kleiner als ein Teich ist, wächst schnell mit Pflanzen zu und verwächst manchmal ganz. Es ist ein stehendes Gewässer, dunkel und trüb. Er könnte bei Tümpel seinen Klinikaufenthalt mitgedacht haben, wo er sich wie in einem Tümpel beengt und gefangen fühlt. Die Möglichkeit, Gedichte zu schreiben, also die Voraussetzung ihrer Entstehung, ist gegenwärtig in der Klinik erschwert. Celan sieht die in der Zeit seiner Klinikaufenthalte geschriebenen, gegenwärtigen Gedichte

---

dern die Dichtung selbst in ihrer zeitlichen Erstreckung. Stehen die Worte im Zeithof, dann beziehen sie sich, gegenwärtig geschrieben, auf Erfahrungen der Vergangenheit und auf Schreibmöglichkeiten in der Zukunft.

[354] „Zeithof" kommt in Celans Gedichten dreimal vor. Die letzten Gedichte Celans tragen den Titel „Zeithof" und sind nach seinem Tode unter dem Titel „Zeitgehöft" erschienen. Vgl. zu Zeithof die beiden Gedichte „Mapesbury Road" in „Schneepart" (GW II, S. 365) und in „Zeitgehöft" „Erst wenn ich dich ..." (GW III, S. 76), wo er von „droben in Zeithöfen" spricht.
Selbst im Brief kann Celan unbefangen von „Zeithof" schreiben, wenn er gegenüber Hanne und Hermann Lenz (27.3.1958) bemerkt: „Aber wollt Ihr denn nicht schon früher kommen bzw. länger bleiben? Gemeint ist der ganze ‚Zeithof' der Ostertage, das Vorher so gut wie das Nachher." Indem Celan Zeithof vermutlich als Zitat kennzeichnet, bestätigt er die Übernahme des Begriffes aus einem anderen Kontext, also vermutlich von Husserl oder Heidegger. In: PC/HHL, S. 105.

[355] „Im Zusammenhang des Celanschen Textes hilft diese philosophiegeschichtliche Reminiszenz indes noch nicht viel weiter." R. Reuß, a.a.O., S. 104. Angesichts des auch von ihm herausgearbeiteten Zeitbezugs der Worte und des zentralen Verhältnisses des ganzen Gedichtes zur Zeit ist diese Bemerkung nicht ganz einsichtig. Reuß übersieht an dieser Stelle den direkten fundamentalen Bezug des Gedichtes Celans zur Zeit, wenn er von „philosophiegeschichtlicher Reminiszenz" spricht.
Er verbindet in seiner Deutung „Höfe" mit „Aureolen – die ‚farbigen Ringe um verschiedene Gegenstände'." „Bekannt ist der Hof des Mondes, indes können alle leuchtenden Punkte Höfe haben." (a.a.O., S. 104) Er folgert dann, „so erhalten aus der Sicht des poetischen Ich jene Zwischenräume zwischen den Worten offenbar den Status eines solchen Hofes, wobei das expressis verbis Geäußerte der energischen Leuchtkraft entspricht, das Verbindende zwischen den Worten hingegen seiner konzentrierten Ausstrahlung in der Zeit." (a.a.O., S. 104f.) Abgesehen davon, ob der Hinweis auf die Lichtmetaphorik im Begriff Hof überzeugt, ist sein Weg, den Zeitbezug „bei dem Verbindenden zwischen den Worten" über die Lichtmetapher und nicht bei den Worten selbst zu finden, nicht einleuchtend, denn die Zeit ist im Kompositum Zeit und Hof schon direkt präsent – auch ohne den indirekten Weg über Hof und dessen Lichtmetaphorik. Daher ist das von Husserl übernommene philosophische Zeitverständnis von besonderer Bedeutung für Celans Gedichte und eben nicht nur eine „philosophiegeschichtliche Reminiszenz". Zeit meint bei Celan immer auch die Zeit der Geschichte, die Daten.

und die, die er noch schreiben wird, in ihrer zukünftigen Reichweite wie bei einem Tümpel immer mehr begrenzt. In „Tümpel" schwingen also sein jetziges beengtes Leben in der Klinik und die begrenzte Reichweite seiner Gedichte in der Zukunft mit. Sogar mit „Graugrätiges" in der dritten Strophe schafft Celan eine Verbindung zum Tümpel, der immer trüb ist, und gleichzeitig schafft er eine Verbindung zur Dimension der Vergangenheit, wie noch zu zeigen sein wird. Aus dieser tümpelähnlichen Situation schwimmt er sich mit seinen Gedichten frei. Die so zentrale Zeitdimension kann auf „Schwimmhäute", auf „Worte" und auf „Tümpel" selbst bezogen werden. Die Gegenwart ist dunkel wie ein Tümpel, die Zukunft wird zwar nicht verunmöglicht, aber eingeschränkt und begrenzt wie in einem Tümpel.

Mit den Metaphern der Schwimmhäute und des Tümpels wählt Celan wie in den beiden anderen am gleichen Tag entstandenen Gedichten Bilder aus der Natur (z.B. „Amsel" in „ANREDSAM" und „Spatz", „tschilpen" in „(Er hatte in der Stadt Paris ...)", um einen Bezug zum Dichten zu erzeugen. Zwischen den Schwimmhäuten in der ersten Strophe und dem Tümpel in der zweiten Strophe besteht eine naturale Verbindung, da Tiere mit Schwimmhäuten sich in einem Tümpel aufhalten und fortbewegen können. So gesehen ist Verdunklung nicht ganz umfassend, denn auch in einem Tümpel können Schwimmhäute tragen und vorwärtskommen lassen. Auch Celans Gedichte tragen wie Schwimmhäute in ihrer Begrenztheit.

Zu denken gibt der Gedankenstrich nach „Zeithof", der dann die Deutung der gesamten zweiten Strophe als Apposition zu „SCHWIMMHÄUTEN zwischen den Worten" relativiert, denn der Gedankenstrich könnte nicht nur mit dem ersten Vers verbinden, sondern ihn auch vom Folgenden trennen, so dass „Tümpel" eine eigene Funktion in diesem Vers erhielte. Der Gedankenstrich könnte als Hinweis auf den dritten Vers gelesen werden und zusammen wie Zeithof die mit dem Gedankenstrich betonte Gelenkstelle zum Verständnis des ganzen Gedichtes sein.

Graugrätiges hinter
dem Leuchtschopf
Bedeutung.

Mit Graugrätigem wird zunächst das Dunkle des Tümpels aus der zweiten Strophe assoziiert. Schauen wir genau hin: Graugrätiges liegt hinter der Bedeutung. Das zusammengesetzte Adjektiv grau-grätig lässt an eine spitze und harte Gräte denken und grau an einen Zustand zwischen hell und dunkel. Man denkt dabei an etwas undeutlich Verschwimmendes wie in einem Tümpel, aber auch an ferne Vergangenheit im Verständnis von

„grauer Urzeit".[356] Grau wird in der alltäglichen Vorstellung negativ gewertet, denn grau gehört nicht zu unseren bevorzugten Farben.

Graugrätiges verweist noch auf eine andere Spur. Ein Fischgrätmuster ist ein gegenläufig schraffiertes Muster in Stoffen, gegenläufig wie eine Gräte. In diesem Verständnis von Musterung und Maserung wären nicht nur einzelne Worte hart wie eine Gräte, grau und düster, sondern als Musterung durchziehen sie hinter der offensichtlichen Bedeutung alles Gesagte. Grau, der Zustand zwischen hell und dunkel, liegt als Grundmuster hinter allen Gedichten und gibt ihnen so erst ihre Struktur. Schwimmhäute bewegen sich, eine Gräte ist leblos, abgenagt, wird fortgeworfen, landet vielleicht sogar in einem Tümpel.

Die späten Gedichte in ihrer Hintergründigkeit, ihrem Assoziationsreichtum des Nichtgesagten und in ihrer gleichzeitigen Präzision bewegen sich in die Zukunft, gedenken der Vergangenheit und werden in der Gegenwart gelesen, aber sie bleiben grau, sie wollen keine „schöne" Poesie sein, sondern karg und genau. In einer Umfrage der Buchhandlung Flinker in Paris spricht Celan von einer „graueren Sprache". „Ihre Sprache (der deutschen Lyrik, Verf.) ist nüchterner, faktischer geworden, sie misstraut dem ‚Schönen', sie versucht, wahr zu sein. Es ist also, wenn ich, das Polychrome des scheinbar Aktuellen im Auge behaltend, im Bereich des Visuellen nach einem Wort suchen darf, eine ‚grauere Sprache', eine Sprache, die unter anderem auch ihre ‚Musikalität' an einem Ort angesiedelt wissen will, wo sie nichts mehr mit jenem ‚Wohlklang' gemein hat, der noch mit und neben dem Furchtbarsten mehr oder minder unbekümmert einhertönte."[357] Die Gedichte aus der „Lichtzwang"- und „Schneepart"-Zeit haben – auch das könnte mit Gräte verbunden sein – sprachlich eine knappe, eher spröde Struktur. Jean Daive vermerkt in seinen Erinnerungen: „In Pauls Büchern gibt es keine Farben (er trägt nie farbige Kleidung). Aber man findet dort Weiß, Schwarz und Grau in allen Schattierungen. ‚Taubengrau – Parisgrau', sagt er."[358]

Mit dem Begriff „Leuchtschopf" verbindet Celan in der dritten Strophe das Wort Bedeutung. Die Wortschöpfung Leuchtschopf überrascht in der Verbindung mit Bedeutung. Leuchtschopf eröffnet zunächst eine doppelte Assoziation: Leuchtturm und Haarschopf. Leuchttürme und ein voller Haarschopf sind weithin zu sehen. Leuchttürme geben Orientierung. Diese Zusammensetzung zweier Substantive verstärkt die Klarheit der Aussage der Gedichte. Sie verlieren nie ihre Bedeutung. Die Gedichte richten sich an Menschen, die sich wie an einem Leuchtturm orientieren kön-

---

[356] R. Reuß sieht in „grau" über die Grauhaarigkeit im Alter wieder die Zeitdimension thematisiert.
[357] GW III, S. 167.
[358] J. Daive, a.a.O., S. 32.

nen.³⁵⁹ Im Nachlass findet sich ein kurzes Gedicht, das Celan ursprünglich als zweite Strophe des Nachlassgedichtes „Erlisch nicht ganz" vorgesehen hatte, es dann aber zu einem eigenständigen Gedicht formte:

SCHREIB DICH NICHT
zwischen die Welten,

komme auf gegen
der Bedeutungen Vielfalt,

vertrau der Tränenspur
und lerne leben.³⁶⁰

Celan weist hier eine angebliche Bedeutungsvielfalt des Geschriebenen zurück, woraus man schließen kann, dass er sprachlich immer Eindeutigkeit und Präzision sucht. Der „Leuchtschopf Bedeutung" kann als der Teil des einzelnen Gedichtes und der Gesamtheit der Gedichte verstanden werden, der klar zu verstehen ist, während graugrätig den stets präsenten dunklen Hintergrund der Dichtung meinen könnte, der nie ganz in die Klarheit des Verstehens gebracht werden kann. Wenn man will, ist das Graugrätige das aus dem dunklen Tümpel der Vergangenheit und des eigenen Lebens Gezogene. Es ist dann zur Dichtung geworden und immer präsent. Bezogen auf die Zeitdimension zeigt die letzte Strophe die überragende Bedeutung der Vergangenheit für Celans Gedichte.

Er wehrt sich in einer gesundheitlich schweren Zeit gegen den Vorwurf, dass seine Gedichte unverständlich und dunkel seien. Am 7.4.1970, kurz vor seinem Tod, schreibt er an seinen Verleger Siegfried Unseld zum Band „Lichtzwang", dessen Erscheinen unmittelbar bevorsteht: „Meine Gedichte sind weder hermetischer geworden noch geometrischer; sie sind nicht Chiffren, sie sind Sprache; sie entfernen sich nicht noch weiter vom Alltag, sie stehen, auch in ihrer Wörtlichkeit – nehmen Sie etwa ‚Fertigungshalle' –, im Heute. Ich glaube, ich darf sagen, dass ich mit diesem Buch ein äußerstes an menschlicher Erfahrung in dieser unserer Welt und dieser unserer Zeit eingebracht habe, unverstummt und auf dem Weg zu Weiterem."³⁶¹

---

³⁵⁹ Im Gedicht „Klopfzeichen, Kopfleuchten" spricht er in einem anderen, ähnlichen Nomen von „Kopfleuchten".
³⁶⁰ NG, S. 133. Obwohl dieses Gedicht nicht in einen publizierten Gedichtband aufgenommen wurde, zeigen die Varianten bis zur endgültigen Fassung am 24.4.1966 auch hier das klare Bewusstsein und das Ringen Celans um die Bedeutung einzelner Worte.
³⁶¹ TCA, Lichtzwang, VIII f.

Celan arbeitet „die Vielstelligkeit des Ausdrucks" bei gleichzeitiger „Präzision"[362] seiner Gedichte heraus. Gegenüber dem ersten Entwurf schreibt Celan in der Endfassung den Begriff „Bedeutung" allein in eine eigene Zeile und gibt so diesem Begriff ein besonderes Gewicht. Konkrete Bezüge und konkrete Ereignisse seines Lebens bringen viele geschichtliche und persönliche Dunkelheiten klar wie ein Leuchtturm und voll wie ein Haarschopf, also „leuchtschopfartig", zur Sprache. Sie haben eine Bedeutung, die aber nicht bei flüchtiger Lektüre ohne weiteres verständlich ist, sondern zwischen hell und dunkel liegt. In diesem Sinn kann mit Jean Greisch durchaus gesagt werden, „daß auch der Leuchtschopf Bedeutung eine Kehrseite zeitigt, die ständige Möglichkeit der Bedeutungsferne."[363] Celans Dichtung lebt aus einer „graueren Sprache", dem „Graugrätigen", zielt aber bis zuletzt auf Präzision und damit auf Bedeutung seiner Gedichte. Er schreibt bis zu seinem Tode keine hermetischen Gedichte.

---

[362] In der Antwort auf die Umfrage der Buchhandlung Flinker im Jahr 1958 in Paris sagt Celan zu seiner dichterischen Sprache: „Dieser Sprache geht es, bei aller Vielstelligkeit des Ausdrucks, um Präzision. Sie verklärt nicht, ‚poetisiert' nicht, sie nennt und setzt, sie versucht, den Bereich des Gegebenen und des Möglichen auszumessen." In: GW III, S. 167.

[363] Jean Greisch, s. Anm. 351.

ANREDSAM

ANREDSAM
war die ein-
flüglig schwebende Amsel,
über der Brandmauer, hinter
Paris, droben,
im
Gedicht.

„Anredsam" findet sich als letztes Gedicht im Zyklus IV des Bandes „Lichtzwang".[364] Es besteht aus nur einem Satz und ist um den längsten Vers „über der Brandmauer, hinter" aufgebaut. Die Zeile mit „der Brandmauer" bildet die Spiegelachse von jeweils drei Zeilen bis zu dem Anfangswort „ANREDSAM" und dem Endwort „Gedicht". „ANREDSAM" mit dem Wortstamm „Rede" in der ersten und „Gedicht" in der letzten Zeile weisen auf das gesprochene und geschriebene Wort hin. Celan wählt als Überschrift das eher mediale „ANREDSAM", auf das noch näher eingegangen wird.

Optisch erinnert das Gedicht an einen fliegenden Vogel. Die Wahrnehmung gilt nicht allein dem Inhalt und dem Sprechen des Gedichtes, sondern in der Wahl der Zeilenumbrüche erscheint dem Auge etwas: keine Metapher, sondern die Gestalt des Gedichtes selbst, das einem Vogel im Flug gleicht. Dieses Gedicht „fliegt" gleichsam von der Mitte „über der Brandmauer, hinter" zurück zu den beiden Eckpolen „ANREDSAM" und „Gedicht." Durch die Worte „ein-/flüglig", „schwebend", „über" und „droben" gewinnt es inhaltlich die Leichtigkeit eines fliegenden Vogels. Celans sehr große Sprachsensibilität legt nahe, dass diese differenzierte Einheit von Sprechen, geschriebenem Gedicht und optischer Gestalt beabsichtigt war.

„ANREDSAM", das im Band „Lichtzwang" vorangehende Gedicht „SCHWIMMHÄUTE" und das nicht aufgenommene, aber am gleichen Tag entstandene Gedicht „(Er hatte in der Stadt Paris ...)" können auch als ein dichterischer Schlusspunkt von Celans Aufenthalt in der psychiatrischen Klinik Sainte Anne in Paris angesehen werden. Er verließ diese Klinik endgültig am 17.10.1967. Wie die Korrespondenz mit seiner Frau in diesen Tagen belegt, ist dieses Gedicht und noch weitere vier in ihrer End-

---

[364] GW II, S. 298.

fassung bei einem Wochenendaufenthalt außerhalb der Klinik entstanden.[365]

Kommen wir zum Gedicht selbst zurück.

„über der Brandmauer, hinter
Paris, droben,"

In der Mitte des Gedichtes steht die Brandmauer. Sie ist eine „starke Mauer zwischen den aneinanderstoßenden Häusern, die das Übergreifen von Feuer verhindern soll".[366] Sie soll also vor einem Brand schützen. Im Wort Brandmauer fließen verschiedene Konnotationen zusammen. Die Brandmauer lässt zunächst an den konkreten Ort der Psychiatrie denken, der Celan schützen und heilen sollte, ihn aber auch von seinem gewohnten Leben in Paris abtrennte. Gleichzeitig werden die Brände des Krieges und Celans persönliche Betroffenheit von den Nazigräueln wachgerufen. Diese Schrecken und sein Aufenthalt in der Klinik wirken wie ein Brand. Die Brandmauer schützt zwar, vergegenwärtigt aber gleichzeitig das Brennende seines jetzigen Aufenthaltes in der Psychiatrie und das Brennende der Vergangenheit. Welche Aussagekraft die Metapher der Mauer für Celan hatte, zeigt auch das Gedicht „Klopfzeichen, Kopfleuchten."[367]

In dem Gedicht „Die NACHZUSTOTTERNDE WELT ..." heißt es:

„Die NACHZUSTOTTERNDE WELT,
bei der ich zu Gast
gewesen sein werde, ein Name,
herabgeschwitzt von der Mauer,
an der eine Wunde hochleckt."[368]

Die Mauer kann für Unüberwindbarkeit und Gefangenschaft, im Äußersten sogar für die Erschießungsmauer in den Lagern stehen. Dann wäre „herabgeschwitzt" eine Anspielung auf den Angstschweiß der Gemarterten. Die hochleckende Wunde verbindet sich mit dem verwundeten, auch sprachwunden dichterischen Dasein. Und der Name, der so oft ausgelöscht wurde, erinnert an die Einmaligkeit, Unverwechselbarkeit jedes Menschen mit seiner persönlichen Geschichte.

In den Entwürfen zum Gedicht „ANREDSAM" fällt auf, dass Celan an der Stellung der adverbialen Bestimmungen „droben" und „hinter" viel

---

[365] Zur genaueren Entstehungsgeschichte der drei Gedichte vgl. Anm. 345 zum Gedicht „Schwimmhäute ..."
[366] Vgl. TCA, Lichtzwang, S. 127.
[367] Vgl. hierzu die Auslegung im vorliegenden Band.
[368] GW II, S. 349.

gearbeitet hat.[369] Daraus kann ableitet werden, dass dem unscheinbaren Adverb „droben" eine herausragende Bedeutung zukommt. Was verbindet sich damit? „Droben" deutet zunächst konkret auf den Hügel „Sainte-Geneviève" im Quartier Latin hin, wo Celans Arbeitsstätte und zeitweise seine Wohnung in der École Normale Supérieure (ENS) lagen. Im Vergleich zur psychiatrischen Klinik im 14. Arrondissement befindet sich die École Normale Supérieure in der Höhe, topografisch gesehen also „droben". Und ein Teil des Namens der Schule, das „Supérieure", könnte ebenfalls mit dem Gedanken der Höhe zusammengebracht werden. So wie „droben" auch als der Erde entfernt und so dem Himmel nahe verstanden werden kann. Dichten ist wie ein Schweben über der Erde; der Akt der Inspiration ist dem Alltäglichen enthoben. Dass auch der Wohnort für Celan in dieser Zeit eine große Rolle gespielt hat, liegt daran, dass ihn seine Frau im April 1967 gebeten hat, getrennt von ihr zu leben, und er sich um eine neue Wohnung kümmern musste. Erst am 20. November 1967 bezieht er ein möbliertes Zimmer in der rue Tournefort, 24, ganz in der Nähe der École. Obwohl „über", „hinter" und „droben" an einen Überstieg und an ein Verlassen bestimmter Orte denken lassen, werden diese paradoxerweise durch diese Präpositionen und das Adverb erst hervorgehoben. „Droben" vergegenwärtigt also konkrete Lebensorte Celans: die Klinik St. Anne im 14. Arrondissement, wo er keine Gedichte schreiben kann, und die École Normale Supérieure, seine neue Wohnung, wo er noch arbeiten und Gedichte schreiben kann.

Die Amsel schwebt „über der Brandmauer, hinter / Paris, droben." Die von Celan genau gewählten Präpositionen „hinter", „droben" verweisen zunächst auf die genannten Lebensorte, gleichzeitig aber werden diese Orte durch die Amsel überflogen. Die Brandmauer ruft, wie erwähnt, Erinnerungen an das Brennende in Celans Leben wach und schützt gleichzeitig vor dem Übergriff des Feuers auf seine Gedichte. Das Gedicht wird nicht durch den Brand (wie der Dichter selbst) angegriffen oder gar zerstört, aber es bleibt bedroht. Es bleibt jedoch ganz und rettet sich mit seiner Sprache vor jedem Angriff und weist so über sich hinaus nach „droben". Die Amsel schwebt nicht außerhalb der Gefahr, denn sie könnte, da sie einflüglig ist, auch abstürzen. Diesen konkreten Ort der Gefahr hat die Amsel im Gedicht überstiegen. Aus der Vergangenheit in die Zukunft hinein ist das Gedicht gerettet.

Die Amsel schwebt „hinter / Paris, droben," Wo ist dieses „hinter Paris?" Paris ist der Ort der Gefährdung und Verwundung. Diesen konkreten Ort der Gefahr hat die Amsel im Gedicht überstiegen. Wenn „hin-

---

[369] Vgl. TCA, Lichtzwang, S. 127. Im Entwurf setzte Celan zunächst „droben" direkt nach „über der Brandmauer", also „über der Brandmauer, droben", dann strich er „droben" durch und schrieb in eine Zeile „hinter Paris, droben,". In der endgültigen Fassung korrigierte er nochmals und setzt „Paris, droben," in eine Zeile.

ter" zeitlich, also im Verständnis von hinterher zu lesen ist, dann verweist das Gedicht in eine offene Zukunft, losgelöst vom Ort seines Entstehens in Paris. In diese offene Zukunft hinein ist das Gedicht gerettet. Es wird deutlich, dass „hinter", streng geografisch verstanden, den gewählten Blickwinkel mitüberlegen muss. Beim Blick von der Gegend um die „École Normale Supérieure" ginge der Blick hinter die Gegend der Klinik, während der Blick von der Klinik aus dann hinter die Pantheongegend, den Lebens- und Arbeitsort Celans, geht. Dann bleibt die Anredsamkeit im Gedicht auch dort erhalten, wo Paris als Ort der Entstehung der Gedichte hinter sich gelassen wird. Allerdings lässt das Enjambement „hinter / Paris, droben" noch eine andere Deutungsmöglichkeit zu, da Paris und droben nun in einer Zeile zu finden sind. „Hinter" Paris kann die Bedeutung von „ich stehe hinter, ich stehe zu Paris" haben. Der Dichter steht in allen Schwierigkeiten zu der von Paris ausgehenden Bestimmung als Dichter und zu den Gedichten, die „droben" geschrieben wurden. Droben bei seinen Wirkungsstätten steht der Dichter zu seiner Dichtung in Paris.

Die Amsel schwebt einflüglig über der Brandmauer. Ein Vogel mit einem Flügel kann biologisch gesehen nicht fliegen oder gar schweben. Warum fehlt der Amsel ein Flügel? Hat sie ihn durch eine Verwundung verloren? Darauf gibt das Gedicht keinen Hinweis. Aber auch in diesem verletzten Zustand schwebt die Amsel und bewahrt ihr Gleichgewicht. Der fehlende zweite Flügel könnte auf die Unvollständigkeit des Gespräches hinweisen. Könnte der gesuchte Gesprächspartner nicht der zweite Flügel sein, der das Gespräch mit dem Dichter über das Gedicht sucht? Bewahrt erst der Gesprächspartner die einflüglig schwebende Amsel vor dem Absturz und lässt sie weiterhin wie mit zwei Flügeln schweben? Die Leser der Gedichte Celans sind nicht passive Rezeptoren, sondern höchst aktive Gesprächspartner. Dichten gleicht so einem einflüglig Schweben und bleibt auf der Suche nach dem zweiten Flügel, dem Leser. Die Amsel schwebt über der Brandmauer, d.h. zwischen der Gegenwart und der dunklen Vergangenheit, sie ist verwundet, hat nur noch einen Flügel und bleibt doch „anredsam" – im Gedicht und über das Gedicht.

Nicht rein zufällig erinnert das gesprochene Wort Amsel an den eigentlichen Namen Celans, Paul Antschel. In einem Briefentwurf an Wagenbach finden sich folgende Zeilen: „in *F[ranz] K[afka]*'s Tagebuch steht – auf welcher Seite? der Nord-Seite wohl – zu lesen, daß K. mit seinem jüdischen Vornamen Amschel hieß. ‚Amschel' und hier sind wir bald wieder im Süden – das ist die ursprüngliche Form meines Zunamens Antschel und im Grunde die mittelhochdeutsche Form von Amsel. (Sie sehen, auch dieser Vogel ist schwarz, aber: es ist kein Rabe!) Wenn mein

Germanisten-Gedächtnis mich nicht täuscht, so heißt es irgendwo bei Hans Sachs: ‚die amschel schwelget auf der fleten'. –"[370]

Die Amsel stellt eine Verbindung von Celans Namen zum Namen Kafka her. Sie ist wie er ein schwarzer Vogel, der die schreckliche und dunkle Vergangenheit im Namen Kafka mitnennt.

Im Gedicht „VOM ANBLICK DER AMSELN" wird dagegen die Amsel positiv konnotiert.

„VOM ANBLICK DER AMSELN", abends,
durchs Unvergitterte, das
mich umringt,

versprach ich mir Waffen.

Vom Anblick der Waffen – Hände
vom Anblick der Hände – die längst
vom flachen, scharfen
Kiesel geschriebene Zeile
...
die Zeile, die Zeile,
die wir umschlungen durchschwimmen,
zweimal in jedem Jahrtausend,
all den Gesang in den Fingern,
den auch die durch uns lebendige,
herrlich – undeutbare
Flut uns nicht glaubt.[371]

Ohne hier eine genauere Interpretation dieses Gedichtes geben zu können, ist offensichtlich, dass mit Waffen nur die Waffen des Wortes, „die Zeile, die Zeile", verstanden werden können. Der Anblick der Amsel führt zur Gewissheit von Waffen und zur Gewissheit der Hände, mit denen der Dichter schreibt und wie mit Waffen kämpft – Schreiben als ein Kampf um das unverbrauchte, noch nicht gesagte Wort. In seinem Ethos als Dichter sind Waffen auch Waffen gegen das Verschweigen. Das „Unvergitterte", das nicht durch eine verbrauchte Sprache Gefilterte, umringt, d.h. bedrängt den Dichter. Daher braucht er seine Hände, die ihm als Waffen zum Schreiben dienen. Mit den Händen schreibt der Dichter seine

---

[370] KG, S. 746.
[371] GW II, S. 94. In einer frühen Fassung dieses Gedichtes heißt es zunächst „Vom Anblick der Amseln, abends, / versprach ich mir Hände". „Siehe die Lesenotiz vom 27.10.1961: Mehr als Trost ist /auch du hast Waffen / Franz Kafka.' Dieser Schlusssatz von Kafkas letztem Tagebuch ist auch in *Tagebüchern 1910–1923* angestrichen (S. 585)." KG, S. 746.

Gedichte, schafft „den Gesang in den Fingern." Die Exegese der Gedichte „Auf Reisen" und „Zwölf Jahre" im vorliegenden Band arbeitet diese enge Verbindung von Schreiben und Hand bei Celan heraus.

Neben der Nähe der Amsel zu Celans und Franz Kafkas Namen und neben der Einflügligkeit ist auf das Schweben der Amsel zu achten. Sie kommt schwebend sanft und leise, obwohl Amseln in Wirklichkeit oft lärmend, fast aggressiv sind. Schwebende Vögel bewegen sich langsam in der Luft fort, ohne den Boden zu berühren und einen festen Halt zu haben. Schweben heißt sich bewegen zwischen aktivem Fliegen und passiven Ruhen. Schweben meint daher, sich zwischen zwei Möglichkeiten zu befinden und unentschieden zu sein. Das Subjekt des Satzes, die „schwebende Amsel", korrespondiert wie die gedeuteten Präpositionen „über", „hinter" mit Celans schwieriger Situation des Klinikaufenthaltes und seiner Wohnungssuche. Von Neuem weiß der Dichter nicht, wo sein Platz ist, wo er hingehört. Doch gleichzeitig bleibt die Amsel anredsam.

Die Amsel ist kein Singvogel. Im Gedicht wird zwar nicht weiter auf das Nichtsingen der Amsel (vgl. dagegen das Tschilpen in „Er hatte in Paris den Spatzeneid geschworn ..." als Metapher für das Dichten) eingegangen, was ein dichterischer Hinweis für die Unmöglichkeit des Dichtens sein könnte, das Erlebte adäquat zur Sprache bringen zu können.

Hier steht nicht in erster Linie der Vorgang des Dichtens, sondern das Gedicht selbst im Mittelpunkt. Die schwebende Amsel kann auf den Dichter bezogen werden, aber ebenso wichtig ist der Hinweis auf das Gedicht im Gedicht. Das Schweben betrifft so nicht nur den Dichter an den verschiedenen Orten, sondern das vollendete Gedicht selbst. Es hält sich in der Schwebe, da es nicht eindeutig auf eine Interpretationslinie festgelegt werden kann. Daher bewegt es sich beim Leser zwischen mehreren Möglichkeiten der Deutung.

Viele Gedichte sind zwar auch in der Psychiatrie und an Celans Arbeitsplatz in der École Normale Supérieure entstanden[372], aber das Gespräch über die Gedichte ereignet sich nicht an den Orten ihrer Entstehung („hinter / Paris"!), sondern mit dem Gedicht selbst. Wenn man will, könnte hier die philosophische Unterscheidung von ‚Geltung' und ‚Genese' auf das Gedicht angewendet werden. Im Gedicht bleibt der Dichter weiterhin anredsam. Celan verwendet nicht das geläufigere passive Adjektiv „anredbar" oder „ansprechbar" und nicht das eher aktive „anredend", sondern er wählt die Wortschöpfung „anredsam". Wer anredsam ist, redet nicht, er schweigt zunächst. Im Schweigen hört er, ob und wie er angesprochen wird. ANREDSAM steht als einziges Wort in der ersten Zeile.

---

[372] „Erstaunlich bleibt, was er diesem grausam reduzierten Leben an dichterischer Leistung abtrotzte. Zu Hause, unterwegs, ja sogar in den Kliniken schrieb und schrieb er Gedichte. Der sein Leben nicht mehr leben konnte, hielt schreibend an seinem Lebensziel fest." In: Th. Buck, a.a.O., S. 65.

Durch die Inversion der Stellung, die Majuskeln und als einziges Wort in der ersten Zeile gewinnt dieses Adjektiv eine „Starktonstellung" (Chr. Jamme). „Anredsam" schließt über das rein passivische „ansprechbar" hinaus eine größere Aktivität ein. Celan formuliert mit „anredsam" nicht einen seiner typischen Imperative (z.B. „Sag" in „24, Rue Tournefort"), sondern nennt eher eine Befindlichkeit und einen Zustand. Er geht mit dem Gedicht auf andere zu und sucht das Gespräch. Er ist anredsam und findet sich in einem Zustand der Gesprächsbereitschaft, und er lebt, so könnte man sagen, mit seiner gesamten Dichtung in einer Stetsbereitschaft zum Gespräch. Celan spricht jetzt trotz seiner Schwierigkeit, im Augenblick Gedichte zu schreiben, weiter in seiner sich fortsetzenden Dichtung, und er hat zuvor schon in vielen Gedichten gesprochen. Auch seine späten Gedichte, die zwar einen Zug zum Verstummen aufweisen, sich verknappend zurücknehmen und einfach reduzierter werden, suchen weiterhin das Gespräch über das Gedicht. Der Dichter spricht, indem er dieses Gedicht schreibt und dabei auf ein geschriebenes Gedicht in diesem Gedicht verweist. Allerdings gibt das Präteritum „war", wie erwähnt, zu denken.

Jedes Gedicht kommt still wie die schwebende Amsel. Die Amsel – so könnte ergänzt werden – schweigt im schwebenden Flug. Dieser enge Bezug von Schweigen und Gedicht findet sich in „AUF HOHER SEE". Es endet mit der Zeile:

„an dem ich hänge als ein Blatt, das schweigt und schwebt."[373]

Aber das Schweigen kann nicht das letzte Wort zu diesem Gedicht und zur Dichtung sein, sonst bildete der erste Vers „ANREDSAM" in dieser herausgehobenen Stellung nicht einen so wichtigen Auftakt. Das Sprechen des Gedichtes bricht das Schweigen, obwohl es „in die Stille" hineinspricht. Celan versteht Dichtung als ein „Gegen-wort" gegen das Schweigen und gegen das Verschweigen. Das Wort seiner Dichtung ist aus einer Wunde geboren, hier individuell aus dem Brand seines Klinikaufenthaltes und historisch aus der Shoah. Das Wort ‚stottert nach', stammelt wie aus einer Wunde. Aber manchmal beansprucht es sogar, zu einem „Zeltwort"[374] zu werden, das kurze Zuflucht bietet.

Die Gedichte allein erhalten sich als letzten Ort des Gespräches droben über der Brandmauer und hinter der Stadt Paris.

---

[373] GW I, S. 45. Vgl. hierzu die Auslegung im vorliegenden Band.
[374] GW I, S. 258.

EINGEJÄNNERT

EINGEJÄNNERT
in der bedornten
Balme. (Betrink dich
und nenn sie
Paris.)

Frostgesiegelt die Schulter;
stille
Schuttkäuze drauf;
Buchstaben zwischen den Zehen;
Gewißheit

In einer Antwort an den befreundeten jüdischen Literaturprofessor Peter Szondi vom 21.11.1967, der an Celan geschrieben hatte, dass „es ihm seit vielen Wochen nicht sehr gut" gehe, wird dieser von Celan ermutigt: „Aber verlieren Sie nicht die Zuversicht, lieber Peter! Ich weiß aus Erfahrung, wie viel Widerstand und Arbeitskraft unsereins mitbekommen hat: erstaunlich viel! Sie werden noch oft und wieder und wieder aus dem Vollen schöpfen – ich bin dessen sicher."[375]

Im offensichtlichen Kontrast zu dem Zuspruch und der Zuversicht für seinen Freund Peter Szondi in diesem Brief steht der winterliche Besuch Celans in Berlin 1967, dem im November nach einem Klinikaufenthalt die Trennung von seiner Frau und der Umzug in ein kleines möbliertes Appartement in die rue Tournefort, vorausgegangen sind. Bei seinem Berlin-Aufenthalt traf Celan Szondi und erinnerte sich auf seinen Streifzügen durch die Stadt an die Verbrechen der deutschen Geschichte. Das Gedicht „Du liegst im großen Gelausche"[376] ruft mit den „Fleischerhaken" in der Hinrichtungsstätte Plötzensee, mit dem „Landwehrkanal", in den die ermordeten Rosa Luxemburg und Karl Liebknecht geworfen wurden, diese Geschichte wach. Dieser winterliche Besuch Celans in Berlin 1967, die zu Beginn des Jahres 1968 entstandenen Gedichte fallen in eine persönliche Krisenzeit des Dichters. „Persönlich" heißt bei ihm oft, dass er seine ganze Existenz in Frage gestellt sieht.

Am 9.1.1968 schrieb Celan an F. Wurm: „... ich bin, seit meiner Rückkehr aus Berlin, auf das eindringlichste auf meine Grenzen verwie-

---
[375] Paul Celan-Peter Szondi. Briefwechsel. Frankfurt a.M. 2005, S. 68. (= PC/PSz)
[376] GW II, S. 334.

sen, auf meine Unfreiheit, mein Nirgendwo; mir ist, mit einem Wort, ziemlich elend zumute, Paris ist mir eine Last – die ich nicht abschütteln darf, ich weiß –, das Unterrichten freut mich nicht (im Gegenteil), die paar Zeilen, die ich gelegentlich zusammendichte, halten nicht vor."[377] Zu Beginn des Jahres 1968 wuchs die Vereinsamung in Celans Leben.

Vor diesem deprimierenden persönlichen Hintergrund ist das vorliegende Gedicht „EINGEJÄNNERT"[378] zu lesen, das in den letzten von Celan zusammengestellten Gedichtband „Schneepart" aufgenommen worden und erst 1971 posthum erschienen ist.

Die zwei Strophen des Gedichtes setzen sich aus jeweils fünf Versen mit jeweils elf Worten zusammen. Erst in der letzten Fassung setzt Celan das Titelwort des Gedichtes „EINGEJÄNNERT" in Majuskeln. Der Begriff „Eingejännert" als Partizip Perfekt ist in den gesamten Gedichten Celans einmalig, obwohl sich das Partizip als Stilmittel auch in anderen Gedichten findet, wie z.B. in „Weggebeizt", „Gewiddert" oder „Eingedunkelt".

Das Substantiv „Jänner" dient als Teil der Überschrift im Gedicht „Tübingen, Jänner" (Jänner – die österreichische Bezeichnung für Januar) und verweist auf den von Celan geschätzten Dichter Friedrich Hölderlin, der 34 Jahre lang geistig umnachtet in Tübingen im sogenannten Hölderlinturm lebte. Beide Gedichte beschäftigen sich unter Nennung der Städte Tübingen und Paris mit der Situation und der Stellung eines Dichters: Hölderlins in Tübingen und Celans in Paris. Zwischen beiden Gedichten zeigen sich Bezüge.[379] „Jänner" nennt zunächst den konkreten Zeitpunkt der Entstehung: Januar 1961 für „Tübingen, Jänner" und Januar 1968 für „EINGEJÄNNERT". „Jänner", das von Celan auch in seinen Briefen benutzte Wort für Januar, hat darüber hinaus einen weiten Bedeutungshof.[380] Der Januar weist auf Büchners Erzählung „Lenz" hin, in der der Schriftsteller Jakob Michael Reinhold Lenz (1751–1792) an einem 20. Januar durch die Vogesen zum Pfarrer Oberlin wandert.[381] Der 20. Januar ist

---

[377] PC/FW, Brief Nr. 87, S. 124. Vgl. auch das Ende des Briefes Nr. 107, S. 147, während der Mai-Unruhen 1968: „Weil ich nicht weiß, in welcher meiner Einsamkeiten ich dermaleinst werde verrecken dürfen: Grüße ich Sie herzlich Ihr Paul"

[378] GW II, S. 351.

[379] Obwohl die beiden Gedichte nicht im Detail verglichen werden können, gilt: Beide Dichter leben in einer Stadt isoliert, vereinsamt, umgeben von Unverständnis. Beide haben bereits einen großen Teil ihres Werkes geschrieben.

[380] Ebenfalls kann auf das Bachmann-Gedicht „Prag Jänner 64" verwiesen werden.

[381] Georg Büchner: Werke und Briefe. Hg. von Fritz Bergmann, Wiesbaden, 1958. S. 85. Nach dieser Ausgabe zitierte Celan in seiner Büchnerpreisrede „Der Meridian". Textkritisch besteht heute Konsens darüber, dass Büchner ursprünglich geschrieben hat: „Den 20. ging Lenz durchs Gebirg." In seiner Dankesrede bei der Verleihung des Büchner-Preises 1960 zitierte Celan Lenz, der bedauert haben soll, dass er „von Zeit zu Zeit nicht auf dem Kopf gehen konnte". Und er nimmt diesen Satz

gleichzeitig der Tag der Wannseekonferenz 1942, an dem die praktischen Regelungen für die „Endlösung der Judenfrage" in Berlin in einer Villa am Wannsee beschlossen wurden. In diesem doppelten Bezug auf die Dichter Lenz und Hölderlin einerseits, andererseits auf die Wannseekonferenz stehen die für Celan poetologisch zentralen, oft zitierten Sätze: „Vielleicht darf man sagen, dass jedem Gedicht sein 20. Jänner eingeschrieben bleibt? Vielleicht ist das Neue an den Gedichten, die heute geschrieben werden, gerade dies: dass hier am deutlichsten versucht wird, solcher Daten eingedenk zu bleiben?

Aber schreiben wir uns nicht alle von solchen Daten her? Und welchen Daten schreiben wir uns zu?"[382] Der 20. Januar bleibt in Celans Leben immer gegenwärtig und lebendig. „Der ‚20. Jänner' schlägt in Celans Leben zurück."[383]

In den Dichtern Hölderlin und Lenz und in dem Vernichtungsbeschluss der Wannseekonferenz findet Celan einen Spiegel seiner eigenen inneren Lebenssituation und seiner Dichtung. Vor diesem Bewusstseinshorizont sieht er sich selbst „eingejännert", d.h. eingeschlossen und vereinsamt. Gesteigert wird dieses vereinsamende Eingejännertsein durch den Ort dieser Vereinsamung „in der bedornten / Balme." Celan vermerkt für Balme „nischenartige Höhle."[384] Ob unter Balme ein „Fluchtort"[385] oder „eine Höhle, in der Menschen der Eiszeit sich in schwierigsten Zeiten auf das hin sammelten, was ihnen ein Überleben ermöglichte"[386], zu verstehen ist, bleibt für das Gesamtverständnis des Gedichtes sekundär, denn ob Höhle oder Fluchtort – beides sind keine Wohnorte, sondern dienen zum vorübergehenden Schutz und sind zudem eiskalt, erst recht im Winter. Das „bedornt" erhöht diese Ungeborgenheit und verstärkt die Schmerzen des Alleinseins. Dornen gelten als Hinweis auf Leiden.[387] Die „bedornte

---

auf: „Wer auf dem Kopf geht, meine Damen und Herren – wer auf dem Kopf geht, der hat den Himmel als Abgrund unter sich." In: GW III, S. 195.

[382] A.a.O., S. 196.
[383] Otto Pöggeler: Spur des Worts. Zur Lyrik Paul Celans. Freiburg 1986, S. 289.
[384] „Auf einer Karteikarte (...) notiert Celan: ‚Balmf.caverna in drupe mlat. Balma'; darunter Skizze und verso: ‚Nischenartige Höhle, die, bsd. im Jura dadurch entsteht, dass unter einer harten Gesteinsbank weichere Schichten ausgeräumt werden.' Balmen werden in der Steinzeit als Wohnstätten (Abri) genutzt." In: TCA/SP, S. 37.
[385] Theo Buck: Celan und Frankreich. Celan-Studien V. Aachen 2002, S. 79. In diesem Band findet sich S. 77–81 eine Interpretation dieses Gedichtes.
[386] Otto Pöggeler, a.a.O.
[387] Vgl. das Ende des Gedichtes „Psalm" „über, o über / dem Dorn", wo das Leiden Jesu mitgedacht ist. Celan platziert dieses Gedicht in dem Band „Niemandsrose" vor „Tübingen, Jänner". Vgl. auch in „(Er hatte in der Stadt Paris ...)" den Vers „kein Dorn ging je verlorn". Siehe die Auslegung dieses Gedichtes in diesem Band.

Balme" bietet keine Wohnstatt mehr, geschweige denn ein bergendes Haus oder eine Wohnung, sondern ist eine vorübergehende und nur kurz Schutz bietende Behausung. Der Imperativ „Betrink dich ..." kann als Aufforderung zu momentanem Vergessen und zum Verdrängen dieser schwer erträgbaren Unbehaustheit gelesen werden. Im Moment kann diese eisige Vereinsamung nur durch Betrinken ausgehalten bzw. aus dem Bewusstsein verdrängt werden. In der Parenthese wird die Balme mit Paris („sie") identifiziert.

„Paris" bildet einen eigenen Vers. Paris wird 1968 für Celan zu einer engen Höhle, reduziert auf seine Arbeitsstelle an der École Normale Supérieure, auf sein kleines Appartement in der rue Tournefort und auf die Place de la Contrescarpe.[388] Jean Daive, ein Freund und Begleiter Celans bei seinen Spaziergängen in der Stadt, beschreibt in seinen Erinnerungen „Unter der Kuppel" immer wieder Touren mit Celan um den „Place de la Contrescarpe", das heimliche Zentrum dieses „Dorfes"[389]. Besonders erschütternd ist die folgende Erinnerung: „Rue d'Ulm. Place de la Contrescarpe. Rue du Pot-de-Fer. Rue Tournefort. Ich bringe ihn nach Hause, dorthin, wo später Edith eine Wohnung für ‚uns' einrichten wird. Derselbe Hof. Derselbe Widerhall (höllisch). Die Welt wird verstärkt. Eine Höhle. Hier ist Paul dem Wahnsinn anheim gefallen."[390] Paris ist in der Wahrnehmung Celans verkleinert, geschrumpft auf wenige Orte und ist nun zur engen „Höhle" und Hölle geworden. „Ein-gejännert" lässt wie eingepackt oder eingeschlossen an eine vollkommene Ein- und Umschließung ohne minimale lichtgebende Öffnung wie bei einer Höhle denken. Dunkelheit und Einsamkeit sind übermächtig. „Die zehn kurzen, hart gefügten ‚Verse' enthalten die lyrische Selbstsituierung eines Mannes, der mit sich und der Welt abgeschlossen hat."[391]

Diese innere Situation betrifft zutiefst Celans Dichten selbst und sein Selbstverständnis als Dichter, denn die folgenden fünf Verse der zweiten Strophe, durch drei Semikola voneinander getrennt und so gleichzeitig inhaltlich miteinander verbunden, benennen seine momentane Befindlichkeit:

---

[388] Öfters spricht er von dem „Dorf" und meint damit auch diese drei ganz nahe beieinander liegenden Orte in der Großstadt Paris. (Vgl. das Gedicht „Aus dem Moorboden" mit dem Schlussvers „Dorfluft, rue Tournefort".) In „Paris, Kleinstseite", ebenfalls 1968 geschrieben, ist die Reduktion des Ortes schon im Titel des Gedichtes zu finden, noch als ironische Steigerung zur Prager „Kleinseite". In „Klopfzeichen, Kopfleuchten" spricht er vom „Ritt ins Nachbardorf: nach / Paris". Siehe die Auslegung dieser Gedichte im vorliegenden Band.
[389] „Die Contrescarpe ist ein Dorf. ... Place de la Contrescarpe. Unser Dorf. Auf der Terrasse des La Chope sitzend." In: Jean Daive, a.a.O., S. 120f.
[390] A.a.O., S. 30.
[391] Th. Buck, a.a.O., S. 78.

Frostgesiegelt die Schulter;
stille
Schuttkäuze drauf;
Buchstaben zwischen den Zehen;
Gewißheit

Die vier Glieder der Aufzählung dieser Befindlichkeit weisen zwar kein Subjekt und kein Prädikat auf, können aber trotz dieser elliptischen Struktur als ein Aussagesatz verstanden werden.

Zunächst „Frostgesiegelt die Schulter". Nur eine Schulter ist frostgesiegelt; ist es die rechte oder die linke? Da nur eine Schulter als pars pro toto für den ganzen Arm mitsamt der Hand genannt wird, könnte auch an die Schreibhand gedacht werden, mit der Gedichte geschrieben werden.[392] Statt „Frostgesiegelt" hat Celan in früheren Versionen dieses Gedichtes von „dem Frostkissen unter der Schulter" gesprochen; in der Endfassung ist daraus verknappend das Partizip „frostgesiegelt" geworden. Einer, dessen Schulter vom Frost versiegelt ist, sitzt zusammengekrümmt und mit dem Blick nach unten und er sieht seine Zehen. Die Begriffe „frostgesiegelt" wie das ursprüngliche „Frostkissen" sind nicht durchgängig negativ konnotiert, denn auf einem Kissen kann man sich ausruhen und ein Siegel beglaubigt ein Dokument, stellt es sicher, und mit einem oft einzigartigen Siegelstempel hält es etwas Wichtiges unter Verschluss. Die Schulter ist frostgesiegelt, aber seine Hand kann noch schreiben und hat Bleibendes geschrieben.

Auf der frostgesiegelten Schulter sitzen „stille / Schuttkäuze drauf"; nicht Stein- oder Waldkäuze oder kleine Eulen, sondern „Schuttkäuze".[393] Diese Neuschöpfung Schuttkäuze evoziert mit Schutt wertlos herumliegenden Abfall wie z.B. Bauschutt. Etwas wird in „Schutt und Asche" gelegt, zerstört und so wertlos gemacht. Unter Schutt kann die schwere Last der Vergangenheit mitverstanden werden, eine schwere Last, die nicht weggeräumt ist und weiter lastet. Ein Kauz, also eine kleine Eule, singt nicht, sondern gibt eher ein Krächzen und ein Schreien von sich. Eulen, vor allem das „Käuzchen" gilt seit dem Altertum als Todes- und Unheilsbote, aber auch als Symbol des Weisen und der Weisheit. Ein Sonderling wird ebenfalls ein Kauz genannt. Es kann der isolierte Dichter sein, der abseits der Gesellschaft selbst kauzig erscheint und doch tiefe Weisheiten gesagt hat.

Da die Schuttkäuze „stille" genannt werden, sind selbst deren krächzende Töne nicht mehr zu hören. Doch die stillen Schuttkäuze sind nicht

---

[392] Vgl. die Ausführungen zur Hand in der Interpretation „Auf Reisen" im vorliegenden Band.
[393] Vgl. die nähere Deutung der Schuttmetapher in der Auslegung des Schuttkahngedichtes im vorliegenden Band.

nur negativ mit Verstummen zu verbinden.[394] In der Endfassung isoliert Celan aus „stillen Schuttkäuzen" in den vorausgehenden Fassungen das Adjektiv in einen eigenen Vers und hebt so das „stille" besonders hervor. Still zu sein ist etwas anderes als zu verstummen und hat eher mit Schweigen zu tun. Still hat auch die Bedeutung von „bewegungslos, reglos". So wie sich im Gedicht „Auf Hoher See" mit dem Endvers „als ein Blatt, das schweigt und schwebt" ein enger Bezug von Schweigen und Schreiben aufzeigen lässt[395], so könnten die stillen Schuttkäuze, unfähig zum eigenen Singen, die versiegelten Gedichte im Augenblick zwar nur regungslos bewahren, aber doch auf die Zukunft hin für die Leser offen halten. Ist Stille nicht eine notwendige Voraussetzung zum produktiven Schaffen und zum Verstehen eines Gedichtes, obwohl dieses dichterische Schaffen selbst im Moment für den Dichter unmöglich ist? Haben sich Celans Gedichte schon immer der gängigen Sprache entzogen und wollte er dabei die alte, verbrauchte Sprache überwinden, so ist offensichtlich, dass die späten Gedichte sich verknappen und sich darin immer mehr dem Schweigen annähern. Die poetische Reduktion war für ihn der angemessene Weg, keinen Verrat an dem, was zu sagen ist, zu üben. Celan hat gerade im klaren Bewusstsein dieser Problematik Gedichte geschrieben. Der Dichter hat in seinen Gedichten gesprochen, die still sind und still machen.

„Buchstaben zwischen den Zehen." Hier ist weniger an eine Schreibblockade des Dichters zu denken, als seien ihm die Buchstaben aus der Hand zwischen die Zehen gerutscht. Vielmehr ist an den Boden zu denken, auf dem der Dichter steht und auf den er schaut. Er sieht dabei seine Zehen – eine andere Haltung als der Blick nach unten auf die Zehen ist dem Frostversiegelten kaum möglich – ‚er sieht dann die Buchstaben, d.h. seine geschriebenen Gedichte zwischen den Zehen. Der Dichter kann auf das, was er geschrieben hat, sehen und nur noch darauf stehen. Das gibt ihm die Kraft zum Durchhalten und schenkt ihm „Gewißheit". Der letzte Vers aus dem einzigen Wort „Gewißheit" hat damit eine besondere Bedeutung. Gewissheit ist keine letzte Sicherheit, aber doch eine feste innere Überzeugung und ein begründetes Vertrauen in etwas. „Denn jedes Gedicht erhebt den Anspruch auf Einmaligkeit, Unwiederholbarkeit, in jedem Gedicht wird der Wirklichkeit ein für allemal Schach geboten, und im Gedicht ist die ganze Wirklichkeit auf eine Handbreit Boden zusammengedrängt, und in dieser – königlichen! – Bedrängnis, die nicht nur eine räumliche sondern auch eine zeitliche ist, wird ihr die Chance zuteil, sich im Gegenüber mit dem dichterischen Wort (...) zu behaupten."[396]

---

[394] So in der Deutung von Th. Buck, a.a.O., S. 80.
[395] Siehe die Auslegung des Gedichtes in diesem Band.
[396] PN, S. 102.

Jedes Gedicht gibt ein Stück Boden, schafft Wirklichkeit und so Gewissheit. Aber Gewissheit wovon angesichts der inneren Situation Celans, die J. Daive 1968 nüchtern beschreibt: „März 1968. Die völlige Einsamkeit, die Angst unter Paulownien, das Einkaufsnetz und einer unserer letzten Spaziergänge, d.h. eine gemeinsame Besorgung in der Avenue Emil-Zola. Paul in großer, ich denke bitterer Einsamkeit (Schwefeleinsamkeit), ..."[397] Die Gewissheit Celans gründet in den schon geschriebenen Gedichten bzw. in den Gedichten überhaupt. Auf ihnen kann der Dichter stehen, weitergehen und weiterleben, so schwer dies in der Enge von Paris auch fällt. Oben die Kälte der Vereinsamung, doch unten das geschriebene, tragende Werk. Ob dem Eingejännerten „der ordentliche Gebrauch der Buchstaben verloren gegangen ist" und „der Gang in den Tod" hier schon „die endgültige Gewißheit" dieses Gedichtes ausmacht, wie Th. Buck in seiner Interpretation behauptet[398], darf Anfang 1968 bezweifelt werden, denn 1968/1969 war Celan in seinem Dichten weiterhin sehr produktiv. Die Gewissheit ist zwar eine sich verdunkelnde Gewissheit, aber doch eine Gewissheit, eine bleibende, tragende Dichtung geschaffen zu haben, die zwar versiegelt ist und dennoch einen letzten Halt, eben Boden unter den Füßen, in einer haltlosen Lage gibt.[399]

---

[397] J. Daive, a.a.O., S. 25.
[398] Th. Buck, a.a.O., S. 80f.
[399] In diesem Verständnis dieses Gedichtes könnte dann der Hinweis von O. Pöggeler auf einen Kafka-Satz gelesen werden, den Celan in einem Brief an Peter Jokostra 1959 verteidigte. Celan schreibt: „Welche Zuversicht? Von Kafka her, mit ihm weiterdenken. ‚Die Tatsache, dass es nichts gibt als eine geistige Welt, nimmt uns die Hoffnung und gibt uns die Gewißheit!' Ich habe das immer so gelesen, als wäre es ein Grund, dazusein, zu leben, zu atmen." Zitiert nach: O. Pöggeler, a.a.O., S. 289. Allerdings liegen zwischen dem Brief mit diesem Hinweis auf die „Gewissheit" durch eine geistige Welt und der Entstehung dieses Gedichtes 1968 neun Jahre, so dass dieser Bezug zu Kafka zwar chronologisch nicht ganz einleuchtend, aber sachlich stimmig ist.

DEIN BLONDSCHATTEN

DEIN BLONDSCHATTEN, auf
Schwimmtrense gezäumt,
schwenkt die Wasserschabracke,

– auch du
hättest ein Recht auf Paris,
würdest du deiner
bitterer inne – ,

dein Hankenmal, farblos
skizziert es die halb-
nahe Levade.

Daniel Cohn-Bendit war als bekanntester Sprecher und Aktivist der Pariser Mai-Unruhen 1968 in aller Munde. Seine jüdischen Eltern (sein Vater Erich war Deutscher, seine Mutter Herta Französin) mussten 1933 Deutschland verlassen.[400] Kurz vor der Entstehung dieses Gedichtes[401] am 2.6.1968 wurde Daniel Cohn-Bendit aus Frankreich ausgewiesen, im Anschluss an die Mai-Unruhen, die in Barrikadenkämpfen im Quartier Latin kulminierten.[402] Ein Doppeltes wird Celan zu diesem Gedicht angeregt haben: die Mai-Unruhen in Paris 1968, die Celan, der in dieser Zeit im Quartier Latin wohnte, aktiv miterlebte, und die Person Cohn-Bendits als Anführer der Studentenunruhen und als Jude.[403]

---

[400] Cohn-Bendits Vater kehrte 1952 als Rechtsanwalt wieder nach Frankfurt zurück, lebte vorübergehend getrennt von seiner Familie, die 1958 wieder zu ihm nach Frankfurt zog.
[401] GW, II, S. 377.
[402] Die Ausweisung erfolgte am 21.5.1968. Am 24.5. wurde ihm an der Grenze in Forbach die Einreise nach Frankreich verweigert: „In der rechten Hand hielt er ein Megaphon, in der linken die Ausweispapiere, die ihm die französischen Grenzschützer übergeben hatten. Er habe es abgelehnt, so erzählte er, den Empfang der Ausweisungsdokumente durch seine Unterschrift zu bestätigen. Und: ‚Diese Ausweisung wird ein Schlag ins Wasser sein!' Er werde nach Frankreich zurückkehren." In: www.zeit.de/1968/22/das-spektakel-von-forbach.
[403] B. Wiedemann gibt zum Verständnis des Gedichtes neben anderen wichtigen Hinweisen den besonders erhellenden Hinweis, dass in der FAZ vom 1./2.6.1968 zwei Artikel erschienen sind, die vielleicht Anlass des Gedichtes gewesen sein könnten und verdeutlichen, dass Celan interessiert am täglichen politischen Leben teilnahm und „nicht im Elfenbeinturm hermetische Gedichte schrieb." Es handelt sich um

Mit seinem 13-jährigen Sohn Eric nahm Celan an Demonstrationen in Paris teil. Sein Sohn erzählt: „Er konnte sehr lustig sein, humorvoll und drollig. Im Mai 1968 zog er mit mir durch die Straßen und sang lauthals revolutionäre Lieder in allen möglichen Sprachen. Es machte mit ihm großen Spaß."[404] Am Tag der Entstehung dieses Gedichtes (2.6.1968) schrieb Celan ein Gedicht für seinen Sohn Eric, das ebenfalls Bezug auf die Studentenunruhen 1968 nimmt.

FÜR ERIC
In der Flüstertüte
buddelt Geschichte,

in den Vororten raupen Tanks,

unser Glas
füllt sich mit Seide,

wir stehn.[405]

In der mittleren Strophe „in den Vororten raupen Tanks" wird die Niederschlagung der Studentendemonstrationen durch Schützenpanzer angesprochen.[406] „Wir stehn" im letzten Vers kann unter anderem als Sympathieerklärung Celans für den Studentenaufstand verstanden werden.

Franz Wurm berichtete er in mehreren Briefen 1968 von den Unruhen in Paris; in einem Brief erwähnt er zweimal explizit einige Schlagzeilen der französischen Presse zu Cohn-Bendit. Da der nachfolgende Brief

---

den Artikel Robert Held, „Revolutionärer Frühling", der über die Lage in Paris im Mai 1968 schrieb. Maria von Loesch publizierte in der gleichen Ausgabe einen Bericht über „Klassische Reitkunst", in dem Celan die folgenden Fachbegriffe aus der Reitersprache fand: Trense, Schabracke, Hanke, Levade. Barabara Wiedemann: Die Kunst der Verwebung. Von der Zeitung zum Gedicht – Paul Celan und der Pariser Mai 68. In: NZZ, 17.12.2005. Derselbe Artikel erschien als Jahresgabe für die Freunde des Verlags Ulrich Keicher unter dem Titel Barbara Wiedemann: Bitterer innewerden. Paul Celan als Zeitungsleser im Pariser Mai 68. Warmbronn 2005, ohne Seitenangabe.

Vgl. auch den Kommentar zu diesem Gedicht: Paul Celan: Todesfuge und andere Gedichte, ausgewählt und mit einem Kommentar versehen von Barbara Wiedemann, Frankfurt 2004, S. 177f.

[404] Zitiert nach: Romain Leick: Bittere Brunnen des Herzens. In: Der Spiegel 14/2001, S. 207.

[405] GW II, S. 376. Der Begriff „Flüstertüte" findet sich auch in dem Artikel „Revolutionärer Frühling" von Robert Held in der FAZ vom 1./2. Juni (vgl. Anm. 403).

[406] Zur genaueren Chronologie dieser Tage bis zur Einnahme des Quartier Latins Mitte Juni 1968 vgl. Paul Celan: Schneepart, Editorisches Vorwort, TCA, Sprachgitter, S. IX.

an Franz Wurm für die Einstellung Celans zu den politischen Ereignissen im Mai 1968 und für die Deutung des Gedichtes zentral ist, wird er fast vollständig wiedergegeben.[407]

> „Lieber Franz,
> ... Weil die Titelseite von ‚Minute' vor ein paar Tagen lautete: ‚Assez des ces enragés rouges! Qu'attend-on pour expulser l'allemand Cohn-Bendit, chef des commandos de vandales?'
> Weil auch die ‚Humanité' den ‚deutschen Anarchisten' Cohn-Bendit und den ‚in den U.S.A. lebenden Deutschen Herbert Marcuse' loszuwerden wünscht.
> Weil ich gestern im rororo-Bändchen ‚Rebellion der Studenten etc.' den Aufsatz ‚Vom Antisemitismus zum Antikommunismus' von R. Dutschke gelesen habe – mit tiefstem Unbehagen.
> Weil, nach den Unruhen in Nanterre und Paris, zum Streik aufgerufen wurde und ich mitstreiken werde, wie sonst. (...)
> Weil ich nicht weiß, in welcher meiner Einsamkeiten ich dermaleinst werde verrecken dürfen:
> Grüße ich Sie herzlich
> Ihr Paul"

In diesem Brief sind mehrere Aspekte auffällig: der doppelte Hinweis auf Cohn-Bendit in der französischen Presse, Celans Bekräftigung seiner Teilnahme an den Demonstrationen und die wachsende Einsamkeit im vorletzten Satz und im fehlenden Datum des Briefes „... am keinsten Mai 1968"[408].

Celan begeisterte sich zunächst für die Mauersprüche wie „La société est une fleur carnivore", „L'ennui pleure" oder „Insoumission"[409]. Seine anfängliche Begeisterung für die politischen Bewegungen 1968 und seine Hoffnung auf politische Veränderungen wurden allerdings jäh enttäuscht. Den Gewalteinsatz der Pariser Polizei lehnte er ab, ebenso betrachtete er das Agieren linker, moskaunaher politischer Gruppen skeptisch.[410] Schon

---

[407] In: PC/FW, Brief Nr. 107, S. 146f.
In diesem Briefwechsel zeigte Celan auch Interesse für den Prager Frühling und war nach dessen Niederschlagung durch sowjetische Truppen am 20. August erschüttert. Im Gedicht „Mapesbury Road", 1968 in London geschrieben, erwähnt er das Attentat auf Rudi Dutschke am 11. April 1968, wenn er in der vierten Strophe schreibt: „Der volle / Zeithof um / einen Steckschuß, daneben, hirnig."
[408] Vgl. zur persönlichen Situation Celans 1968 in Paris auch die Hinweise zu „Eingejännert" im vorliegenden Band.
[409] PC/GCL, Briefe Nr. 111, 112, S. 149f.
[410] Vgl. auch den Hinweis zu Celans Haltung in den Mai-Unruhen in: Wolfgang Emmerich, a.a.O., S. 150.

im zitierten Brief artikuliert er sein „Unbehagen" hinsichtlich des Zusammenhangs von Kritik am Aufstand und Antisemitismus.

In dieser kurz skizzierten politisch aufgeheizten Atmosphäre entstand das Gedicht „DEIN BLONDSCHATTEN". Celan hat es für den erst nach seinem Tod erschienenen, aber von ihm noch zusammengestellten Band „Schneepart" vorgesehen. Im dritten des in fünf Teile gegliederten Bandes findet es sich neben anderen, in denen die Maiunruhen 1968 ebenfalls ihre Spur hinterlassen haben.[411] Das Gedicht gliedert sich in drei reimlose Strophen mit drei, vier und wieder drei Versen. Die vierzeilige Strophe in der Mitte, deren erster und letzter Vers jeweils durch einen Gedankenstrich eingerahmt sind, bildet als Parenthese das erläuternde Scharnierstück des ganzen Gedichtes, wobei dem Namen Paris in der Mitte eine Sonderstellung zukommt.

Im ersten Vers wird Cohn-Bendit an seinem auffälligen blonden Haar und nicht durch seinen Namen identifiziert. Im weiteren Gedicht wird er namentlich nicht genannt. Doch die aktive Teilnahme Celans an den Mai-Unruhen, die doppelte Erwähnung Cohn-Bendits im Brief vom „... am keinsten Mai" an F. Wurm (s. Anm. 408) lassen keinen Zweifel aufkommen, dass mit „Blondschatten" Cohn-Bendit gemeint ist. Statt des geläufigen Blond- oder Haarschopfes heißt es paradox „Blondschatten". Warum nun Blondschatten? Ein Schatten ist nur umrisshaft, unscharf zu erkennen. Dem entspricht, dass der Name Cohn-Bendit zwar nirgends mehr im Gedicht explizit genannt wird, also undeutlich bleibt, aber trotzdem ist der Studentenführer aufgrund seines blonden Haarschopfs auszumachen.[412]

Aus dem Artikel der FAZ vom 1./2.6.1968 über eine Dressurprüfung, den Celan ausgeschnitten hat, übernimmt er die Begriffe „Trense" und „Schabracke".[413] Die Trense, Gebissstück aus Ringen, dient dazu, dem Pferd die Zügel anzulegen, und drückt je nach Material schmerzvoll auf Zunge, Gaumen und Kinn. Eine Schabracke ist die Satteldecke für den Pferderücken. Aus der Trense wird hier die „Schwimmtrense" und aus der Schabracke die „Wasserschabracke." Das Begriffsfeld „Schwimmen" und „Wasser" kann von positiven und negativen Assoziationen begleitet sein, hier kehrt es sich in den Wortschöpfungen „Schwimmtrense" und „Wasserschabracke" ins Negative.

---

[411] Vgl. die Gedichte „DEINEM, AUCH DEINEM", „MAUERSPRUCH", Celan, GW II, S. 370, 371. Der erste Titel von „MAUERSPRUCH" hieß „MAUERSPRUCH FÜR PARIS", dann ein weiteres Gedicht für seinen Sohn Eric „FÜR ERIC", GW II, S. 372.

[412] „Um die nationale Identität des im Artikel ausdrücklich nicht als rothaarig, sondern als rotblond Bezeichneten scheint es Celan in seinem Gedicht zu gehen." B. Wiedemann, in: NZZ, a.a.O.

[413] Vgl. dazu besonders Anm. 403.

Mit „Schwimmtrense" assoziiert Celan, dass Cohn-Bendit ein Zaumzeug angelegt wird. Er schwimmt im großen Strom der Aufständischen mit und wird als ein Anführer der Mai-Unruhen einer breiten Öffentlichkeit bekannt. Er ist in seiner individuellen Handlungsfreiheit eingeschränkt, ihm sind Zügel angelegt („gezäumt"). Im Akt der staatlichen Repression ist er in seiner Freiheit eingeschränkt. Mit „Schwimmtrense" kann die drohende Ausweisung über den Rhein nach Deutschland, die ihm auferlegt werden soll, direkt angesprochen sein.

Dem passiven „gezäumt" im zweiten Vers folgt gleich im dritten das aktive „schwenkt die Wasserschabracke". Die Schabracke, früher eine lange und verzierte Decke, wird den Pferden nach dem Reiten aufgelegt, um eine plötzliche Auskühlung zu vermeiden. Der drohenden Ausweisung begegnet Cohn-Bendit dadurch, dass er die Decke schwenkt. Normalerweise schwenkt man eine Fahne. Wer im Strom schwimmt, hat das Wasser als Decke, d.h. er ist vom Wasser zugedeckt. Die Parolen der Aufständischen sind auch die seinigen, deshalb hält er sie hoch – im doppelten Sinn. Doch die Decke ist aus Wasser, d.h. ungriffig und zerfließend, der Vergänglichkeit preisgegeben, vielleicht auch wertlos. Dem entspricht das umgangssprachliche Verständnis von Schabracke für ein altes Pferd oder für einen abgenutzten Gegenstand. Alliterationen binden die verschiedenen Bilder zusammen.

Cohn-Bendit werden zwar Zügel angelegt, trotzdem gibt er nicht auf und er kämpft weiter, obwohl er wie im Wasser gefangen ist. Nicht er selbst, sein Schatten schwenkt die Wasserschabracke; er schwenkt sie, nachdem das Pferd bereits abgeritten ist. Dies könnte ein Hinweis auf die politische Ergebnislosigkeit der Proteste, auf deren Vergeblichkeit und damit auch ein Hinweis auf Celans Enttäuschung über den Verlauf und die Wirkungslosigkeit der Mai-Unruhen sein. Im genannten Artikel „Revolutionärer Frühling" wird eine Selbstaussage von Cohn-Bendit zitiert: „Wenn wir sagen: die Bewegung wird getragen von der Arbeiterbewegung in Paris, von den Studenten, von den Intellektuellen, das heißt (sic), daß jeder auswechselbar ist und daß niemand in Frankreich notwendig ist. Deswegen ist diese Ausweisung ein Schlag ins Wasser."[414]

Nach diesen Hinweisen eröffnet sich noch ein neues Verständnis für den Eingangsvers „DEIN BLONDSCHATTEN". Aufgrund der staatlichen Repression ist Cohn-Bendit wie ins Wasser getaucht, d.h. von ihm bleibt nur noch der Schatten seines Hauptes sichtbar. Sein Blond ist zwar noch zu sehen, aber nur als Schatten.

Die zweite Strophe, ganz in Gedankenstriche gesetzt, löst sich von dem direkten Hinweis auf die Studentenunruhen und spricht den Studentenführer unmittelbar mit „du" auf sein „Recht auf Paris" an, das in Frage

---

[414] Zitiert nach B. Wiedemann, Todesfuge und andere Gedichte, a.a.O., S. 178.

gestellt ist. Da Daniel Cohn-Bendit mit 16 Jahren die deutsche Staatsbürgerschaft angenommen hatte, hatte er trotz seiner französischen Mutter und seiner Geburt in Frankreich kein Anrecht mehr auf die französische Staatsbürgerschaft, die er auch nie mehr beantragte. Er verstand sich nach Presseberichten „ausdrücklich als Jude und Deutscher."[415]

Mit dem wichtigen Problem des politischen Bleiberechtes evoziert Celan mit dem Adverb „auch" sein eigenes „Recht auf Paris", für das er sich auch bis zur Einbürgerung eingesetzt hat. Daraus ergibt sich eine mögliche zweite Lesart. Das „auch" stellt die Gemeinsamkeit der beiden exilierten Juden fest. Es gibt eine Gemeinsamkeit zweier Juden in Paris. Er spricht sich mit dem „du" also selbst an und der Fall Cohn-Bendits, des verstoßenen Juden, verweist auch auf die Situation des exilierten Dichters in Paris. Die Frage nach dem Bleiberecht des exilierten Dichters könnte hier also mitreflektiert werden. Doch in den politischen Ereignissen erlebt Celan Paris 1968 zunehmend als einen Ort der Einsamkeit und Bedrückung.[416] Er evoziert als Jude deutscher Sprache die Frage, die seine ureigene bleibt: Wie versteht sich Cohn-Bendit in dem aufgewühlten Paris? Ist er ein Deutscher, ein Jude, ein Franzose? Celan selbst sah sich im Unterschied zu Cohn-Bendit nie als Deutscher. Ein „Recht auf Paris" hätte der Studentenführer nur, wenn er sich seiner Herkunft als Jude „bitterer" vergegenwärtigen würde und sich die Auswirkungen der Vergangenheit, der Shoa, vor Augen führte, also sein Selbstverständnis als Deutscher und Jude neu bedenken und entdecken würde. Diese Identitätsvergewisserung taucht im Streit um die Ausweisung auf. Wird Cohn-Bendit sich seiner Herkunft als Jude und damit als Fremder in Paris bewusst, dann ist dies zwar „bitter"[417], aber nur so wird sein „Recht auf Paris" über der Frage des aktuellen Aufenthaltsrechtes hinaus begründet.

Mit der Verwendung der Begriffe „Hankenmal" und „Levade" aus dem Zeitungsartikel in der dritten Strophe verfolgt Celan die Frage weiter, wie Cohn-Bendit und er selbst zu sehen sind, also die Frage der Identität. Die Hanke, d.h. die Hüfte und der Schenkel des Pferdes, verändert

---

[415] A.a.O., S. 178. Dagegen die Feststellung B. Wiedemanns „Ein Recht auf Paris' hatte Cohn-Bendit tatsächlich: Als in Frankreich Geborener war er, unabhängig von der Staatsangehörigkeit seiner Eltern Franzose (und konnte eigentlich nicht ausgewiesen werden)." In: NZZ, 17.12.2005. Dem widerspricht allerdings die Tatsache, dass Cohn-Bendit am 24.5.1968 die Einreise nach Frankreich verweigert wurde, denn als 16-Jähriger wurde er 1961 vor die Wahl gestellt, die deutsche oder die französische Staatsbürgerschaft anzunehmen. Er entschied sich im Unterschied zu seinem Bruder für die deutsche. Celan ist wieder genau, wenn er schreibt „- auch du / hättest ein Recht auf Paris,"

[416] Vgl. dazu Anm. 407 (Briefschluss) und die Hinweise zum Gedicht „EINGEJÄNNERT".

[417] Schon in dem bekannten Gedicht „ZÄHLE die Mandeln" spricht er von „bitter". Der Schlussvers lautet: „Mache mich bitter. / Zähle mich zu den Mandeln."

Celan zu einem „Hankenmal". Auf der Hanke wird den Pferden ein Brandzeichen gegeben. Ein Mal kennzeichnet den Träger vor anderen und unterscheidet ihn so von anderen (vgl. Wundmal, Kainsmal). Die „Hanke", die Hüfte und der Schenkel des Pferdes, erinnert auch an jüdisches Selbstverständnis, das Ringen um jüdische Identität, wie es in dem fundamentalen Text Gen 32,23–33 zum Ausdruck kommt. Hier ringt Jakob in der Nacht mit einem Unbekannten, der in der Tradition als Gott oder als ein Engel Gottes gedeutet wird. „Als der Mann sah, dass er ihm nicht beikommen konnte, schlug er ihn aufs Hüftgelenk. Jakobs Hüftgelenk renkte sich aus, als er mit ihm rang." (Gen 32,26) Jakob fordert danach den Segen, bevor er von dem Unbekannten lässt. Mit dem Segen erhält er einen neuen Namen: Aus Jakob wird Israel, der „Gottesstreiter". Im Ringen mit dem Unbekannten ereignet sich mit dem neuen Namen die neue Bestimmung, wer Jakob ist, indem ihm eine neue Existenzweise vor Gott und gegenüber den Menschen zugemutet wird.

Das „Hankenmal" bleibt allerdings „farblos", d.h. unsichtbar und undeutlich, indem es – nun wieder ganz an die Dressurprüfung erinnernd – nur eine „Levade" „skizziert". Levade bezeichnet eine Dressurübung, in der sich das Pferd auf der Hinterhand aufrichtet und dabei die Vorderbeine anzieht. Ist unter „Hankenmal" die jüdische Existenzweise zu verstehen, dann kann mit der „Levade" das Stehen und aufrichtige Anerkennen dieser Lebensweise gemeint sein.

Dieses Stehen bleibt nun „farblos" und wird nur „skizziert" – beide Begriffe rufen ein unscheinbares, kaum wahrnehmbares Geschehen wach. „Bitterer inne werden" in der zweiten Strophe könnte für den Angesprochenen in dieser konkreten politischen Situation heißen, sich der höchst problematischen Anleihen der Studenten an Symbolen des Nationalsozialismus bewusster zu werden[418], die Angriffe auf ihn als Deutschen durch die rechte und die linke französische Presse zu durchschauen und seine Rolle als Jude in diesen Anfeindungen anzuerkennen. Man schlägt den Sack und meint den Esel. Weil Cohn-Bendit im Unterschied zu Celan sich dieser Probleme nicht bewusst zu sein scheint, deshalb bleibt er Celan als Jude nur „halb- / nahe".[419] Eine weitere Lesart könnte mit „halb-nahe Levade" die Lebensweise der Juden meinen, die ihm nur halbnahe ist. Zum

---

[418] John Felstiner berichtet: „Gleichzeitig entrüstete sich Celan, wenn Studenten den Hitlergruß nachäfften oder ‚wir sind alle Juden' skandierten, oder wenn auf Plakaten die Pariser Schutzpolizei mit der SS verglichen wurde oder das Logo de Gaulles mit dem Hakenkreuz." In: John Felstiner, a.a.O., S. 327.

[419] KG, Anm. 4, S. 178f. B. Wiedemann macht weiter darauf aufmerksam, dass „Levade" klanglich eine Nähe zum Stamm Levi aufweist, der als Priestergeschlecht ohne Landbesitz für den Dienst am Jerusalemer Tempel zuständig war. Das Priestergeschlecht, die Kohanim, bildet die Wurzel des Namens Cohen bzw. Cohn – also steckt auch im Namen Cohn-Bendit ein direkter Hinweis auf seine jüdische Herkunft.

praktischen Vollzug des jüdischen Glaubens hält er trotz seiner Zugehörigkeit zum Judentum und trotz einer großen jüdischen Gemeinde in Paris eine Distanz.

Seine Existenz als Jude ist für Celan an sein Leben in der Stadt Paris geknüpft. Frankreich hat den vormals Staatenlosen nach einigen zunächst vergeblichen Anträgen 1955 eingebürgert. In der Reflexion über das Schicksal Cohn-Bendits wird diese schützende Funktion von Paris mit der jüdischen (und politischen) Existenz als Jude in dieser Stadt verknüpft. Das Gedicht kann als ein politisches Gedicht angesehen werden, doch wird der Studentenführer Cohn-Bendit nicht nur als politische Gestalt wahrgenommen, sondern er wird zum Anlass für eine Selbstreflexion von Celans jüdischer Herkunft und seines augenblicklichen Lebens in Paris.[420]

---

[420] Das Gedicht ist nicht nur ein Gedicht zur jüdischen Identität Paul Celans und Cohn-Bendits. B. Wiedemann ist daher zuzustimmen: „Die Verse ‚– auch du / hättest ein Recht auf Paris' *nur* als Eigenansprache, *nur* in Bezug auf Celans eigene Schwierigkeiten mit der letzten Heimat, mit der Identität als in Paris lebender Jude deutscher Zunge zu deuten, hieße das Gedicht verfehlen." In: NZZ, a.a.O.

24 RUE TOURNEFORT

24 RUE TOURNEFORT

Du und dein
Spülküchendeutsch – ja, Spül-,
ja, vor – Ossuarien.

Sag: Löwig. Sag: Schiwiti.

Das schwarze Tuch
senkten sie vor dir,
als dir der Atem
narbenhin schwoll,
auch Brüder, ihr Steine,
bildern das Wort zu hinter
Seitenblicken.

Celan hat dieses Gedicht[421], das sich im Nachlass findet, wie manche sehr persönliche Gedichte nicht zur Publikation bestimmt. Es trägt den Namen der Straße, in der Celan seit November 1967 ein kleines möbliertes Appartement in der Nähe seiner Arbeitsstätte in der École Normale Supérieure gefunden hatte.

Ursprünglich lautete der Titel nur „Rue Tournefort". Aus und von der neuen Wohnung schreibt er am 22.11.1967 an Franz Wurm: „Das Wohnungssuchen hat gestern Nachmittag in der von der École nur fünf Minuten entfernten rue Tournefort – qui tourne (et tournera fort) – ein vorläufiges Ende gefunden, in einem möblierten und badezimmerbeküchten sogenannten Studio. Nach zwanzig Jahren Paris habe ich heillos sedentärer Nomade wieder so ein beinahnettes Studikerzelchen aufzuschlagen das Vergnügen gehabt."[422] Im Gedicht selbst findet sich dann kein direkter Bezug mehr auf diese Straße. Der Straßenname ist gebildet aus „tourner", d.h. drehen und „fort", d.h. stark. Für Celan dürfte auch das Deutsche „fort" konnotiert sein, so dass mit dem Französischen „tourner" an „fort drehen", sich entfernen zu denken wäre. Entspricht dieses Verständnis der Erfahrung Celans in diesen Jahren, dass er sich aus dem Zentrum der Stadt Paris *fort* dreht und sich nicht mehr verortet weiß?

---

[421] NG, S. 223.
[422] PC/FW, S. 114.

Der Hauseingang der 24, rue Tournefort in Paris.

Das Gedicht wurde am 6.6.1968 (0 Uhr 30) geschrieben, an dem Tag, an dem Celans Sohn Eric 13 Jahre alt wurde – ein besonderes Jahr für einen jüdischen Jungen und damit ein Alter, das auch für Celan selbst mit bestimmten Erinnerungen verbunden ist. „Am Sabbat nach dem 13. Geburtstag (nach jüd. Kalender) feiert ein jüdischer Junge Bar-Mizwah (hebr. für ‚Sohn der Pflicht') und ist von diesem Zeitpunkt an zur Einhaltung der Religionsgesetze verpflichtet; die Verantwortung des Vaters für den Sohn endet gleichzeitig."[423] Celan denkt in dieser Nacht vielleicht an seine eigene Bar-Mizwa zurück und damit an seine Kindheit in Czernowitz. Die erste Zeile „Du" und „dein", ebenso das zweimalige „sag" in einer eigenen Strophe könnten auf ein Gespräch verweisen. Wahrscheinlicher aber ist es, wie aus dem weiteren Verlauf des Gedichtes abzuleiten ist, eine Selbstanrede.

---

[423] Barbara Wiedemann (Hg): Paul Celan. Todesfuge und andere Gedichte. Text und Kommentar. Suhrkamp Basis Bibliothek. Frankfurt a.M. 2004, S. 179.

„Du und dein / Spülküchendeutsch". „Küchenlatein" ist die abfällige Bezeichnung der Philologen für das unstrukturierte Latein des Spätmittelalters, völlig unzureichend, verglichen mit den Ausdrucksmöglichkeiten des klassischen Lateins. Du und dein unzureichendes Deutsch. Das Adjektiv „deutsch" gebraucht Celan nur noch einmal im Gedicht „Nähe der Gräber."[424] Er erinnert darin an seine im Winter 1942/43 in einem Vernichtungslager („das Wasser des südlichen Bug") ermordete Mutter.

In der letzten Strophe heißt es:

„Und duldest du, Mutter, wie einst, ach, daheim,
den leisen, den deutschen, den schmerzlichen Reim?"

Ein ähnlicher Kontext eröffnet sich hier: Deutsch ist die Sprache seiner Gedichte, und sie ist unzureichend „vor – Ossuarien". Ossuarien sind überdachte Räume oder „Knochenkästen", in denen die Gebeine von Toten aus den Gräbern aufbewahrt werden. Celan kannte sicher die Ossuarien der Kirche St. Séverin im Quartier Latin, das Ossuarium auf dem Friedhof Père Lachaise und die Katakomben in Paris, in denen seit 1785 die Knochen aus den in der Stadt geschlossenen Friedhöfen gesammelt wurden. Mit Ossuarien verbindet er das bewahrende Eingedenken an die ermordeten Juden in seinen Gedichten, die nicht oft in Ossuarien bestattet wurden – seine ganze Dichtung ist in vielen Gedichten individuelles Eingedenken an die Ermordeten. Celans Gedichte konstituieren sich oft als ein je neues Erinnern und sind immer mehr als bloßes Andenken.[425]

„Ja, vor – Ossuarien". Der Gedankenstrich vor Ossuarien markiert eine Pause, eine Zäsur, in der einleuchtet, dass ein Spülküchendeutsch keine angemessene Sprache für das Gedenken an die Ermordeten sein kann. Der Dichter empfindet ein Ungenügen: Was vermag die Sprache angesichts der Toten, wie wird sie ihrem Gedenken gerecht? Doch er bleibt hierbei nicht stehen, sondern spricht – kontradiktorisch – weiter, indem er zweimal die Aufforderung „sag" in die knappe zweite Strophe des Gedichtes setzt.

Sag: Löwig. Sag: Schiwiti.

---

[424] GW III, S. 20.
[425] Zu dieser Zentraldimension von Celans Dichtung nur einige Hinweise. In seiner kurzen Bremer Rede betont Celan das Gedenken als seine Aufgabe; es markiert seinen Standort als Dichter. Er spricht von „unserer Sprache, die der Vernichtung eingedenk bleibt". In seiner Georg-Büchner-Preis-Rede (1961) führt er diese Standortbestimmung weiter, wenn er von den konkreten Daten spricht, von denen her jedes Gedicht geschrieben ist. „Vielleicht ist das Neue an den Gedichten, die heute geschrieben werden, gerade dies: dass hier am deutlichsten versucht wird, solcher Daten eingedenk zu bleiben." In: GW III, S. 196.

Diese Strophe aus vier Worten ist die kürzeste des Gedichtes. Obwohl die genaue Identifizierung von „Löwig" schwierig ist, lässt der Name zunächst an den Stamm Juda denken, der in einem Löwen versinnbildlicht wird. Auch der Name des berühmten Rabbi Löw klingt hier an. Gleichzeitig aber, insbesondere im Kontext der Erinnerung an die eigene Kindheit, evoziert Löwig seinen Vater Leo, der als gläubiger Jude bei Celans religiöser Erziehung eine wichtige Rolle spielte. Im Wort Löwig käme so das Judentum als Religion und Celans persönliche Erinnerung an seine eigene religiöse Sozialisation durch die Feier der Bar-Mizwa in Czernowitz zum Ausdruck. „Schiwiti" bildet das erste Wort des Psalmes 16,8 und bedeutet „Ich habe beständig vor Augen ..." Vollständig heißt der Vers: „Ich habe den Herrn beständig vor Augen." (Im Gedicht „Einkanter" wird dieser Psalm 16 nochmals erwähnt. „... schimmert dir um den / rechten Mundwinkel der / sechzehnte Psalm.") Schiwiti bezeichnet außerdem ein auf dem Pult befestigtes Bild, auf dem dieser Vers stand.[426]

Bei der Bar-Mizwa-Feier, dem ersten Gottesdienst nach dem 13. Geburtstag eines jüdischen Jungen, wird er mit dem Namen, den er in der Gemeinde Israels hat, erstmals zum Lesen aus der Tora aufgerufen und spricht die Segenssprüche über die Tora. Wenn der Junge kann, liest er singend den betreffenden Toraabschnitt vor, auf den er sich oft schon monatelang vorbereitet hat.

In „Löwig" und „Schiwiti" vergegenwärtigt Celan aus seiner Sicht als Vater (sein Sohn Eric ist in das entsprechende Alter gekommen) seine eigene Bar-Mizwa, die nicht nur viele Jahre zurückliegt, sondern auch durch die Erfahrung von Krieg und Exil von seiner Pariser Wirklichkeit getrennt ist. „Sag: Löwig" erinnert an seinen Vater, Leo Antschel, der Paul Antschel 1933 zur Bar Mizwa geführt hat.[427] „Sag": Mit der Nennung des

---

[426] Vgl. die Hinweise bei B. Wiedemann, a.a.O., S. 180, zu „Schiwiti". Beim Besuch einer Ausstellung Celans 1968 in Paris zum Judentum „Israel à travers les âges" notierte er zu Schiwiti. „Il signifie ‚je place devant', ‚Je vois', ‚J'imagine' („Es bedeutet, ‚ich stelle vor mich hin', ‚ich sehe', ‚ich stelle mir vor')."

[427] I. Chalfen berichtet am ausführlichsten von Celans Bar-Mizwa-Feier, die wahrscheinlich am 2. Dezember 1933, d.h. am Sabbat nach seinem 13. Geburtstag, stattgefunden hat. „Die religiöse Feier, die denselben Namen trägt wie der sich ihr Unterziehende – ‚Bar-Mizwa' (‚Sohn des Gebotes') –, wurde nach uralter Tradition des Judentums veranstaltet. Zunächst kam eine Woche lang der Bar-Mizwa-Lehrer ins Haus, ein orthodoxer Jude alten Schlages mit langem Bart und Schläfenlocken. Er lehrte Paul die Segenssprüche, die in der Synagoge vor dem Auf- und beim Einrollen der Thoraschrift zu sagen sind, und übte mit ihm den Sprechgesang ein, der zum Lesen aus der Heiligen Schrift gehört. Am Morgen seines dreizehnten Geburtstages nimmt der junge Jude zum ersten Mal als vollwertiges Mitglied der aus mindestens zehn Männern bestehenden Betgemeinschaft – des ‚Minjan' – am Gottesdienst teil und wird als erster zum Lesen aus der Tora-Rolle aufgerufen, die den auf Kalbsleder geschriebenen hebräischen Text der fünf Bücher Mose enthält. Bei der Morgenandacht an Wochentagen muß der nun als volljährig angesehene Jude

Namens und des hebräischen Psalmanfangs wird die Vergangenheit heraufbeschworen, wird gegenwärtig gesetzt, jedoch nicht in unbeschwerter Form. Die Erinnerung an die eigene Herkunft wird, wie die dritte Strophe deutlich macht, durch ein Geschehen verstellt, das ebenfalls der Vergangenheit angehört, sich also im Imperfekt („senkten sie vor dir") ausdrückt, während das letzte Verb wieder („zubildern") im Präsens in die Gegenwart zurückkehrt.

„Das schwarze Tuch
senkten sie vor dir,"

Mit dem Senken des schwarzen Tuches könnte die Shoa gemeint sein, mit der die Verbindung zu seiner Kindheit und zum Glauben seines Vaters überschattet ist. Der Blick ist verstellt. „Sie", die das schwarze Tuch senkten, sind die Mörder an den Juden. In schwarzes Tuch hüllen sich die Trauernden.

Das Wort „Tuch" ist noch in zwei frühen Gedichten aus „Sand in den Urnen" zu lesen. In „Der Einsame"[428] und „Schwarze Flocken"[429] verweist Tuch bzw. Tüchlein auf einen Text, der aus Worten gewoben wird. In „Schwarze Flocken" – einem sehr persönlichen Gedicht im Gedenken an seine Mutter – bittet die Mutter in einem fiktiven Brief um ein Wort:

„... Kind, ach ein Tuch,
mich zu hüllen darein, ...
...
Ein Tuch, ein Tüchlein nur schmal, dass ich wahre
Nun, da zu weinen du lernst, mir zur Seite
Die Enge der Welt, die nie grünt, mein Kind, deinem Kinde!"[430]

---

die Gebetsriemen – die ‚Thephillim oder Phylakterien – anlegen: schwarzlederne Kästchen, in deren Innern sich das auf Pergament geschriebene Glaubensbekenntnis befindet. ... Weil der Vater des Knaben aber vom selben Tag an gewissermaßen von der Verantwortung für die Taten des Sohnes befreit ist, sagt er in der Synagoge nach der Zeremonie: ‚Gelobt seiest Du, Herr, der Du mich von Diesem befreit hast!'
Wahrlich befreit fühlte sich an diesem Tag vor allem Paul! Er hatte kein Interesse und schon gar keine Freude an der ganzen Zeremonie und war allein von der Angst bewegt, sich in der Synagoge zu blamieren. Die Phylakterien legt er niemals wieder an und nahm auch nie mehr aktiv an einem Gottesdienst teil." In: Israel Chalfen, a.a.O., S. 49f.
[428] GW III, S. 24.
[429] GW III, S. 25.
[430] GW III, S. 25.

Dieses Gedicht endet mit der Erfüllung der mütterlichen Bitte:
„Kam mir die Träne. Webt ich das Tüchlein."

Im Rückblick werden tiefe Verwundungen („narbenhin") sichtbar, die die Lebenskraft des Atems nicht mehr durchkommen ließen, sondern abschnitten („schwoll"). „Narbenhin" umschließt damals 1933 in dem Jahr seiner eigenen Bar-Mizwa die schreckliche Zukunft. Die Narben begannen, wurden schlimmer und blieben. Das Gedicht kann so, neben der Anrufung des Namens des ermordeten Vaters, als eine Erinnerung an die beginnende Judenverfolgung gelesen werden. Celan hörte schon als 13-Jähriger von der Machtergreifung Hitlers, da sein Onkel David, der Bruder seines Vaters, Deutschland verlassen musste und bei Celans Vater Leo einige Zeit zu Gast war. Celan schreibt außerdem in einem Brief 1934 an seine Tante Minna in Palästina: „Ja, was den Antisemitismus in unserer Schule betrifft, da könnte ich ein 300 Seiten starkes Buch darüber schreiben."[431] Es sind konkrete Ereignisse, von denen Celans Dichtung immer herkommt und die sich schon am Ende seiner Kindheit wie „ein schwarzes Tuch" unheilkündend vor ihm niedersenkten.

Die dritte Strophe kehrt dann wieder in die Gegenwart zurück und spricht mit „ihr Steine" die Steine direkt an, die durch diese persönliche Ansprache personifiziert werden. Steine – ein Grundwort von breiter Vielfalt in seiner Dichtung – verweisen auf die Grabsteine und so auf das stumme, verfestigte und hart gewordene Leid der Toten wie die Ossuarien. Die angesprochenen Steine, die Grabsteine, lassen an einzelne Tote, die „Brüder" denken, die auch im Tod ihre persönliche Individualität nicht verlieren. Sie bildern das Wort zu, das Wort „Löwig", das Wort „Schiwiti", die Erinnerung an das eigene Alter von 13 Jahren, aber auch das Wort des Gedichtes, das diesem Erinnern gerecht zu werden versucht und sich dem Dichter vor den Ossuarien, vor dem Grab und angesichts des schwarzen Vorhangs als unzureichend zeigt. Möglich sind angesichts dessen nur noch „Seitenblicke". Eine solcher „Seitenblick" war die Vergegenwärtigung der eigenen Bar-Mizwa, und einen „Seitenblick" enthält somit auch dieses Gedicht.

Das Gedicht wendet sich am Ende von der individuellen Erinnerung an die eigene Vergangenheit ab und wird zur Aufforderung des Gedenkens an die Toten – durch das dichterische Wort. Diesem Gedenken bleibt der Dichter in der neuen Wohnung 24, Rue Tournefort, treu. Dass er die Adresse mit Hausnummer in den Titel setzt, hat dabei eine noch über den Inhalt des Gedichtes hinausgehende Bedeutung, die typisch wird für das Spätwerk Celans. Die Rue Tournefort bezeichnet, wie auch im Gedicht „Aus dem Moorboden", den immer enger gewordenen Wirkungsradius

---

[431] I. Chalfen, a.a.O., S. 51

des Dichters. Wird in „Auf Reisen" noch die Stadt Paris explizit genannt, sind wir hier ohne diese Nennung bei dem genau bezeichneten „Haus", das dort noch unbestimmt als „Opferstatt" vorgestellt wird. Hier ist, bei Entstehung des Gedichtes, diese Opferstatt, hier ist dieses Haus, 24, rue Tournefort; hier bringt der Dichter in seinen Worten ein Opfer dar, angesichts von Ossuarien, und hinter dem schwarzen Tuch, das sie vor ihm gesenkt haben. Und so ist dieses Gedicht beides: Bitterkeit angesichts der Schwere dieser Aufgabe, und Selbstzuspruch, indem die Adresse im Titel das paradigmatische „Auf Reisen"-Gedicht, wie zuvor schon „Zwölf Jahre", in die Pariser Gegenwart des Dichters überträgt.

AUS DEM MOORBODEN

AUS DEM MOORBODEN ins
Ohnebild steigen,
ein Häm
im Flintenlauf Hoffnung,
das Ziel, wie Ungeduld mündig,
darin.

Dorfluft, rue Tournefort.

Das Gedicht „Aus dem Moorboden"[432], aus dem IV. Teil des posthum erschienenen Schneepart-Bandes, entstand am 19. Juli 1968 in Paris in der Rue Tournefort, dem vorletzten Wohnsitz Celans in dieser Stadt. Da der Dichter seit der sogenannten „Goll-Affäre" alle seine Gedichte in der Fassung der Originalmanuskripte bzw. -typoskripte mit Ortsangabe und Datum versehen hat, kommt der Name „rue Tournefort" also zweimal vor.[433] Das Gedicht entstammt einer ungemein produktiven Phase im Werk des Dichters, am gleichen Julitag des Jahres 1968 sind insgesamt zehn Gedichte entstanden[434], etliche weitere während des gleichen Monats. Eine Frühfassung des „Aus dem Moorboden"-Gedichtes ist überliefert und enthält eine Abweichung: Der vierte Vers lautete zunächst: „auf der Pfanne Hoffnung"; aus „auf der Pfanne" wurde schließlich in der Endfassung „im Flintenlauf". Das Gedicht besteht aus sieben Versen und ist zweistrophig aufgebaut, wobei die zweite Strophe nur durch einen einzigen Vers konstituiert wird. Der Titel ergibt sich aus den in Majuskeln gesetzten Teil des ersten Verses. Der Beginn beschreibt in den ersten beiden Versen eine aufsteigende Bewegung in vertikaler Richtung, von unten nach oben („aus dem ... ins ... steigen"); mit dem dritten Vers ändert sich

---

[432] GW II., S. 389.
[433] Vgl. TCA, Schneepart, S. 105 und Paul Celan, Schneepart. Faksimile der Handschrift. Frankfurt a.M. 1976 (unpaginiert). Celan hat den Ausdruck „rue" des Straßennamens im Gedicht mit Minuskel, bei der Datierung aber mit Majuskel am Wortanfang geschrieben. Diese unterschiedliche Schreibweise enthält auch die Frühfassung des Gedichtes, vgl. TCA Schneepart, ebd.
[434] Allerdings haben nur zwei dieser Gedichte Eingang in den Schneepart-Band erhalten; neben „Aus dem Moorboden" noch „Offene Glottis", vgl. B. Wiedemann, KG, S. 850f. Da es sich bei allen „Schneepart"-Gedichten um eine reine Nachlassveröffentlichung handelt, ist gar nicht sicher, ob die Gedichte, die Celan für das handschriftliche Konvolut gewählt hat, auch Teil der Druckvorlage geworden wären.

diese Orientierung in die Horziontale (Flintenlauf, Ziel). Im dritten Vers „ein Häm" scheinen sich diese beiden Richtungen zu kreuzen. Durch den Zeilenumbruch innerhalb der ersten Strophe werden die jeweils an den Beginn eines Verses gesetzten Worte „Ohnebild", „ein Häm" und „das Ziel" besonders hervorgehoben.

Mit den Worten „Aus dem Moorboden" setzt das Gedicht ein. Ein „Moorboden" passt natürlich rein landschaftlich betrachtet nicht in das Umfeld einer Großstadt, weshalb für den Leser eine gewisse Spannung entsteht zwischen diesem Anfangsbild und dem letzten Vers des Gedichtes, in dem die Pariser Straße benannt wird, in welcher der Dichter wohnt, eine Spannung, die durch die zunächst überraschende Bezeichnung „Dorfluft" etwas abgemildert wird. Ein Dorf kann von Moorboden umgeben sein, in einer asphaltierten Großstadtstraße findet sich nichts davon. Mit „Moorböden" werden unterschiedliche Dinge assoziiert: Gebiete, die erst trockengelegt werden müssen, um fruchtbar zu sein, düstere, nebelüberzogene Landschaften, dunkle, schwarze Farbe und nicht zuletzt die Mumifizierung und Konservierung von Menschen, die im Moor ihr Ende gefunden haben. Insgesamt also ist der Beiklang des Wortes „Moor" und „Moorboden" eher negativ, ein Emporsteigen daraus Ausdruck einer Loslösung oder Befreiung.[435] Der Moorboden bezeichnet im vorliegenden Kontext weniger eine Herkunft als vielmehr einen Zustand oder eine Situation. Diese Deutung legt die Ortsangabe am Ende des Gedichtes nahe.

---

[435] Celan hat sich im „Brockhaus-Taschenbuch der Geologie" verschiedene Anstreichungen zu den unterschiedlichen Arten von Moorböden gemacht, sich also auch mit der geologischen Dimension dieses Begriffes beschäftigt. Walter Benjamin verwendet die Redewendung des Aufsteigens aus dem Moorboden in einem Aufsatz über „Franz Kafka. Zur zehnten Wiederkehr seines Todestages." Dort heißt es: „Es ist der Moorboden solcher Erfahrungen, aus dem die Kafkaschen Frauengestalten aufsteigen." (zit. nach TCA, Schneepart, S. 105) Obwohl der Aufsatz, den der Dichter bereits 1959 gelesen hat (vgl. Paul Celan: La bibliothèque philosophique. Die philosophische Bibliothek, Paris 2004, S. 765.), etliche Anstreichungen enthält, hat Celan den zitierten Satz nicht eigens markiert (vgl. ebd. S. 294ff.). Gerade am 19. Juli 1968 aber nahm er den Band Walter Benjamin, Schriften II. wieder zur Hand, um einen anderen Aufsatz, „Wider ein Meisterwerk" darin zu lesen (vgl. ebd. S. 767). Wahrscheinlich ist daher, dass er an diesem Tag seine Anstreichungen zum Kafka-Aufsatz noch einmal durchgesehen hat, zumal das Wort „Dorfluft", auf das unten noch einmal eingegangen wird, ebenfalls in diesem Aufsatz vorkommt und in Celans Exemplar angestrichen ist. Der Benjamin/Kafka-Fährte ist Werner Hamacher in seiner umfangreichen Deutung des „Aus dem Moorboden"-Gedichtes genauer nachgegangen; wir werden weiter unten noch Bezug darauf nehmen. Vgl. Werner Hamacher, HÄM. Ein Gedicht mit Motiven Benjamins. In: Jens Mattern, Gabriel Motzkin und Shimon Sandbank (Hg.): Jüdisches Denken in einer Welt ohne Gott. Festschrift für Stéphane Mosès, Berlin 2000, S. 173–197. Vgl. auch Otto Pöggeler, Spur des Worts, a.a.O., S. 272.

„Aus dem Moorboden ins / Ohnebild steigen". Hamacher hält den Zeilenumbruch zwischen beiden Versen für einen Zeilenabbruch und lässt das „Aus dem Moorboden ins"... Weiß des Seitenrands und mithin ins Nichts führen. Ins Ohnebild „verlautet" dann die laut- und bildlose Pause im Sprechen.[436]

Zum Ohnebild lassen sich unterschiedliche Lesarten anführen. Zunächst ergibt sich die Assoziation eines „Bilderverbotes" im alttestamentlich-jüdischen Sinn: „Du sollst dir kein Bild machen." (Dtn 5, 8) Sollte Celan hierauf angespielt haben, würde dies eine religiöse Lesart des Gedichtes erlauben und das „Aus dem Moorboden"-Gedicht in eine Reihe mit Gedichten wie „Psalm" („Gelobt seist du, Niemand") aus dem Niemandsrose-Band stellen. Die „Häm" als „Häme" im dritten Vers richtete sich dann auf Gott, und die „Dorfluft", die nach einem Benjamin-Zitat zu Kafka „bei allen großen Religionsstiftern herrsche"[437], würde auf diese Weise ironisiert. Dagegen spricht, dass nicht vom Steigen „zum Ohnebild" die Rede ist, sondern die Bezeichnung ins Neutrum gesetzt wird. Weiterhin muss die eingangs festgestellte aufsteigende Bewegung des ersten Gedichtabschnittes nicht unbedingt religiös verstanden werden. Auch wenn die von Bollack immer wieder behauptete völlige Areligiosität Celans nicht haltbar ist, stellt der Glaube lediglich einen Randbereich seiner dichterischen Themen dar und ist im Schneepart-Band sonst wenig präsent.

Eine zweite Lesart liegt hier näher. Die Verse lassen sich auch poetologisch verstehen, d.h. sie beschreiben den Prozess der Inspiration und des Schreibens: Das „Ohnebild", das im Gedicht seinen Ausdruck findet, ist die Möglichkeit des Schreibens, der Bereich der Inspiration. Wer in ihn hineinsteigt, der verlässt den „Moorboden" des Einsinkens in das Alltägliche, das Hoffnungslose, und begibt sich auf den Weg der Versprachlichung, ein Vorgang, der sich „in der Höhe" vollzieht, jenseits des Bodens. Der Vorgang ist nicht einfach ein passives Empfangen, sondern ein Hinaufsteigen: Das „Ohnebild" kommt nicht herab, sondern es ist eine Mühe zu bewältigen, das „Steigen".

„Ins Ohnebild steigen" benennt daher den Schreibvorgang, bei dem es weniger um den" Moorboden", auf dem man im Alltag steht, als vielmehr um das in Loslösung von der Schwere der Alltagswirklichkeit Erreichte geht. In diesem Schreiben und Verwirklichen von Gedichten liegt das eigentliche „Ziel" der Existenz des Schriftstellers, es liegt „darin". Das „Ohnebild" ist zudem das Nicht-(mehr)-Sichtbare, das der Erinnerung bedarf, um wahrgenommen werden zu können.

---

[436] Vgl. Hamacher, a.a.O., S. 177f.
[437] Das Originalzitat, von Celan angestrichen, lautet: „Bei Kafka, hat Soma Morgenstern gesagt, herrscht Dorfluft wie bei allen großen Religionsstiftern." Vgl. Celan, La bibliothèque philosophique, a.a.O., S. 296.

Allerdings wirkt das Gedicht bezüglich der Beschreibung dieses Aufsteigens nicht wirklich zuversichtlich: „ein Häm / im Flintenlauf Hoffnung, / das Ziel, wie Ungeduld mündig, / darin." Ein Häm ist ein Bestandteil des Hämoglobins, des roten Blutfarbstoffes[438], also ein Bestandteil dessen, was die Lebendigkeit eines Körpers sichtbar macht. Gleichzeitig handelt es sich um einen winzigen, verschwindend geringen Bestandteil.[439] Im Wort „Häm" klingt natürlich, gewiss nicht zufällig, das Wort „Häme" mit. Hamacher nimmt zur Deutung des Begriffes auf eine bei Benjamin zitierte Kafka-Stelle Bezug: „Ihm ist das Hämmern ein wirkliches Hämmern und gleichzeitig auch ein Nichts."[440] Er vermutet entsprechend dem von ihm konstatierten Versabbruch nach „Aus dem Moorboden ins" einen erneuten Bruch, diesmal allerdings nicht nur als Bruch im Enjambement zwischen zwei Versen, sondern als Bruch im Vers selber: das Kafkasche Hämmern werde hier zu „Häm", Ausdruck einer gehemmten Rede von der Hoffnung.[441]

„Flintenlauf" und „Hoffnung" gehören als Syntagma zusammen: der Flintenlauf selbst wird als „Hoffnung" bezeichnet[442], die Wortbedeutung von „Hoffnung" damit scheinbar ins Bitter-Sarkastische gewendet.

---

[438] Vgl. TCA, Schneepart, S. 105. Celan bedient sich in zahlreichen seiner späten Gedichte der Fachausdrücke unterschiedlicher Wissenschaftsgebiete, wobei es ihm, wie sich anhand etlicher Beispiele zeigen lässt, zuerst auf Wortklang und Wortwirkung ankam und erst sekundär auf die eigentliche Wortbedeutung.

[439] Celan hat an etlichen Stellen seines Werkes Fachtermini in einen neuen Bedeutungskontext gestellt und über die so entstehenden Wortfelder auch neue sprachliche Ausdrucksmöglichkeiten erschlossen, die die ursprüngliche inhaltliche Spanne eines Begriffes weit übertreffen.

[440] Vgl. Franz Kafka, Tagebücher in der Fassung der Handschrift, Frankfurt a.M. 1990, S. 855. Hamacher (a.a.O., S. 181) ordnet die Stelle fälschlicherweise den Zürauer Aphorismen zu, die er unter dem nicht von Kafka stammenden Titel „Betrachtung über Sünde, Leid, Hoffnung und den wahren Weg" zitiert. Celan war der Text aus dem Band „Beschreibung eines Kampfes", Frankfurt a.M. o.J. (50er Jahre) der dritten Brodschen Gesamtausgabe zugänglich. Dort steht er unter dem von Max Brod so betitelten Konvolut „Er", S. 294.

[441] Vgl. W. Hamacher, a.a.O., S. 181. Diese Methode des Hinzudenkens von Nichtgesagtem und Fortgelassenem erscheint uns an dieser Stelle nicht nur vom eigentlichen Wortlaut der Verse wegzuführen, sondern setzt zugleich das Wissen um eine Anspielung auf eine Lektürenotiz voraus, ohne deren Kenntnis das Gedicht hermetisch bliebe. Dies aber widerspricht Celans Selbstäußerungen zum Verständnis seiner Poesie. Aus der „Pfanne Hoffnung" der ersten Fassung des Gedichtes, die der Dichter zu einem Flintenlauf modifiziert hat, macht Hamacher eine „entstellte Reminiszenz" an ein „Pfand der Hoffnung". Bei Pfanne habe Celan an die Bezeichnung für das Behältnis von Zündmitteln in alten Gewehrschlössern gedacht, und daraus sei schließlich der „Flintenlauf" geworden.

[442] Die Lesart „Hoffnung befindet sich im Flintenlauf" ist auszuschließen, da sonst hinter „ein Häm" ein Interpunktionszeichen hätte gesetzt werden müssen. Im Flintenlauf befindet sich also nicht die Hoffnung, sondern „ein Häm".

Die Verwendung des Wortes „Flintenlauf"[443] lässt den Tod im „Aus dem Moorboden"-Text unterschwellig präsent werden: es heißt „aus dem Moorboden" und nicht „vom Moorboden aus" – es könnte also etwas vergraben sein, was nun aufsteigt. Hoffnung ist ein Flintenlauf, und in diesem befindet sich „das Ziel": nicht im Fadenkreuz oder Zielfernrohr, sondern im Lauf des Gewehres selber; es handelt sich also um die Munition, um die Patrone (was sonst befände sich im Flintenlauf?). Das Ziel ist die Patrone selbst, nicht das, was damit getroffen werden könnte. Aber sie ist „wie Ungeduld mündig", sie könnte abgefeuert werden, sie ist dazu „berechtigt".[444]

„Im Moorboden", „Flintenlauf", „Patrone", „Ziel", „Ungeduld", schließlich die „Häme": all dies scheint das Gedicht zu verdüstern, Ausdruck von Verzweiflung zu sein. Tatsächlich handelt es sich aber um einen Selbstzuspruch des Dichters, um einen Hoffnungstext, wie ausgehend vom oben vorgeschlagenen poetologischen Leseweg des Gedichtes gezeigt werden kann. Nicht der Tod befindet sich im „Flintenlauf Hoffnung" (der in diesem Fall eben Ausdruck von Hoffnungslosigkeit wäre), sondern ein Häm, roter Blutfarbstoff, also ein Hinweis auf Leben. Dieses Leben ergibt sich aus dem Aufsteigen *aus* dem Moorboden, worin man gewissermaßen begraben war, in das Ohnebild, in einen Bereich, der erst zur Sprache kommen muss, der des Dichters bedarf, um zum Gedicht, also sichtbar zu werden. Das Ziel liegt in diesem Häm. Mehr Hoffnung besteht vielleicht nicht, aber das Ziel des Dichters, also das Gedicht, ist „mündig", es kann nach außen treten, wirken. Und es will wirken, darauf verweist die Ungeduld: „wie Ungeduld mündig".

Die Hoffnung richtet sich also auf das Werden des Gedichtes, das sich durch das „Steigen" ins „Ohnebild" ergibt, und auf seine mögliche Wirkung.

Aus dieser Auslegung der ersten Strophe ergibt sich folgerichtig die Bedeutung der eigentümlichen zweiten: „Dorfluft, rue Tournefort." Diese klingt zunächst wie eine Datierung, nur dass anstelle des Namens Paris und des Datums[445] das Wort „Dorfluft" steht. Man könnte sagen, dass sich das in der ersten Strophe Geschilderte, der Vorgang des Zur-Sprache-Kommens also, hier ereignet, in der „Dorfluft" der rue Tournefort. Allerdings sind „Dorfluft" und „rue Tournefort" durch ein Komma getrennt. In der französischen Art und Weise der Adressangabe werden gerne Kommata verwendet. Wenn Celan also statt „Paris, rue Tournefort" nun „Dorfluft, rue Tournefort" schreibt, heißt dies, daß die „Dorfluft" *sein*

---

[443] In der ersten Fassung hat es noch „Pfanne Hoffnung" geheißen, vgl. oben.
[444] Jemand, der „mündig" ist, ist zu etwas berechtigt, was er früher nicht durfte oder konnte.
[445] Die ja, wie oben bereits bemerkt, im Originalmanuskript noch einmal unter dem Manuskript stehen.

Ort ist. Der „Moorboden" aus dem ersten Vers wird wieder aufgegriffen, er ist es, der sich hier befindet und aus dem aufgestiegen wird. Die Lebendigkeit des Sprechenden erweist sich im Gedicht, seine Hoffnung richtet sich darauf.

Die 24, rue Tournefort in Paris.

Es wurde bereits auf das Benjamin-Zitat, das ein Wort des jüdischen Autors Soma Morgenstern zu Kafka aufgreift, hingewiesen[446]: „Bei Kafka – hat Soma Morgenstern gesagt – herrscht Dorfluft wie bei allen großen Religionsstiftern." Benjamin schreibt weiter im Text: „(...) Kafka war Paraboliker, aber ein Religionsstifter war er nicht."[447] Natürlich versteht Celan den Begriff „Dorfluft" nicht, darauf wurde oben bereits hingewiesen, in dem hier angerissenen religiösen Sinne. Kafkas Dasein spielte sich, bis auf seinen Wechsel nach Berlin in seiner letzten Lebensphase, in der Stadt Prag ab, Provinz des Habsburgerreiches. Eines seiner bekanntesten Drucke zu Lebzeiten ist die Erzählungssammlung „Ein Landarzt". Aus einem relativ eng umgrenzten Bereich hat er sein Œuvre von Weltrang geschaffen, das in alle Sprachen übersetzt wurde und ihn zu einem der bedeutendsten Schriftsteller des 20. Jahrhundert gemacht hat, zum Propheten seiner Katastrophen. Paul Celan spielt mit der Nennung der „Dorfluft" auf die Umgrenzung seines Lebensbereiches an.[448] Paris, die Stadt, zu der er sich hingesehnt hat und die er nach einer Odyssee über Czernowitz, Bukarest und Wien schließlich erreicht hat, ist ihm eng geworden, zum „Moorboden", in dem er begraben ist. Er fühlt sich dort nicht mehr, wie noch während der 50er Jahre, als er Paris stolz verschiedenen Besuchern präsentiert, wohl und an seinem Platz. Nicht zu vergessen: In Paris lebte auch die Witwe Goll, die Celan mit einer Verleumdungskampagne verfolgte. Ein Jahr später, im Herbst 1969, wird er bei einer Ansprache vor dem Hebräischen Schriftstellerverband sagen: „Ich bin zu Ihnen nach Israel gekommen, weil ich das gebraucht habe."[449] Mitzulesen ist: ‚weil ich es in Paris nicht mehr ausgehalten habe'. Franz Wurm berichtet davon, wie Celan unter dem zunehmenden Antisemitismus in

---

[446] Paul Celan, La bibliothèque philosophique, a.a.O., S. 296. Werner Hamacher (a.a.O.) zeigt in seiner großen Studie, dass Benjamins Kafka-Aufsatz fast alle wichtigen Motive des „Aus dem Moorboden"-Gedichtes entlehnt sind. Dennoch sehen wir den Benjamin-Aufsatz nicht als unabdingbare Voraussetzung für ein Verständnis des „Aus dem Moorboden"-Gedichtes an.

[447] Vgl. a.a.O. Diese Stelle ist von Celan nicht mehr angestrichen.

[448] Auch Hamacher deutet in Anknüpfung an Benjamins Kafka-Essay „Dorfluft" rein negativ, vgl. a.a.O., S. 192. Tatsächlich enthält die Milde des Ausdrucks durchaus eine gewisse Ambivalenz. „Dorfluft" empfängt den, der die Städte verlässt. Wenn inmitten einer Großstadt „Dorfluft" notiert wird, dann ist, im positiven Sinne, auch ein Entkommen aus dieser Stadt *in* der Stadt. Dieses Entkommen hat wiederum mit dem Schreiben zu tun, das in Paris trotz aller Enge möglich bleibt, im politischen Jahr 1968 mehr denn je.
Hamacher (S. 193) bezieht die im Gedicht genannte Hoffnung über den hier gegebenen Deutungsrahmen hinaus auch auf die politischen Umwälzungen dieses Jahres; die Zahl der explizit politischen Gedichte bleibt allerdings sehr überschaubar. Vgl. auch die Deutung von „24, Rue Tournefort" in diesem Band.

[449] GW III, S. 203.

Frankreich während der Nahostkriege gelitten hat.[450] Dennoch kann er von hier aus ins „Ohnebild" steigen, schreibt während seiner letzten Lebensjahre so viele Gedichte wie nie zuvor.

Auf einen weiteren Aspekt der Nennung des Straßennamens wurde schon bei der Auslegung des Gedichtes „24, Rue Tournefort" eingegangen: die Überschaubarkeit von Celans persönlichem Lebensbereich: Panthéon, Rue Mouffetard, Place de la Contrescarpe, Rue d'Ulm, alles in einem recht kleinen Zirkel im fünften Pariser Arrondissement, welches er, wie Jean Daive in seinem Buch „Unter der Kuppel" schildert, in seinen Spaziergängen durchstreifte. Der Wochenmarkt in der „Rue Mouffetard" wirkt auch heute noch dörflich, die Place de la Contrescarpe sieht nicht großstädtisch aus, auf seinen Spaziergängen wird er überall die gleichen Leute getroffen haben. Im vorliegenden Kontext wird aber weniger dieser „Dorfaspekt" des Quartier Latin, als vielmehr die bedrohliche Enge, aus der er „steigt", um sein Werk, auf das sich seine Hoffnung richtet, zu verwirklichen, reflektiert. Hieran knüpft sich die Wortbedeutung des Straßennamens an: „tourner fort", heftig drehen, um dann zu steigen, möchte man, sagen, aus dem „Moorboden" einer dörflichen Enge hin zu einem Werk, das in den letzten Lebensjahren des Dichters immer mehr einer schwierigen Lebenssituation abgerungen ist.

---

[450] PC/FW, S. 247f.

GEWIDDERT.

GEWIDDERT.

Du brauchst nicht zu zählen,
du Schaft.

Knorpel-
burgen
Boulevard St. Michel,
Beer-Hofmann
klaubt sich ein gläubiges
Fast.

Denn am Immer
wienerts vorbei,

Drohobycz herrscht –
nicht allein.

Celan hat an einem Tag, am 19.7.1968, in der Rue Tournefort, seinem Wohnort seit 1967, zehn kurze Gedichte geschrieben. „Gewiddert"[451] hat er als fünftes Gedicht gekennzeichnet.[452] Auffällig bei all den Gedichten dieses Tages und bei den meisten späteren Gedichten ist die verknappte Sprache, die Reduktion auf wenige Worte, eine leicht erkennbare syntaktische Struktur mit Subjekt, Prädikat und Ergänzungen, sowie eine unterschiedliche Thematik, soweit diese auf Anhieb überhaupt zu erkennen ist.

Bei der Kürze dieses Gedichtes fallen auf den ersten Blick die drei konkreten Eigennamen auf: „Boulevard St. Michel", ein vielbesuchter und vielbefahrener Boulevard im Quartier Latin in Paris, „Beer-Hofmann", ein in Österreich bekannter Wiener Dichter (1866–1945) und „Drohobycz", eine heute zur Ukraine gehörende Kleinstadt. Auffällig ist der Stabreim in „Burgen", „Boulevard St. Michel" und „Beer-Hofmann" in der zweiten Strophe. Die Begriffe „Knorpelburgen", „vorbeiwienern" und die substan-

---

[451] NG, S. 190.
[452] Vgl. den Hinweis zu den an diesem Tag entstandenen und von Celan selbst gezählten Gedichten bei B. Wiedemann, KG, S. 850. Die weiteren Gedichte dieses Tages sind neben „Gewiddert": „Offene Glottis", „Aus dem Moorboden", „Meine Gischt", „Sinn sieht sich", „Sandentadelte", „Port Bou – deutsch?", „Limbisch", „Keinerlei Kleinzeit" und „Am Reizort".

tivierten Adverbien „gläubiges Fast" und „am Immer", erhöhen, zusammen mit den drei Eigennamen, die Komplexität des Gedichtes.

Die erste Strophe „GEWIDDERT", die zugleich, da in Majuskeln gesetzt, die Überschrift bildet, besteht nur aus diesem isolierten elliptischen Partizip, das aus dem Substantiv „Widder" gebildet ist. Sofort lässt „gewiddert" an das Sternzeichen „Widder" denken, das das erste im Tierkreis ist und den Frühling ankündet. Ein Widder oder Bock wird mit Kampfbereitschaft und Mut verbunden. Der Rammbock, mit dem im Mittelalter Burgtore belagert und eingerammt wurden, trug einen Widderkopf. Celan war sich sicher auch der Funktion des Schofars im Judentum bewusst, das aus dem ausgehöhlten Horn eines Widders besteht und das in biblischer Zeit als Signalinstrument im Krieg verwendet wurde, wenn der Feind anstürmte.[453]

Sicher klingt im „Gewiddert" ebenfalls der „Sündenbock" an, der in biblischer Zeit am Versöhnungstag in die Wüste gejagt wurde, nachdem ihm vom Hohenpriester die Sünden des Volkes auferlegt worden waren. Mit der kurzen und prägnanten Wortschöpfung „Gewiddert" verbinden sich demnach eine Vielfalt von Verstehensbezügen, besonders aus dem Judentum, die sich erst durch eine Gesamtbetrachtung des Gedichtes klären lassen. Immer schwingen in „Gewiddert" Assoziationen von Kraft, Mut, Kampfesbereitschaft mit.

Die zweite Strophe ist der Form nach zwar kein Imperativ, aber ein Aussagesatz mit imperativischem Charakter. Schwierigkeiten bereitet die Personifikation von Schaft in „du Schaft". „Du brauchst nicht zu zählen" – unklar bleibt hier, was überhaupt zu zählen ist. Unter Schaft kann das Schreibgerät des Dichters, in der „Knorpelburg" seiner Hand, gesehen werden. Der Schaft, der Griffteil eines Werkzeuges, liegt wie ein „Griffel" in der Hand des Dichters, der damit schreibt und arbeitet. Dieser Schaft, auch Griffteil z.B. eines Schwertes oder Speeres, aber auch der tragende Teil einer Säule, wird mit „du" angesprochen, also personifiziert. Die Funktion eines Schwertschaftes, z.B. Schlagen, Kämpfen, Sich-auseinander-Setzen, wird so mit demjenigen, der diese Funktion ausübt, identifiziert, so dass kein Unterschied zwischen Aktion und Person auszumachen

---

[453] Am jüdischen Neujahrsfest „Rosch Ha-Schana" erinnert das Schofarblasen daran, dass Gott an diesem Tag die Welt erschaffen und seine Herrschaft über die Welt aufgerichtet hat. Mit Posaunenschall wurde das Kommen des Königs angekündigt. Der Klang des Schofarhornes ist gleichzeitig eine Erinnerung an die Entgegennahme der Tora und an den Bund zwischen dem Volk Israel und Gott, denn beim Tönen der Posaune wurde dieser Bund geschlossen. Der Neujahrstag erinnert die Juden an das Gericht Gottes über die Menschen, d.h. jeder muss seine Taten vor Gott verantworten. Trotzdem soll der Beginn des Jahres kein trauriger Tag sein, sondern ein Fest- und Freudentag. Gott erbarmt sich der Menschen und gewährt in seinem Erbarmen immer einen Neuanfang.

ist. Die sich wehrende Person, bezeichnet als Schaft, soll nicht zählen, wie oft und gegen wen sie sich gewehrt hat.

Die dritte Strophe beginnt mit dem viersilbigen Kunstwort „Knorpelburgen", über zwei Zeilen verteilt, und der Ergänzung Boulevard St. Michel und wird fortgesetzt durch den dreizeiligen, syntaktisch eindeutigen Satz, in dem der Dichter „Beer-Hofmann" das Subjekt, „klauben" Prädikat und das substantivierte „Fast" isoliert in einer Zeile als Prädikatsergänzung den Abschluss der dritten Strophe bilden. B. Wiedemann macht auf den Zusammenhang zwischen dem Boulevard St. Michel in Paris und dem Wiener Dichter Beer-Hofmann aufmerksam.[454] Celan hatte sich in dessen gesammelten Werken die Stelle „Der große Fürst Michael, der für Dein Volk steht" zweimal angestrichen. Oft hatte Celan bei seinen Spaziergängen im Quartier Latin, z.B. wenn er die nahegelegene deutsche Buchhandlung Flincker aufsuchte, die Bronzeskulptur des Erzengels Michael an dem Springbrunnen zu Beginn des Boulevards St. Michel gesehen. Mit seinem Flammenschwert, dessen Schaft Michael fest umfasst, holt er zum Schlag gegen den Satan aus, der sich als geflügelte, menschenähnliche Gestalt zu seinen Füßen krümmt. Nicht die christliche Sicht des Erzengels Michael dürfte für Celan von Interesse gewesen sein, sondern die jüdische. Der Erzengel Michael schützt das jüdische Volk, wie es in der endgerichtlichen Prophezeiung beim Propheten Daniel (12,1) zum Ausdruck kommt: „In jener Zeit tritt Michael auf, der große Engelfürst, der für die Söhne deines Volkes eintritt ..." Der Erzengel am Boulevard St. Michel ist künstlerisch mit Säulen, Blendbögen und Wappen gestaltet.

Die Kleingestaltigkeit der Ornamente aus rötlichem Granit und Marmor, die anderen Bronzeskulpturen und die des Michael wirken – denkt man sich den vorbeirauschenden Verkehr einmal weg – wie eine mächtige Burg und in der Unregelmäßigkeit der Ausgestaltung wie ein Knorpel. Aus diesem Anblick erwächst der Begriff „Knorpelburg". Hilfe ist allein von Michael zu erwarten, dessen schützende und kämpfende Funktion für das Judentum im personifizierten Schaft zum Ausdruck kommt. Allerdings spricht Celan im Plural von „Knorpelburgen" und lässt in einer zweiten Lesart an die Hände des Dichters denken, an die Faust, die den Schaft des Schreibgerätes umfasst, und dabei wirken Knöchel und Hände wie Knorpel. Sankt Michael und der Dichter treten für ihr Volk ein, kämpfen und leisten so Widerstand. Michael kämpft mit der Schärfe und Kraft des Schwertes für sein Volk, der Dichter mit seinem Wort. Hieraus erklärt sich die Pluralform Knorpelburgen.

---

[454] KG, S. 956f.

Die Fontaine St. Michel in Paris.

Die explizite Nennung eines Dichters in einem Gedicht findet sich bei Celan selten. Der jüdische Wiener Dichter Richard Beer-Hofmann, der nach dem Anschluss Österreichs nach New York emigrierte, war Celan aus seine Wiener Zeit 1948 bekannt. Beer-Hofmann „klaubt" sich ein „gläubiges Fast." Unter „klauben", einem Intensivum zu ergreifen (z.B. Kartoffeln aufklauben), ist ein festes, entschiedenes Zupacken zu verstehen, das mit dem Objekt „ein gläubiges Fast" verbunden ist. Das Wortspiel „klauben" und „glauben" in einer Zeile ist offensichtlich und schafft einen Bezug zwischen dem Dichter Beer-Hoffman und dem jüdischen Glauben. Der Glaube wird zwar ergriffen, aber dieses entschiedene Bekenntnis geschieht nur fast, d.h. nicht ganz, was gerade durch die Substantivierung und die alleinige Stellung von „Fast" in einer Zeile hervorgehoben wird. Es ist nicht sicher auszumachen, worauf sich diese Aussage Celans bei Beer-Hoffmann tatsächlich stützt. „Er gehörte zu jenen assimilierten Juden, die keinen direkten Bezug zu ihrer religiösen Herkunft hatten. Von ‚Gleichgültigkeit' gegenüber dem Geist jüdischer Religion, ja sogar vom ‚Widerstand' und vom ‚spöttischen Verhalten' ihren äußeren Formen gegenüber, sprach Schnitzler in seiner Autobiographie. Dies darf man getrost auch dem jungen Beer-Hofmann attestieren."[455]

Handelt es sich hier um eine Kritik Celans an der Glaubwürdigkeit dieses jüdischen Dichters, der sich zunächst nicht zu seinem Judentum bekannte und ins Exil nach Amerika ging? Subjekt und Prädikat sind ohne Apostroph im Begriff „wienerts vorbei" in der vierten Strophe zusammengezogen. Das „Fast" der dritten Strophe steht dem substantivierten „Immer" dieser Strophe zwar gegenüber, nimmt aber mit dem begründenden „Denn" Bezug auf die dritte Strophe und deren Gedanken des Glaubens. Diese Strophe kann so zunächst auf Beer-Hofmann zurückbezogen werden, andererseits kann sie von ihm losgelöst, auf ganz Wien bezogen werden. „Wienern" steht dann für den unernsten Umgang mit dem jüdischen Glauben. Beer-Hofmann war in seiner Assimilation eher ein Wiener als ein Jude. An einem dauernden Einstehen für die jüdische Identität, einem Immer, scheint es dem Dichter Beer-Hoffmann zu fehlen.

Aus Wien stammte auch der Gestapohauptmann Felix Landau, der in der Stadt Drohobycz beim Überfall auf die Sowjetunion 1941 Angst und Schrecken verbreitete. Die zwei Zeilen der fünften Strophe sind durch einen Gedankenstrich getrennt und mit der durch diesen erst hervorgehobenen adverbialen Ergänzung „nicht allein" verbunden. Die Kleinstadt Drohobycz, im ehemaligen Galizien gelegen, gehörte zu Polen, dann zu Österreich, dann zwischen den Weltkriegen wieder zu Polen, schließlich zur UdSSR und heute zur Ukraine. Sie hatte einen hohen jüdischen Bevölkerungsanteil vor dem 2. Weltkrieg mit sechs Synagogen.[456] Drohobycz wurde im Juli 1941 beim Überfall auf die Sowjetunion von deutschen Truppen besetzt. In die heutige Sporthalle wurden Juden getrieben und 11000 von ihnen durch die Nazis erschossen. Celan wusste sicher um diese Verfolgungen. Die Stadt Drohobycz, das jiddische Schtetl insgesamt, stellt eine besondere Inkarnation jüdischen Schicksals dar: Exil, Verfol-

---

[455] Stefan Scherer: Judentum, Ästhetizismus und literarische Moderne. Zu einem Zusammenhang beim frühen Beer-Hofmann. In: Dieter Borchmeyer (Hg.): Richard Beer-Hofmann. „Zwischen Ästhetizismus und Judentum", Symposion Heidelberg 1995, Paderborn 1996, S. 11.
[456] KG, S. 957.

gung, Verlust der Heimat, Unterwegssein, immer unter fremder Herrschaft, schließlich der Genozid. Diese jüdische Existenzweise „herrscht" weiter, auch 1968, und daran hat sich nach Celan in der Geschichte bis heute nichts geändert – aber sie herrscht „nicht allein." In Erinnerung an den Erzengel Michael, den Celan in Paris am Boulevard St. Michel vor Augen hat, gehen der Kampf und der Widerstand gegen Ausgrenzung und Verfolgung weiter. Diese lange Geschichte der Verfolgungen hat den Dichter „gewiddert". Der Dichter leistet durch den Schaft, den er in seiner Knorpelburg in den Händen hält, Widerstand, der nicht zu zählen ist. Er bleibt wehrhaft wie der heilige Michael am Boulevard Saint Michel. Doch muss er nicht allein kämpfen. Einen realer Ort in Paris ordnet Celan in seinen literarischen Kosmos ein und entfaltet dort seine Wirkung.

PARIS, KLEINSTSEITE

PARIS, KLEINSTSEITE

Ich bin der Perlustrierte
und auch Illuminierte,
das Zündholzschachtelg'sicht,

der heilige Medardus
behandelt meinen Plattfuß,
ich klage nicht

Nur in diesem kurzen Nachlassgedicht[457], wenn man von dem unvollendeten Nachlasszyklus „PARISER ELEGIE"[458] absieht, nennt Celan Paris explizit im Titel eines Gedichtes. Aus den vier Textstufen[459] wird ersichtlich, dass er damit gerungen hat, ob er Paris überhaupt im Titel nennen sollte, eine für die Interpretation nicht unerhebliche Beobachtung,

In der ersten Fassung findet sich gar kein Titel, während Celan in der zweiten Fassung zunächst den Titel „Kleinstseite" und eine Zeile darunter nachträglich mit schwarzem Kugelschreiber Paris in einer eigenen Zeile hinzufügt und dabei beide Wörter einzeln unterstreicht. Außerdem gibt er nur in dieser zweiten Fassung eine genaue Datierung: „Paris, Rue Tournefort 28.8.1968." In der dritten Textstufe lässt Celan „Paris" wieder weg und tituliert das Gedicht nur „Kleinstseite" (unterstrichen und mit einem Punkt). In der Endfassung erscheint dann „Paris" im Titel vor „Kleinstseite", mit Komma getrennt und ohne Punkt.[460]

---

[457] NG, S. 322. B. Wiedemann hat das Gedicht nicht in ihre kommentierten Gesamtausgabe (KG) aufgenommen, obwohl es in der Nachlassedition (NG) von 1977 enthalten ist.
[458] Vgl. das entsprechende Kapitel im vorliegenden Band.
[459] Vgl. die genaue Darstellung der vier Textstufen in HK, Bd. 14, S. 47ff.
[460] Eine Reinschrift des Gedichtes mit der gegenüber der zweiten Fassung ungenaueren Datierung „August 68" findet sich im Besitz von Franz Wurm. Celan hat dieses kurze Gedicht spätestens ein Jahr nach dessen Entstehung in seinem Brief vom 7.11.1969 an F. Wurm geschickt, der in dieser Zeit gerade in Prag lebte.
Diese Annahme stützt sich auf einen Antwortbrief Franz Wurms am 12.11.1969 aus Prag, in dem er die „Kleinstseite" in Prag in einem sich im Druck des Briefwechsels schon fast über eine Seite hinziehenden Satz erwähnt. „... ich also (...) ich war dieser Tage sehr ver- (ver- u. nicht ge-, womit sollte ich ge- bestreiten) -lockt, auf Ihre, die Kleinstseite zu übersiedeln ...", in: PC/FW, Brief Nr. 174, S. 224f. Vgl. auch das Faksimile des Gedichtes auf S. 223 im Briefwechsel.

Das ganze Gedicht besteht aus einem Satz in drei Teilsätzen. Die direkte Bezeichnung „ich" und „du" findet sich eher in den Nachlassgedichten, da Celans Gedichte in der Regel die ganz persönliche Ebene in ihrer Aussageabsicht überschreiten wollen, obwohl sie sich andererseits auch immer von konkreten Daten und Erfahrungen seiner Biografie her schreiben.[461] Zu persönliche Gedichte hat Celan nicht zur Publikation bestimmt.[462]

Das „Ich" in den beiden Strophen und das Reimschema des gesamten Gedichtes aa/c/bb/c verbinden die zwei getrennten Strophen formal miteinander.[463] Allerdings sind zwei Reime keine echten Reime (c, ..., c), d.h. es liegt nur ein Gleichklang vor (Assonanz). Das Ich des Gedichtes, vielleicht der Dichter selbst, bezeichnet sich mit zwei substantivierten Partizipien als „der Perlustrierte" und „der Illuminierte". Das in Österreich häufiger gebrauchte Verb „perlustrieren" meint, jemanden polizeilich näher zu untersuchen, um seine Identität festzustellen. Beim Zoll oder bei der Polizei werden Menschen nach Waffen, Drogen usw. gefilzt, durchsucht, eben perlustriert. Gleichzeitig ist er der „Illuminierte", der Angestrahlte oder der Erleuchtete.

Zum besseren Verständnis muss hier zunächst einmal ein biografischer Aspekt in Erinnerung gerufen werden. Noch 1968 belastete Claire Golls üble Diffamierung, Celan habe Verse ihres Mannes, des Dichters Ivan Goll, plagiiert, dessen Leben bis aufs Äußerste, zusätzlich zu den schweren persönlichen Krisen im Januar 1968.[464] „Celans Leben bleibt von der Goll-Affäre wesentlich geprägt, sein Werk ist ohne Einsicht in das Geschehene nicht wirklich verständlich."[465] 1968 hatte die Affäre ihren Höhepunkt zwar überschritten, aber nicht in der Wirkung auf Celans Leben. „Obschon die eigentliche Affäre nicht über die Mitte der 60er

---

Obwohl das Gedicht sich beim ersten Lesen mit den Worten „Zündholzschachtelg'sicht", „Plattfuß" eher ironisch, fast spielerisch ausnimmt, zeigen Celans Gedanken um den endgültigen Titel, und um den Aufbau, dass es für ihn keine unernsten, leicht dahingeschriebenen Gedichte gibt und dass er für jedes Gedicht, auch für nicht publizierte, höchste Sprachsorgfalt aufwendet.

[461] Vgl. auch die Deutung zu „Wir werden / leben" im vorliegenden Band.

[462] Ein herausragendes Beispiel dafür ist das sehr persönliche Gedicht „Wolfsbohne", das zwar zur Veröffentlichung vorgesehen war, aber dann von Celan zurückgezogen wurde, weil es zu „privat" sei. Vgl. die Hinweise auf die Publikation und die Entstehung des Gedichtes bei Barbara Wiedemann: KG, S. 921–924.

[463] Interessant ist auch die Beobachtung, dass Celan in allen vorausgehenden Fassungen bis auf die Endfassung die dritte Zeile der jeweiligen Strophe eingerückt hat. Das zeigt schon grafisch eine geöffnete Schachtel. Er hat diese Setzung in der Endfassung wieder getilgt.

[464] Vgl. dazu die Interpretation von „Eingejännert" im vorliegenden Band

[465] GA, S. 8. Barbara Wiedemann teilt die Affäre zeitlich in die Phasen I–IV ein, was allein schon ein Hinweis auf die überragende Bedeutung für Celans Leben ist.

Jahre hinausgeht, hat nicht nur das Ansehen Celans gelitten, sondern auch seine Person und seine Dichtung wurden in nicht wieder gutzumachendem Ausmaß verletzt. Celan wird sich von dieser infamen Machenschaft nie wieder erholen, in der er recht bald eine Fortsetzung des Verbrechens von Auschwitz wahrnimmt, das an seinen Eltern und dem Judentum begangen wurde – d.h. in letzter Instanz und nach den Worten des Dichters: „gegen eine Form des Menschlichen."[466] Hermann Lenz beschreibt in seinen „Erinnerungen an Paul Celan" dieses ständige Gefühl des Verfolgtwerdens. Celan ist der dauerhaft unter Verdacht Gestellte. „Ich sagte zu ihm (Celan): ‚Laß doch das blöde Weib schreiben, was sie will', aber es quälte ihn trotzdem und steigerte sein Gefühl, verfolgt zu werden."[467] In dieser zerstörerischen Wirkung der Vorwürfe auf Celans Leben ist „perlustriert" und „illuminiert" zu verstehen. Diese zerstörerische Wirkung zeigte sich in seiner angespannten psychischen Belastung mit zeitweiligen Aufenthalten in psychiatrischen Kliniken bis hin zur Selbsttötung.

Eine weitere Lesart ist für „der Illuminierte" denkbar. Fassaden bedeutender Gebäude in den Städten werden von außen angeleuchtet und angestrahlt. In der ersten Fassung dieses Gedichtes schreibt Celan statt „Zündholzschachtelg'sicht" noch „das Zündholz und das Licht". Illuminiert leitet sich vom lateinischen „lumen", Licht, ab. Celan hatte 1968 schon einen hohen Bekanntheitsgrad als Dichter und Übersetzer erreicht. Im Juni, Juli des gleichen Jahres befand er sich auf Lesereisen in Deutschland (u.a. Kiel, Tübingen) und war als ein großer Lyriker deutscher Sprache bekannt. Schon 1952 hatte die „Todesfuge" Celan auf einen Schlag bekannt gemacht. Später erwähnte er, dass ihn nicht zuletzt aufgrund dieses Gedichtes die Antisemiten „ausfindig gemacht" hätten.[468] Mit Licht kann dieser Bekanntheitsgrad im deutschen Sprachraum gemeint sein. Aber dieses anstrahlende Licht kommt von außen und bleibt äußerlich, trifft nicht das Innere seiner Dichtung, zeugt eher von oberflächlicher Bewunderung bei gleichzeitigem Unverständnis für seine Dichtung. Er ist illuminiert in dem Sinn, dass er sich keine Illusionen macht. Celan spricht im Gedicht in einer distanzierten Redeweise von sich launig und humorig. Die Bekanntheit als Dichter ist nur äußerlich und ändert nichts an seiner inneren Situation wachsender Einsamkeit in Paris und am Nichtverstandenwerden seiner Dichtung.

Da illuminiert mit Licht (lumen) in Verbindung steht, kann in einer dritten Lesart gemeint sein, dass der Dichter inspiriert wird und dass ihm im Dichten Lichter aufgehen.

---

[466] Hadrien France-Lanord, a.a.O., S. 240.
[467] PC/HHL, S. 10.
[468] Vgl. John Felstiner: Celan. Eine Biographie. München 1997, S. 132.

Die erste Strophe endet mit der Apposition „das Zündholzschachtelg'sicht", so dass sich in dieser Wortschöpfung „der Perlustrierte" und „der Illuminierte" verdichten. Aus „das Zündholz und das Licht" in der ersten Fassung wurde bereits in der zweiten Version das „Zündholzschachtelg'sicht". Dieses Bild der Zündholzschachtel legt sich möglicherweise ganz konkret nahe, weil Celan, um sich eine Zigarette anzuzünden, oft wohl Zündhölzer aus Zündholzschachteln benutzt hat. Ein Zündholz ergibt durch Reibung ein kurz aufscheinendes Licht, das schnell abbrennt und verlöscht, was Celan beim Anzünden der Zigaretten sicher aufgefallen ist. Auf die Dichtung bezogen heißt dies: Seine Dichtung hat ein Gesicht und erhellt, wenn auch nur im kurzen Aufscheinen wie ein aufflammendes Zündholz, ein Stück Lebenswirklichkeit. Mit einer Zündholzschachtel verbindet sich noch der Gedanke an ein unbedeutendes, unbedachtes Ding wie der unbeachtete Spatz in dem Gedicht „Er hatte in Paris den Spatzeneid geschworen". Selbstironisch und humorvoll spricht er von sich im Sinne von: „Ich bin ein kleines Licht." Mit Zündhölzern kann spielerisch ein Gesicht gelegt werden. Das aus den Stäbchen zusammengelegte Gesicht hat keine eindeutige Physiognomie und ist eher verzerrt. Vielleicht denkt er auch daran, dass er sein Gesicht als Dichter verlieren kann?

Die zweite Strophe knüpft inhaltlich nicht direkt an die erste Strophe an. Ganz in der Nähe der „Place de la Contrescarpe" befindet sich die kleine Kirche St. Médard. Sie ist dem Bischof Medardus von Noyon (gestorben 560) geweiht, der für seine Armenfürsorge und für seine Gabe, Wunder zu wirken, zuerst in Flandern, dann auch in Köln und Umgebung verehrt wurde.[469] Celan wusste um diese Wundertradition in St. Médard und bringt die Heilungskraft des Medardus mit der Behandlung seines Plattfußes in Verbindung. Auch hier könnte auf den ersten Blick an eine Ironisierung des Heiligen gedacht werden. Dagegen spricht allerdings, dass er in der ersten Fassung zunächst statt „behandelt" „er heilt" und in der zweiten „er pflegt mir" vorgesehen hat, aber diese Varianten in den gleichen Entwürfen durch „behandelt" ersetzt hat. D.h. Celan war sich unsicher, welche Funktion er Medardus zusprechen soll. Der Begriff „behandeln" ist neutraler als „heilen", da heilen bereits den Erfolg der Behandlung miteinschließt, während „pflegen" eine stärkere fürsorgliche Zuwendung als das eher neutrale Behandeln nahelegt. Der Erfolg der Behandlung bleibt ungewiss. Medardus behandelt „meinen Plattfuß". Ein Plattfuß ist entweder angeboren oder eine durch das Gehen erworbene Fehlstellung des Fußes, bei der die Wölbung des Fußes nach und nach

---

[469] Diese frühe Wundertradition setzte sich fort in den Wundern des späteren Diakons Franz von Paris. Er war beliebt, weil er den Armen des Quartiers Saint-Médard seine ganze Habe vermachte. Seit dem Jahr seines Todes sollen sich um sein Grab herum von 1727 an erste Wunderheilungen ereignet haben.

verschwindet. Dadurch kann es zu Schmerzen in den Knien und Oberschenkeln bis hin zum Kreuz kommen. Celan, der keinen Führerschein und auch kein Auto besaß, ging viel mit seinen Besuchern durch Paris und *erging* sich das Quartier Latin, in dem er seit 1967 lebte und arbeitete. Er geht so lange, so oft, bis er einen Plattfuß hat, den er sich spielerisch von Medardus behandeln lässt.[470]

Gleichzeitig ist das Gehen mit seiner Dichtung in Verbindung zu bringen. Dichten ist ein Sich-Fortbewegen, ein ständiger Aufbruch und eine große Arbeit sprachlichen Voranschreitens. Dichtung gelingt nicht immer und wird oft nicht verstanden. So wird seine Dichtung als „hermetisch" zur Seite gelegt, gleichsam *übergangen* oder trifft auf völliges Unverständnis. Celan glaubte als Jude sicher nicht an wunderwirkende Heilige, d.h. das Gedicht enthält nicht irgendeine Glaubensaussage, sondern eine Aussage über Celans Wohnen, sein Gehen und über seine dichterische Existenz im August 1968 im Quartier Latin. Er lebt und arbeitet in einem abgegrenzten Bereich, geht viel zu Fuß, legt dabei keine großen Strecken zurück und hat einen kleinen Radius. Als eine konkrete Ortsangabe wird so der Titel „Paris, Kleinstseite" verständlich. Obwohl Celan selbst nie in Prag war, wusste er allein durch seine Beschäftigung mit Kafka um die Stadt Prag. Einen Teil seines Werkes hat Kafka auf der Prager „Kleinseite" geschrieben. Bei der Prager Burg befindet sich die „Kleinseite", die als Stadt des Adels lange Zeit rechtlich eine eigenständige Stadt mit vielen Kirchen bildete. Sein wichtiger Briefpartner Franz Wurm, dem Celan dieses Gedicht nach Prag schickte, lebte dort einige Monate. Celan verkleinert die „Kleinseite" Prags nochmals superlativisch zur „Kleinstseite" Paris.[471] Trotz der international beachteten Studentenrevolte in Paris im Mai[472], die Celans Interesse und seine aktive Teilnahme nahe seinem Wohngebiet fand, ist Paris 1968 für ihn zur „Kleinstseite" geworden. Die Tendenz zur Reduktion der Weltstadt Paris auf ein Dorf, auf einen kleinsten Ort setzt sich also im Laufe des Jahres 1968 fort.[473]

Schon im Gedicht „Sprich auch Du" aus dem frühen Band „Von Schwelle zu Schwelle" (1955) heißt es:

---

[470] B. Wiedemann weist darauf hin, dass der heilige Medardus als „der Schutzpatron der Wahnsinnigen und Zahnkranken" galt, so dass Celan vielleicht auch „an seine zahlreichen Zahnarztbesuche im Vorjahr" erinnert wurde. Siehe NG, S. 496.
[471] Mit Kleinseite lässt sich lautmalerisch sogar „Keinstseite" verbinden. Einen Brief an F. Wurm im Mai datiert Celan „(Paris) am keinsten Mai 1968."
[472] Vgl. dazu das Gedicht „DEIN BLONDSCHATTEN" in diesem Band.
[473] Vgl. auch den letzten Vers „Dorfluft, rue Tournefort" im Gedicht „AUS DEM MOORBODEN".

„Nun aber schrumpft der Ort, wo du stehst:
Wohin jetzt, Schattenentblößter, wohin?"[474]

Ähnliches im Nachlassgedicht „Klopfzeichen, Kopfleuchten":
„den Ritt ins Nachbardorf: nach
Paris. »[475]

Celan hat in diesem Gedicht vom August 1968 die Großstadt Paris, die sich um seine Arbeitsstelle an der „École Normale Supérieure", seine Wohnung in der Rue Tournefort, dem „Place de la Contrescarpe" zur „Kleinstseite" verengt, als einen ihn gut behandelnden Ort erlebt, symbolisiert in Medardus, der ihn als „Perlustrierten und „Illuminierten" klaglos leben und arbeiten lässt.[476] Hierin wird eine allgemeine Tendenz deutlich, die sich in etlichen den Schreibort Paris zum Thema machenden Gedichten findet. Er erkennt, dass Klagen nicht weiterführt. Trotz der eingetretenen Verengung in seinem Leben strahlt das Gedicht eine eher heitere Stimmung aus, getragen von einem humorvollen Grundton ohne Düsterheit. Das Gedicht kann als eine humorige Verneigung vor der Literatenstadt Prag und sogar vor Kafka gelesen werden. Ebenso verneigt sich der Dichter vor der Literatenstadt Paris, die für ihn zur „Kleinstseite", aber nicht zu einem ganz beklagenswerten Ort geworden ist.

---

[474] GW I, S. 135.
[475] NG, S. 142. Siehe die Deutung im vorliegenden Band.
[476] Schon das Gedicht „EINGEJÄNNERT", ebenfalls 1968 in großer Einsamkeit geschrieben, endet mit dem Wort „Gewissheit" in einer Zeile und zeigt so ebenfalls keine nur negative Konnotation. Vgl. die Interpretation dieses Gedichtes im vorliegenden Band mit den weiteren Hinweisen auf die Verengung des Lebens in Paris.

Dein Heim

Dein Heim
– in wieviel Häusern? –
erwacht
unter der Last seiner Herkunft,
im scharfen Kahn,
ein Nachbar der Silbenfracht,
elektrisch gereimt und entreimt,
unterwegs
zur Helling,
wo Fahrt aus-
gegeben wird,
in schallenden Sand-
tüten.

Das Gedicht besteht aus einem einzigen Satz, in dem „Dein Heim"[477] Subjekt und „erwacht" Prädikat ist. „Dein Heim" wird zunächst durch zwei Ergänzungen in verschiedenen Zeilen präzisiert („unter der Last seiner Herkunft" und „im scharfen Kahn"). Der Kahn wird durch drei weitere Appositionen näher beschrieben: Er ist „ein Nachbar der Silbenfracht", „elektrisch gereimt und entreimt", „unterwegs zur Helling", wo „Fahrt ausgegeben wird." Das Subjekt „Dein Heim" und der näher bestimmte Kahn nehmen so eine zentrale Stellung für das Verständnis des gesamten Gedichtes ein.

Bis zur Entstehung dieses Gedichtes bewohnte Celan vier Wohnungen in Paris, er verbrachte lange Zeiten in verschiedenen psychiatrischen Kliniken.[478] Besonders sein Auszug 1967 aus der Familienwohnung in der rue de Longchamp 78 – er wohnte hier von November 1958 bis Januar 1967 – war ein sehr tiefer Einschnitt. In einem Brief an Franz Wurm schreibt er 1967: „Nach zwanzig Jahren Paris habe ich heillos sedentärer Nomade wieder so ein beinahnettes Studikerzeltchen aufzuschlagen das Vergnügen gehabt."[479] Nach seiner Entlassung aus der Klinik bezog er einen Tag vor diesen Briefzeilen (21.11.1967) ein kleines möbliertes Appartement in der rue Tournefort im Quartier Latin, in der Nähe seiner

---

[477] NG, S. 271.
[478] Dieses Gedicht ist am 21.12.1968 in der Psychiatrischen Klinik in Épinay-sur-Orge (südlicher Stadtrand von Paris) entstanden, wo Celan vom 30.11.1968–3.2.1969 behandelt wurde.
[479] PC/FW, S. 114.

Arbeitsstelle in der rue d'Ulm. Der Briefwechsel mit seiner Frau zeigt, dass diesem Umzug eine lange Wohnungssuche im Jahr 1967 vorausging.[480]

Nach diesem Umzug und den Aufenthalten in verschiedenen Kliniken stellte sich immer dringender für Celan die Frage, wo er zu Hause ist, wo eigentlich sein Platz in Paris ist. Die Überschrift „DEIN HEIM" in Majuskeln zusammen mit der Parenthese „– in wieviel Häusern? –" in der zweiten Zeile stellt die Frage nach dem konkreten Zuhause Celans in Paris, wo er doch schon 20 Jahre lebte, arbeitete und doch noch nicht einen bleibenden Ort, ein Heim, gefunden hat.

Mit „Dein Heim" vollzieht sich bereits eine Distanzierung von dem Heim. Dein kann auch als eine Selbstanrede des Dichters verstanden werden, der eben nicht von „meinem" Heim spricht. Heim hat zwei Bedeutungsvarianten. Mit Heim verbindet sich zunächst ein Ort der Beheimatung, der Nähe, sozusagen eine Intensivierung von Haus. Heim ist der Innenbereich eines Hauses, der Intimbereich. In einem Heim suchen Menschen Heimat und finden oft ein Heimischwerden, so dass mit der Überschrift „Dein" einerseits Distanz, aber mit „Heim" zugleich Nähe zum Ausdruck gebracht wird – eine „fremde Nähe". Die Frage in der Parenthese der zweiten Zeile – in wieviel Häusern? – identifiziert Heim mit Häusern. Das gesuchte Heim ist nicht ein einzigartiger Ort, sondern findet sich in den vielen Häusern. Die Anzahl der Häuser bleibt offen. Dabei denkt Celan an seine unterschiedlichen Wohnungen in Paris und an die verschiedenen psychiatrischen Klinikaufenthalte, die nicht zum Heim geworden sind. Er weiß 1968 nach 20 Jahren in Paris nicht, wo er daheim ist. Hier kommt die zweite Bedeutungsvariante ins Spiel: Heim als Euphemismus, als ein Ort, an den man abgeschoben wird (Kinderheim, Asylantenheim). Celan ringt in diesen Jahren nicht nur um das Verständnis seiner dichterischen Existenz[481], sondern der Ort selbst, an dem er lebt, wird ihm ebenso fraglich. Wo ist er daheim? Während des Zeitraums der Entstehung dieses Gedichtes finden sich in seinem Notizbuch Lesenotizen zu der amerikanischen Dichterin Emily Dickinson, die er seit dem Ende der 50er Jahre übersetzte. B. Wiedemann erwähnt in ihrem Kommentar zu „Dein Heim" die beiden wichtigen Zitate E. Dickinsons „… whose home is in so many houses" und „Homless at home."[482] Die letzten Strophen 4/5 des ersten Gedichtes von E. Dickinson („Because I could not stop for Death"), das Celan übersetzte, enden mit „Haus".

---

[480] PC/GCL, Brief Nr. 501, S. 455: „Persönlich hoffe ich, Anfang Juli eine Wohnung für mich zu finden, mich darin einzurichten – ich werde einige Einkäufe darin zu tätigen haben: Tisch, Stühle, Bett, Bücherregale – …", vgl. auch Brief Nr. 500.
[481] Vgl. dazu die Auslegungen der Gedichte „Anredsam", „(Er hatte in Paris …)".
[482] KG, S. 981.

„Dann hielten wir, da stand ein Haus:
emporgewelltes Land.
Das Dach – kaum dass es sichtbar war,
Das Sims – ein Hügelrand.

Jahrhunderte seither, doch keins
war länger als der Nu,
da ich mir sagte: Wir halten ja
auf Ewigkeiten zu."[483]

In der Übersetzung Celans ist nicht von einem Heim die Rede, sondern von einem „Haus", das hier als ein statischer Ort mit festem Dach angesehen wird, von dem aber gleichzeitig das Zeitliche und so Nichtbergende ausgesagt wird. Auch ein sicheres Haus bietet kein bergendes Heim. (Im Original: Since then – ‚tis Centuries – but each / feels shorter than the Day")

Das Heim erwacht „unter der Last seiner Herkunft, / im scharfen Kahn". Durch diese beiden Ergänzungen zu Heim wird das Heim als ein möglicher Ort der Geborgenheit überstiegen, denn es erwacht erst unter der Last seiner Herkunft. Das Heim ist mehr als ein Ort der Familie, es ist die Heimat, das Haus der Sprache, wo Celan seine Gedichte schreibt. In den unterschiedlichen Wohnungen und Kliniken in Paris sind die meisten seiner Gedichte entstanden. Das Heim ist der Schreibort, so wie die „Hände" die Dichtung selbst bezeichnen.

Das Heim, das Schreiben, erwacht im Gedenken an Celans Herkunft und im Gedenken an die nationalsozialistische Verfolgung. Erwacht bleibt er wachsam für den wachsenden Antisemitismus in den 60er Jahren in Deutschland und in Frankreich. Mit Herkunft verbindet sich so die Vergangenheit nationalsozialistischer Verfolgung und die verlorene Heimat der Bukowina, die Erinnerung an seine Eltern, seine Freunde, an seine ersten Gedichte und die Bücher. Die Last der „Herkunft" bindet Topologisches und Poetisches zusammen.

Das Heim erwacht „im scharfen Kahn". Lässt „Heim" an den Entstehungsort vieler Gedichte denken, dann ist der Kahn der Träger des Gedichtes. Er ist „ein Nachbar der Silbenfracht", d.h. er trägt als Fracht die Silben. Er befördert das Gedicht, mit ihm nimmt das Gedicht Fahrt auf. Ein Kahn wird gewöhnlich nicht mit Schärfe verbunden, aber in Verbindung mit einem Gedicht kann an die präzise Sprache gedacht werden. Sehr präzise war Celan bei seinen Übersetzungen und bei seinen eigenen Gedichten. Mit der „Silbenfracht" ging er behutsam und genau um; er

---

[483] GW V, S. 382f.

bedachte die einzelnen Worte seiner Dichtung. Jede Silbe setzte er präzise. Mit seinen eigenen Gedichten und mit seinen vielen Übersetzungen sah sich Celan auch als Nachbar anderer Dichter, die mit der Silbenfracht arbeiteten. „Silbenfracht", „Helling" und „Kahn" bewegen sich im Umfeld des Bildes Schiff.

„Elektrisch gereimt und entreimt" kommen viele Gedichte einher. Ob gereimt oder ungereimt, viele wirken wie elektrisch und automatisch in Gang gesetzt. Sie zeigen nichts mehr vom Ringen um die Sprache, von ihrer präzisen Schärfe. Es ist nicht auszuschließen, dass mit „elektrisch" – übrigens ebenso wie im Titel des Gedichtbandes „Lichtzwang" – auch das kalte Licht in den psychiatrischen Krankenhäusern zu verbinden ist. Celan war zunehmend von einem tiefen Misstrauen gegenüber den Möglichkeiten der Sprache geprägt, denn keine Sprache kann sich adäquat dem grauenhaften Geschehen annähern. „Paul Celans Sprachskepsis hatte früh eingesetzt. Ein erstes Signal seiner Skrupel, bezogen auf die Muttersprache, vielleicht auch schon auf das traditionelle Dichten (in Reimen), war die Frage an die ermordete Mutter in *„Nähe der Gräber": Und duldest du Mutter, wie einst, ach, daheim, / den leisen, den deutschen, den schmerzhaften Reim.*"[484] Das Schreiben nach der Schoah konnte nicht mehr mit eingängigen Metaphern arbeiten. Es sucht eine „grauere" Sprache, denn das „bunte Gerede des An- / erlebten – das hundert- / züngige Mein- / gedicht, das Genicht"[485] erreicht nicht die Wahrheit dessen, was zu sagen ist. In einem Schneepart-Gedicht stellt er fest:

„die Zeichen zuschanden-
gedeutet,

verkohlt, gefault, gewässert"[486]

Der Kahn, die Silbenfracht, ist unterwegs zur Helling. Die Helling ist eine schräg abfallende Fläche, auf der die Schiffe beim Stapellauf zu Wasser gelassen werden. Das Gedicht erhält den Auftrag, Fahrt aufzunehmen, indem es zu den Hörern und Lesern gesendet wird. Das Gedicht, ein Buch werden publiziert, sie treten in die Öffentlichkeit und nehmen so Fahrt zu ihren Lesern auf. Jedes Gedicht sucht, einmal entlassen, ein Du, ein Gegenüber, d.h. zum Wesen eines Gedichtes gehört sein Aufgenommenwerden und der Dialog mit dem Gedicht.[487] In der Meridian-Rede

---

[484] W. Emmerich, a.a.O., S. 161.
[485] GW II, S. 31.
[486] GW II, S. 364.
[487] Konkret könnte Celan dabei an seine Übersetzungen der Dickinson-Gedichte gedacht haben.

vergleicht Celan das Gedicht mit einer „Flaschenpost", die ankommen will.

In „schallenden Sandtüten" wird das Gedicht auf die Reise zu den Lesern geschickt. Schallend, d.h. vernehmbar, bleibt das Gedicht, obwohl ein Schall ein unklares, eher diffuses Geräusch ist, das schnell wieder vergeht. Ebenso zeigt es sich trotz seiner deutlichen Vernehmbarkeit und seiner Schärfe nicht immer eindeutig. Der Begriff „Sandtüte" verbindet eine Tüte, in der Dinge gesammelt und weitertransportierte werden können, mit Sand. Es existiert keine „Sandkunst", die Kunst, schöne Gedichte zu schreiben, wie in seinem ersten Band „Sand aus den Urnen", sondern es bleibt nur noch eine „Sandtüte". Ein Gedicht aus dem Band „Atemwende" beginnt:

„KEINE SANDKUNST MEHR, kein Sandbuch, keine Meister."[488]

Die Sandtüte steht für den Versuch, die Vergänglichkeit, den Nu des Gedichtes zu sammeln und dem Vergessen zu entreißen, denn Sand verweht, zerrieselt, kann nicht festgehalten werden und hat keinen Ort mehr. Sand ist „Ausdruck des Nicht-Gesicherten, Ephemeren", „... wo du versandend verhoffst", heißt es in der Schlusszeile von „DAS STUNDENGLAS, tief".[489] Die Sandtüten verhindern aber auch das Eindringen des Wassers und damit das Kentern des Kahns. In den Sandtüten wird das Gedicht gerettet. Doch muss es gesprochen werden („in schallenden Sand- / tüten") und trägt so seine Vergänglichkeit im Gesprochenwerden mit sich.

Das Gedicht „Dein Heim" ist ein Gedicht über die Vergänglichkeit jedes Gedichtes. Einmal auf die Fahrt zu den Lesern gebracht, entzieht es sich jeder Beeinflussung durch seinen Autor. Es löst ein, was Celan in seiner Meridian-Rede für ein Gedicht und den Dichter formulierte: „Das Gedicht ist einsam. Es ist einsam unterwegs. Wer es schreibt, bleibt ihm mitgegeben"[490] – ohne Heim.

---

[488] GW II, S. 39. In diesem Anfangsvers kann eine Distanzierung Celans von seinen früheren Gedichten gesehen werden. Vgl. die Deutung von „OBEN, GERÄUSCHLOS" in diesem Band, wo Paris „die Sandstadt" genannt wird. Seit dem ersten Gedichtband „Sand aus den Urnen" ist unter Sand immer auch die Asche der Toten zu verstehen.
[489] GW II, S. 50.
[490] GW II, S. 198.

Schlussresümee

Dass Paul Celan nach dem Verlust der Heimat – nach den Zwischenstationen in Bukarest und Wien – nicht auch Paris wieder verlassen hat, hat nicht nur biographische Gründe, wie die Heirat mit der Französin Gisèle de Celan-Lestrange und die Geburt des Sohnes Eric. Es hat, wie in der vorliegenden Untersuchung gezeigt werden konnte, vor allem mit seinem Schreiben selbst zu tun, mit den Voraussetzungen und Möglichkeiten, die Bedingung für die Entstehung seines Werkes sind.

Wir haben bei unserem Durchgang durch die Paris-Gedichte aller Schaffensperioden Celans eine deutliche Veränderung in der Wahrnehmung dieser Stadt feststellen können. Am Anfang der Reflexion des Schreibortes steht die Zuversicht, hier ein Werk schaffen zu können, das dem eigenen Ethos des Dichters gerecht werden kann. Celan suchte nicht nur ein Heim („*Dein Heim* – in wieviel Häusern?"), sondern mit allem damit verbundenen Pathos eine „Opferstatt meiner Hände" („*Auf Reisen*"), der schreibenden Hände des Dichters. In seinen frühen Paris-Gedichten ist noch deutlich die Begeisterung spürbar, die der seiner Existenz in Osteuropa beraubte und als „displaced person" nach Paris gekommene junge Dichter in einer Stadt empfindet, die seit der zweiten Hälfte des 19. Jahrhunderts neben Wien ein Zentrum der künstlerischen Avantgarde Europas darstellte und außerdem während verschiedener historischer Zeiträume Flüchtlingen und Exilanten immer wieder eine Zuflucht geboten hat. Diese Begeisterung hat auch in den bekannten Briefwechseln dieser Periode etliche Spuren hinterlassen. Celan ist empfänglich für die Schönheit dieser Stadt, die er als „Schifflein im Glas" bezeichnet. Markante Bauwerke und Orte der Stadt sind ihm als Orientierungspunkte präsent, und die Stadt wird mitevoziert, wenn er Ereignisse reflektiert, die sich an anderen Orten zugetragen haben, wie im „Köln am Hof"-Gedicht („Ihr Dome" denkt Notre Dame de Paris mit, „ihr Ströme" die Seine). Wenn er schreibt: „Hier – das meint diese Stadt", dann ist die Stadt, auch wenn das Thema des Gedichtes sich auf einen ganz anderen Kontext beziehen lässt, eben auch und notwendigerweise Paris.

Das „Hier" seines Schreibens, das Demonstrativpronomen „diese" Stadt macht Paris in einer Weise präsent, die zum Ausgangspunkt der Bewegung dichterischer Reflexion und Zeugenschaft in die Vergangenheit (insbesondere in Bezug auf die Shoa) und Gegenwart wird, zum „Anker", wie es im „Auf hoher See"-Gedicht heißt. Paris ermöglicht sein Schreiben selbst in Perioden der Krise, die Ende der 50er Jahre zunehmend einsetzen. Nach „*Zwölf Jahren*", im Jahr 1960, kann er noch auf das in der ersten Pariser Zeit Gelungene zurückblicken: Er zitiert das frühe „Auf Reisen"-Gedicht vom „Haus in Paris" als „Opferstatt" und resümiert das hier Geschaffene: „Dreimal durchatmet, / dreimal durchglänzt", in den drei seit der Ankunft in Paris herausgekommenen Gedichtbänden „Mohn und Gedächtnis", „Von Schwelle zu Schwelle" und „Sprachgitter".

Unter den *Niemandsrose*-Gedichten, die gemeinsam mit dem „Atemkristall"-Zyklus das Hauptwerk Celans konstituieren, befindet sich das für das poetologisch und biographisch geprägte Paris-Verständnis Celans zentrale und entscheidende Gedicht „La Contrescarpe". Es stellt eine Art Scharnier dar zwischen den mitunter längeren, epischeren Gedichten in den Büchern der ersten Werkhälfte und der bewussten inhaltlichen und räumlichen Verknappung des Spätwerkes. Der Titel nimmt Bezug auf die Place de la Contrescarpe, einen bis in die letzten Lebensmonate wichtigen Ort Celans in seinem Pariser Alltag, und, von dort (und den Paulownien des Platzes) ausgehend, in einer nächtlichen Vigilie auf die Erinnerung an das „frühere" Leben, dessen Zerstörung sich im aufsteigenden „Rauch" ankündigt. In diesem „Vorher" kommt der Sich-Erinnernde nur als „Selbstauslöser", also gar nicht mehr vor, und dann eben doch, Hoffnung den Herzbuckelweg hcraufkarrend, im Gedicht. „La Contrescarpe" hat eine frühe Entsprechung im „Auf hoher See"-Gedicht: die gleiche Schiffsmetaphorik, die gleiche Ambivalenz zwischen dem Ort Paris und der Fahrt in die Vergangenheit; und doch liegt zwischen beiden Gedichten ein großer gestalterischer Weg, der die Schwierigkeiten, denen das Werk abgerungen, von denen die „Atemmünze" herausgebrochen wird, zunehmend deutlich werden lässt. Aus dem äußerlichen ist ein „inneres" Paris geworden; die Rue Mouffetard, „der Herzbuckelweg", ist Ausdruck des Innenlebens des Dichters, einer „Verfreundung" des Schreibenden, der von hier aus den Weg beschreiten kann zum „einen genauen Kristall".

Spätestens seit dem Jahr 1960, dem Jahr des Büchnerpreises und der Meridian-Rede, verändern sich Leben und Schreiben Celans, und der Begriff der „Opferstatt" und des „Opfers" bekommt noch einmal eine neue, erweiterte Dimension. Die Kampagne der Witwe des Dichters Ivan Goll, deren Bedeutung in der Einleitung kurz skizziert wurde, beginnt sein Leben immer stärker zu überschatten und bekommt Einfluss auf sein Werk. Der sensible Dichter erkrankt an der ihm unerträglichen Situation. Die auf die „Niemandsrose", die, wie Barbara Wiedemann in ihrem Buch über die „Infamie" herausarbeitete, „einen Kommentar zur Goll-Affäre" darstellt[491], folgenden Gedichtsammlungen sind in einer persönlichen Lage entstanden, die das alltägliche Leben in Paris zu einer immer größe-

---

[491] GA, S. 853. An seinen Verleger Gottfried Bermann Fischer schreibt Celan in diesem Zusammenhang, dass dieser Band, „schmerzlich und unverschleiert, wie er ist, vielleicht dazu beitragen kann, daß ein paar Menschen merken, *was* das alles war (und noch ist) und *worum* es geht.

ren Belastung werden lässt und auch die Sicht auf den Schreibort verändert. In dem Paris explizit nennenden Nachlassgedicht „(Er hatte in der Stadt Paris ...)" ist bildreich von aufzupickenden Giftkörnern die Rede. Aus dem Dichter, der in seinen Gedichten den ermordeten Juden Europas und besonders seiner Mutter ein Denkmal setzte, wird der Dichter, der sich selbst zum Opfer bringt, die „ein- / flügelig schwebende Amsel". „Ich klage nicht", heißt es in „Paris, Kleinstseite", doch er vereinsamt und verzweifelt. Die Erkrankung, die Klinikaufenthalte hinterlassen spätestens seit den „Eingedunkelt"- und „Fadensonnen"-Zyklen ihre Spuren in seinem Werk. An die Stelle der Größe und Weite einer Millionenstadt tritt die Enge, das „Nachbardorf", wie er in „Klopfzeichen, Kopfleuchten" formuliert, sein immer enger werdender Lebensbereich rund um seine Pariser Domizile, von denen er etwa die Rue Tournefort mehrmals in Gedichten thematisiert. Und: In einer Art Selbstschutz vor perfiden Plagiatsvorwürfen datiert er seit der „Schulausgabe" seiner Gedichte von 1959 jeweils genau den Entstehungstag und -ort, setzt also unter etliche Gedichte in der Manuskriptfassung einen Pariser Straßennamen mit Datum, als handelte es sich um Briefe.

Die genannte Enge findet ihren Niederschlag in immer kürzeren Gedichten, mitunter nur aus wenigen Zeilen bestehend. Auf den Seiten der Bände „Lichtzwang" und „Schneepart" herrscht die Weiße vor, einen kurzen, durch markante Zeilenumbrüche auffallenden, sehr konzentrierten Text umgebend. Aber der Dichter verstummt nicht; es entstehen zahlreiche Gedichte, quantitativ betrachtet viel mehr als etwa während der „Von Schwelle zu Schwelle"- und „Sprachgitter"-Periode. Zu „Lichtzwang", dessen Erscheinen als Buch Celan nicht mehr erlebt hat, schreibt der Dichter wenige Tage vor seinem Tod: „Ich glaube, ich darf sagen, daß ich mit diesem Buch ein äußerstes an menschlicher Erfahrung in dieser unserer Welt und dieser unserer Zeit eingebracht habe, unverstummt und auf dem Weg zu weiterem."[492] „*Unverstummt*" wird eigens betont, als wäre es nicht selbstverständlich. Dieses Unverstummt-Sein[493], das Noch-Schreiben-können, die Inspiration („Kopfleuchten" und „Leuchtschopf") sind an den Ort Paris gebunden; in diesem Sinne *bedurfte* der Dichter viel-

---

[492] TCA, Lichtzwang, S. VIII.
[493] Dieses Unverstummtsein geht in einer eigentümlichen Dialektik mit einer Sprache, die auf das Schweigen hin ausgerichtet ist, einher. In diesem Sinne war das Schreiben der letzten Zeit ein Schreiben in starker sprachlicher Verdichtung, am Rande des Schweigens, aber frei von der Gefahr des Verstummens, das ein Ende des Werkes bedeutet hätte. Hierzu bemerkt Gerhard Baumann in seinen „Erinnerungen an Paul Celan", Frankfurt a.M. 1986, S. 19, sehr treffend: „Celan war stets bestrebt, der Sprache das Schweigen zu bewahren in der Erkenntnis, daß eine Sprache ohne Schweigen zur Sprachlosigkeit, zur Redseligkeit verurteilt ist. Im Schweigen bleibt alles Unzulängliche aufgehoben."

leicht auch der zunehmenden Enge, des verkleinerten Lebenskreises. Als Schreibort bleibt er in poetologischen Versen Thema. Die Wortwahl aber, wie beispielsweise „Tümpel" oder „Moorboden" (statt des „Hauses in Paris" aus „Auf Reisen"), zeigt eine zunehmende Ambivalenz, das Nichtmehr-Erträgliche kündigt sich immer stärker an. Die Parisbilder der auch touristischen Großstadt entfernen sich von jeder malerischen Assoziation, weichen einer deutlichen sprachlichen Härte. So wird schon Ende der 50er Jahre aus dem „Schifflein Paris" ein „Schuttkahn". „Dornen" verknüpfen sich mit dem Namen der Stadt (wie in „(Er hatte in der Stadt Paris ...)" und „Eingejännert"). Diese Härte hat im Schreiben selbst ihre Entsprechung, mit einer Enge der Sprache, die auf eine Weite des Gemeinten hin verweist. Immer weniger Worte entsprechen dem immer engeren Radius, der sich schließlich auf wenige Straßen beschränkt, auf das „Dorf" zwischen Rue d'Ulm und der Place de la Contrescarpe. Die allerletzte Wohnung in der Avenue Zola, die Celan leer ließ, nicht mehr einrichtete, wurde dann wieder zur Fremde, zum Ausdruck des Unvertrautseins, auch hier. Wenn Paris in den Gedichten genannt wird, dann spiegeln sich diese Etappen der Weite und des Enger-Werdens, der „Verfremdung" und des Fremdseins, in der Ermöglichung des Schreibens, in der Entstehung des Gedichts.

Der Umgang mit Paris erfährt in der späten Zeit auch aus äußeren Gründen eine Veränderung: „Wieviele, / die's nicht wissen, in dieser Stadt"; und: „ihnen das Wissen". Die ganze Stadt, die Haltung vieler Pariser dem Staat Israel und den Juden gegenüber, die Positionierung zwischen Indifferenz und Ablehnung, alles scheint ihn, seit Mitte der 50er Jahre doch auch naturalisierter Franzose, ausschließen zu wollen. Franz Wurm berichtet von einer letzten Begegnung mit Celan im März 1970: In der Metro „les juifs au four"-Rufe, der über „ces salauds de juifs" schimpfende Taxifahrer, die SS-Wandschmierereien, wie könnte dies dem Überlebenden der Shoa nicht zusetzen?[494] Trotzdem bleibt die Hinwendung nach Israel, die sich in den späten „Zeitgehöft"-Gedichten niedergeschlagen hat, Episode.

Paris, der Lebens- und Schreibort, wird auch zum Sterbeort, „flügge von Wunden", wie es in Anspielung auf den Pont Mirabeau, von dem Celan schließlich in die Seine gegangen ist, schon im „Und mit dem Buch aus Tarussa"- Gedicht aus der „Niemandsrose" heißt.

Eine letzte Reise mit dem Freund André du Bouchet führte nach Stuttgart und Tübingen, zu Orten Hölderlins. Und so lässt sich hier vielleicht ein treffender Bezug ziehen: Paris, zunächst als Millionenstadt wahrgenommen, als idealer Exilort des Staatenlosen, wird mit der fortdauernden Lebenskrise und der Verknappung der Texte in den 60er Jahren

---

[494] PC/FW, S. 247f.

zu seinem persönlichen Hölderlinturm. Die „Turmgedichte" beider Dichter aber gehören zum Bemerkenswertesten, was in der Geschichte der deutschsprachigen Poesie entstanden ist.

Abkürzungen, Sigel

Alexander Block: Die Zwölf. Deutsch von Paul Celan, Frankfurt a.M. 1958.

DKB
Paul Celan – „Du mußt versuchen, auch den Schweigenden zu hören", Briefe an Diet Kloos-Barendregt, Handschrift – Edition – Kommentar, hg. von Paul Sars, Frankfurt a.M. 2002.

FW
Paul Celan: Das Frühwerk, hg. von Barbara Wiedemann, Frankfurt a.M. 1989.

GA
Barabara Wiedemann: Paul Celan – Die Goll-Affäre. Dokumente zu einer ›Infamie‹, Frankfurt a.M. 2000.

GW (+ Bd)
Paul Celan: Gesammelte Werke in fünf Bänden, Hg. von Beda Allemann und Stefan Reichert unter Mitwirkung von Rolf Bücher, Frankfurt a.M. 1983.

HKA (+ Teil-Band)
Paul Celan: Werke. Historisch-kritische Ausgabe, begründet von Beda Allemann, besorgt von der Bonner Arbeitsstelle für die Celan-Ausgabe Rolf Bücher, Axel Gellhaus, Frankfurt a.M. 2008.

PC/EE
Paul Celan – Erich Einhorn: „Einhorn, du weißt um die Steine …". Briefwechsel. Hg. und kommentiert v. Marina Dmitrieva-Einhorn, Berlin 2001.

PC/GCL
Paul Celan – Gisèle Celan-Lestrange: Briefwechsel. Mit einer Auswahl von Briefen Paul Celans an seinen Sohn Eric. Aus dem Französischen v. Eugen Helml. Hg. u. kommentiert v. Bertrand Badiou, Anmerkungen übersetzt u. für die deutsche Ausgabe eingerichtet v. Barbara Wiedemann, Frankfurt a.M. 2001.

PC/GCL-frz.
Paul Celan – Gisèle-Lestrange: Correspondance (1951–1970) Avec un choix de lettres de Paul Celan à son fils Eric, editée et commentée par Bertrand Badiou avec le concours d'Eric Celan, Paris 2001.

PC/HHL
Paul Celan – Hanne und Hermann Lenz: Briefwechsel, Hg. von Barbara Wiedemann in Verbindung mit Hanne Lenz , Frankfurt a.M. 2001.

PC/IB
Ingeborg Bachmann – Paul Celan: Herzzeit. Briefwechsel. Mit den Briefwechseln zwischen Paul Celan und Max Frisch sowie zwischen Ingeborg Bachmann und Gisèle Celan-Lestrange. Hg. v. Bertrand Badiou, Hans Höher, Andrea Stoll u. Barbara Wiedemann, Frankfurt a.M. 2008.

PC/IS
Paul Celan – Ilana Shmueli: Briefwechsel. Hg. v. Ilana Shmueli u. Thomas Sparr, Frankfurt a.M. 2004.

PC/KND
Paul Celan, Klaus und Nani Demus: Briefwechsel. Mit einer Auswahl aus dem Briefwechsel zwischen Gisèle Celan-Lestrange und Klaus und Nani Demus. Hg. v. Joachim Seng, Frankfurt a.M. 2009.

PN
Paul Celan: „Mikrolithen sinds, Steinchen". Die Prosa aus dem Nachlaß. Kritische Ausgabe. Hg. und kommentiert v. Barbara Wiedemann u. Bertrand Badiou, Frankfurt a.M. 2005.

PC/Sachs
Paul Celan – Nelly Sachs: Briefwechsel, hg. von Barbara Wiedemann, Frankfurt a.M. 1993.

PC/PSz
Paul Celan – Peter Szondi: Briefwechsel. Mit Briefen von Gisèle Celan-Lestrange an Peter Szondi und Auszügen aus dem Briefwechsel zwischen Peter Szondi und Jean und Mayotte Bollack. Hg. v. Christoph König, Frankfurt a.M. 2005.

PC/FW
Paul Celan – Franz Wurm: Briefwechsel. Hg. von Barbara Wiedemann in Verbindung mit Franz Wurm, Frankfurt a.M. 1995.

Sergej Jessenin: Gedichte, ausgewählt und übertragen von Paul Celan, Frankfurt a.M. 1961.

KG
Paul Celan: Die Gedichte. Kommentierte Gesamtausgabe in einem Band. Hg. von Barbara Wiedemann, Frankfurt a.M. 2003.

Ossip Mandelstamm: Gedichte. Deutsch von Paul Celan, Frankfurt a.M. 1959.

TCA (+ Band-Siglen)
Paul Celan: Tübinger Ausgabe, Hg. von Jürgen Wertheimer, bearbeitet von Heino Schmull, Frankfurt a.M. 1996ff.

Bibliographie

Johann Christoph Adelung: Grammtisch-kritisches Wörterbuch der hochdeutschen Mundart, Bd. 4., Leipzig 1801.
Giuseppe Bevilacqua: Auf der Suche nach dem Atemkristall, München 2004.
Jean Bollack: Poetik der Fremdheit, Wien 2000.
Jean Bollack: Dichtung wider Dichtung. Paul Celan und die Literatur, Göttingen 2006.
Rudolf Borchardt: Werke in Einzelbänden. Gedichte II. Übertragungen II, Stuttgart 1985.
Dieter Borchmeyer (Hg.): Richard Beer-Hofmann. „Zwischen Ästhetizismus und Judentum", Symposion Heidelberg 1995, Paderborn 1996.
Helmut Böttiger: Orte Paul Celans, Wien 1996.
Theo Buck: Paul Celan in Frankreich. Darstellung mit Interpretationen. Celan-Studien V. Aachen 2002.
Georg Büchner: Werke und Briefe. Hg. von Fritz Bergmann, Wiesbaden 1958.
Israel Chalfen: Paul Celan. Eine Biographie seiner Jugend, Frankfurt 1983.
Jean Daive: Unter der Kuppel, Basel/Weil am Rhein 2009.
Dante Alighieri: Die göttliche Komödie. Italienisch und Deutsch; übertragen von August Vezin, Basel, Rom 1989.
Brigitta Eisenreich: Celans Kreidestern. Ein Bericht. Mit Briefen und anderen unveröffentlichten Dokumenten. Unter Mitwirkung von Bertrand Badiou, Berlin 2010.
Wolfgang Emmerich: Paul Celan, Reinbek 1999.
Hans Magnus Enzensberger (Hg.): Museum der modernen Poesie, Frankfurt a.M. 1960.
Paul Felstiner: Paul Celan. Eine Biographie, München 1997.
Hadrien France-Lanord: Paul Celan und Martin Heidegger. Vom Sinn eines Gesprächs, Freiburg/Berlin/Wien 2007.
Axel Gellhaus (u.a. Hg.): „Fremde Nähe". Celan als Übersetzer. Eine Ausstellung des Deutschen Literaturarchivs, Marbach 1997.
Peter Goßens/Marcus G. Patka (Hg.): „Displaced". Paul Celan in Wien 1947–1948, Frankfurt a.M., 2001.
Werner Hamacher, Winfried Menninghaus (Hg.): Paul Celan, Frankfurt a.M. 1988.
Sefer Jezira: Verlag der Weltreligionen, Frankfurt a.M. 2008.
Lydia Koelle: Paul Celans pneumatisches Judentum. Gott-Rede und menschliche Existenz nach der Shoah, Mainz 1997.

Marcel Krings/Roman Luckschreiter (Hg.): Deutsch-französische Literaturbeziehungen. Stationen und Aspekte dichterischer Nachbarschaft vom Mittelalter bis zur Gegenwart, Würzburg 2007.
Jürgen Lehmann (Hg.): Kommentar zu Paul Celans „Die Niemandsrose", Heidelberg 1997.
Jürgen Lehmann (Hg.): Kommentar zu Paul Celans „Sprachgitter", Heidelberg 2005.
Gabriele Mandel: Gezeichnete Schöpfung, Wiesbaden 2004.
Markus May/Peter Goßens/Jürgen Lehmann (Hg.): Celan-Handbuch. Leben – Werk – Wirkung. Stuttgart, Weimar 2010.
Heinrich Marzell (Hg.): Wörterbuch der deutschen Pflanzennamen, Bd. 2, Köln 2000.
Jens Mattern/Gabriel Motzkin/Shimon Sandbank (Hg.): Jüdisches Denken in einer Welt ohne Gott. Festschrift für Stéphane Mosès, Berlin 2000.
Leonard Olscher: Im Abgrund der Zeit. Paul Celans Poetiksplitter, Göttingen 2007.
August Graf von Platen: Werke in zwei Bänden. Bd. 1: Lyrik, München 1982.
Otto Pöggeler/Christoph Jamme (Hg.): Der glühende Leertext. Annäherungen an Paul Celans Dichtung. München 1993.
Otto Pöggeler: Der Stein hinterm Aug. Studien zu Celans Gedichten, München 2000.
Roland Reuß: Im Zeithof. Celan-Provokationen, Frankfurt a.M. 2000.
Sigrid Weigel/Bernhard Böschenstein (Hg.): Ingeborg Bachmann und Paul Celan. Poetische Korrespondenzen, Frankfurt a.M. 1997.
Friedrich Weinreb: Kabbala im Traumleben der Menschen, München 1994.
Barbara Wiedemann: Bitterer innewerden. Paul Celan als Zeitungsleser im Pariser Mai 68, Warmbronn 2005.
Barbara Wiedemann: Die Kunst der Verwebung. Von der Zeitung zum Gedicht – Paul Celan und der Pariser Mai 68. In: NZZ, 17.12.2005.
Barbara Wiedemann: „Ein Faible für Tübingen". Paul Celan in Württemberg / Deutschland und Paul Celan. Tübingen 2013.
Barbara Wiedemann: Paul Celan: „Todesfuge und andere Gedichte", Frankfurt a.M. 2004.